公务员 事业编 选调生 人才引进 三支一扶 干部遴选 面试一本通

让面试出彩

刘奎东　著

山东人民出版社

国家一级出版社 全国百佳图书出版单位

图书在版编目（CIP）数据

让面试出彩/刘奎东著. -- 济南：山东人民出版
社，2024.1
ISBN 978-7-209-14933-4

Ⅰ．①让…Ⅱ．①刘…Ⅲ．①招聘－基本知识Ⅳ．
①F241.32

中国国家版本馆 CIP 数据核字（2023）第 242357 号

责任编辑　魏德鹏
装帧设计　刘奎东

让面试出彩
RANG　MIANSHI　CHUCAI

刘奎东　著

主管单位　山东出版传媒股份有限公司
出版发行　山东人民出版社
出 版 人　胡长青
地　　址　济南市市中区舜耕路 517 号
邮　　编　250003
电　　话　总编室（0531）82098914　市场部（0531）82098027
网　　址　http://www.sd-book.com.cn
印　　装　肥城新华印刷有限公司
经　　销　新华书店

规　　格　16 开（170mm×240mm）
印　　张　25
字　　数　280 千字
版　　次　2024 年 1 月第 1 版
印　　次　2024 年 1 月第 1 次
ISBN 978-7-209-14933-4
定　　价　78.00 元
　　　　　　如有印装质量问题，请与出版社总编室联系调换。

桥

"空谈误国，实干兴邦。"人生的价值在于做好人，处好世，干实事，解决实际问题。这不仅是个人的追求，也是党和国家对人才的必然要求和现实需要。

毋庸置疑，学校教育与社会实践之间，客观上本来就存在一道鸿沟，而学校教育又存在着重理论知识而脱离实践、脱离群众、脱离基层的主观缺陷。主客观综合影响，导致一些高校毕业生往往空有文凭而不能解决实际问题，空有理论而难以做好实事。

高校毕业生走出象牙之塔后，如何尽快跨过鸿沟成功进入职场？如何尽快弥补社会经验不足的缺陷？如何更好地适应社会的现实需要？如何在社会实践中真正懂得做好人，处好世，干实事？如何应急应变、游刃有余地化解矛盾纠纷，解决实际问题？如何让人民群众满意，为党和国家选人育才做出实实在在的贡献呢？这，就需要一座桥梁。

为此，我在著述《大道之行》系列党员干部教育教材的基础上，进一步立足于社会需要和高校毕业生的实际需求，针对他们的就业及人生发展，构筑了一座从"书生"走向"实干家"的桥梁——《让面试出彩》。

众所周知，面试是考生向领导汇报思想、汇报工作的现场模拟，是党和国家以及用人单位选拔人才的一条重要途径。通过面试考生的言谈举止和仪表形象，可以全面地考察其德商、智商、情商、灵商、健商、志商、逆商、心商等综合素质，包括品行修养、求职动机、公共服务能力、依法行政能力、综合分析能力、计划组织协调能力、快速应变能力、语言表达能力、人际关系处理能力，特别是解决复杂疑难问题的能力，等等。正因为如此，学懂、弄通面试这门"活教材"，能够帮助考生有效地提升综合素质和实战水平。这，正是我著述《让面试出彩》的初衷和目的。

《让面试出彩》紧扣党和国家的选人育才要求，以党的先进思想和中华经典智慧为指导，以高校毕业生和在职党员干部为服务对象，以公考招录和干部遴选为契机，突出问题导向，培根铸魂，守正创新，旨在为党和国家培养"德、智、体、美、劳"全面发展的智慧型、实战型人才。《让面试出彩》分为方法指南、形式把握、实战百例、学思践悟等四部分内容，通过全面客观地阐述面试规律、方法、形式，剖析典型案例，优秀考生谈心得，启发引导考生在今后的人生道路上真正学好习、做好人、处好世，切切实实提升综合素养，做到有章有法干实事，脚踏实地解决实际问题，乃至未雨绸缪，防患于未然。

"君子务本，本立而道生。"《让面试出彩》行大道，明明德，通韬略，务实功，不仅适用于高校毕业生参加公务员、事业单位、选调生、人才引进、三支一扶、央企国企等公考面试，同样适用于党政机关、企事业单位干部遴选面试。《让面试出彩》不仅仅帮助考生获得心仪的工作岗位，更重要的是启迪考生开启智慧大门，从容应对一次次人生大考，在平凡工作中创造不平凡的业绩，从而让整个人生出彩。

涓涓细流，终将汇聚成浩浩江河；点点纤尘，终将铸就成巍巍高山。30 多年来，我扎根基层，先后从事党的教育、组织、巡察、历史研究等工作。30 多年来，我坚持以做人为本，以务实为要，以实效为目标追求，边学习，边实践，边思考，边研究，边总结，积累了较为丰富的学校教育、党员干部教育、资政育人和面试指导等实战经验。30 多年来，我怀着强烈的社会责任感和使命感，用一滴滴心血与汗水，先后汇聚而成《镜头里的美丽事业》《大道之行》（第一部、第二部）《让面试出彩》等系列著作，愿其能够化为智慧和力量之源，为推动新时代党和国家人才事业的蓬勃发展尽一份绵薄之力，从而为祖国繁荣昌盛和人民幸福生活做出些许贡献。

刘奎东

2024 年 1 月

目　　录

第一章　方法指南

第二章　形式把握

第三章　实战百例

第四章　学思践悟

第一章　方法指南

导　语

古人造字，一字一义，字字珠玑。"方法"一词，其实有两层深意，"方"是指方向，属于战略层面；法，是指解决实际问题的具体措施，属于战术层面。只不过，现代人通常把"方法"的深厚内涵狭隘化为"办法"这一层含义罢了。

方法指南，就是无论做任何事情，首先要在战略上正确，即"方向选对，事半功倍；方向不对，努力白费。"其次，要在战术上正确，就是掌握万事万物的客观规律，透过现象看本质，懂得运用客观规律，采用恰当的措施解决实际问题。面试学习也是此道。

《黄帝内经》曰："言不可治者，不得其术也。"规律不变，方法万变。《方法指南》一章紧紧围绕党和国家选拔人才的标准要求，密切联系实际，针对现实问题，实事求是地探索面试规律和办法，不仅帮助你拨云见日，茅塞顿开，突破"面试难关"，而且给你一把开启智慧大门的"金钥匙"，为你经营美好人生奠基。

面试考生不知道的秘密

坐在"井底下"观察、思考问题，永远不知道天有多高、地有多厚。公职人员面试也是如此，很多考生不晓得其中隐藏的秘密，存在许多误区和盲区，以致于每次面试都是"当陪练"。

一、笔试第一，不值得骄傲。据统计，笔试第一名的考生，面试通过人数约占三分之一。为什么多数笔试第一的考生却失之于面试呢？一个岗位往往是几十人、几百人甚至上千人报名竞争，能够进入面试的前三名考生位于众多考生中的顶尖位置，笔试成绩差距很小，一般在 2 分甚至在 1 分之内。与此形成鲜明对比的是，面试成绩最高能达到 90 多分，最低一般在 70 分左右甚至更低。为什么面试成绩差距如此大呢？党和国家招考公务员或机关事业人员，选拔的是品行好、会处世、能干事的实战型人才，而不是只会笔试、大事做不了、小事做不好的"书呆子"。笔试考查面比较窄，多局限于智商中记忆力、阅读理解能力、数学运算能力、逻辑判断能力和书面表达能力等知识层面，而面试则在笔试的基础上，通过考生的言谈举止和仪表形象更能全面地考察其德商、智商、情商、灵商、健商、志商、逆商、心商等综合素质，包括品行修养、求职动机、公共服务能力、依法行政能力、综合分析能力、计划组织协调能力、快速应变能力、语言表达能力、人际关系处理能力，特别是解决复杂疑难问题的能力。因此，就选拔优秀人才而言，面试考察比笔试更为重要，特别是公务员考试，其成绩一般占综合成绩的 60%。由此可见，面试是决定考生最后能否胜出的重头戏。然而，不少考生和家长却想当然地认为笔试第一就稳操胜券了，于是放松了警惕。殊不知，"螳螂捕蝉，黄雀在后"，第二名、第三名却请教名师指导，奋发图强，最终翻盘逆袭，战胜了第一名。乾坤未定，一切皆有可能。笔试第一无需骄傲，笔试二三也无需气馁。其实，人生就是这样，已经过去的事情无需考虑，努力做好当下和将来的事情，才是智慧之举。遗憾的是，总有不少眼光短浅、不识时局的考生满足于已有的小成就而最终导致失败。

二、自我感觉良好，实乃自欺欺人之举。很多考生习惯于笔试思维，以笔试思维应对面试，这是一个认知误区。笔试，通过对照标准答案就知其优劣。而面试不同，需要考官来综合衡量。通俗地说，面试不是自我感觉如何，而是要由考官来评判。实事求是地讲，世界上绝大多数人是没有自知之明的，自己的毛病往往视而不见，但是考官却看得很清楚。面试考生要想取得好成绩，就必须以最虚心的态度，请教名师指点迷津，坚决剔除自身的"杂质"，把自己这块"铁"经过千锤百炼锻造成"钢"，才能取得优异的面试成绩。相反，一些人之所以屡屡受挫乃至人生不顺，往往是不懂得世道、执迷不悟、不知悔改造成的。

三、参加面试培训，不能单纯为了功利。选拔德、智、体、美、劳全面发展的优秀人才，是党和国家招考公职人员的根本目的。面试考生围绕这个根本目的，跳出短浅的功利思维，以长远的眼光对待面试，把握万事万物的规律，将其内化于心，外化于行，才能真正让面试出彩。相反，如果考生带着投机心理，单纯为了功利去对待面试，言行不一，说做"两张皮"，很容易被考官洞悉，也就难以过关。即使靠一时的花言巧语蒙蔽了考官，今后走向工作岗位，也会被社会摒弃。"君子务本，本立而道生。"只有站在党和国家的事业大局上审视面试，站在人生事业的长远发展上对待面试，从学会做人、处世、做事等全面提升综合素质开始，才能顺利通过面试，并真正经营好自己未来的人生事业。

面试第一，综合成绩第一，顺利过关成为国家公职人员，固然可喜可贺，但这只是万里长征的第一步。人生的路还很长，会面临很多诱惑、选择、危难和机遇，会走很多弯路、错路，甚至误入歧途。人生的路怎么走？读万卷书不如行万里路，行万里路不如阅人无数，阅人无数不如名师指路，名师指路不如自己开悟。读书、实践、阅人、拜师、开悟，是走向成功必不可缺的重要途径。特别是人生导师，他能以广阔的格局和高远的境界，教导你如何做人、如何处好世、如何干成事、如何防风险、如何经营美好的人生事业。你的导师在哪里？《易》曰："匪我求童蒙，童蒙求我，志应也。"

笔试差距大，还能上岸吗

有些考生虽然进入面试范围，但是笔试成绩与第一名差距较大，似乎希望渺茫，此时还有必要参加面试学习？还能成功上岸吗？

放弃面试学习，注定要失败；只有不懈奋斗，才有一线希望。笔试第一，未必面试获胜。笔试末了，未必不能逆袭。

事物总是在发展变化的，一切皆有可能，一切都会发生。虽然笔试差距大，但是也有不少考生通过面试成功逆袭。面试实践性非常强，重点考察考生的综合分析、人际关系、应急应变、组织活动、言语表达等实战能力以及风度气质，面试成绩所占比重往往高于笔试，这就从客观上意味着面试翻盘概率大大提升。与此同时，对于长期在学校"啃书本"的大学生来说，面试是一门陌生的新学问。无论是知名院校毕业还是普通院校毕业，无论是研究生还是本科生，都像学驾驶考驾照一样，几乎处于同一条起跑线上。所以，即便是笔试成绩第一，面试学习也要从零开始，认真准备。何况笔试之后，还有很多意外情况发生：有的考生笔试成绩第一，就自我感觉良好，忽视了面试学习，结果面试倒数第一；有的考生笔试成绩第一，却没有通过资格审查，无缘面试；有的考生笔试成绩优异，因身体不适，无法参加面试；有的考生因为有了更好的选择，主动放弃了面试；还有的考生在体检、政审环节被淘汰出局……凡此种种，给后来者居上提供了难得的机会。如果因为笔试成绩差，就丧失了信心，放弃了面试，肯定与上岸无缘。奋力一搏，才有成功的希望。如今，公考竞争异常激烈，进面机会难得，轻易放弃实属不明之举。2021 年，我指导了一位亲朋好友的孩子，她在笔试成绩低于第一名 7.1 分的劣势下，面试以 89.5 的优异成绩反超笔试第一名 8.2 分，最终以总分第一的成绩逆袭成功。2022 年，我指导过另一位亲朋好友的孩子，以 93 分的面试超高分直接碾压第二名 9.6 分。所以，无论笔试差距多么大，只要进入面试范围，就要放远眼光，坚定信念，以翻盘的决心去备考面试。俗话说："燕子不大飞千里，秤砣虽小压千斤。"做任何事情，只要方法好，就能四两拨千斤，以柔弱胜刚强。

其实，大多数考生和家长对公考面试并不真正了解。简要普及一下：党和国家招录公职人员的根本目的是选拔德、智、体、美、劳全面发展的优秀人才，面试就是紧紧围绕党和国家选拔人才的标准要求，密切联系实际，针对现实问题，重点考察考生如何做人、如何处世、如何干实事、如何应急应变解决实际问题。为此，"青干优选""人才引进"、央企等热门岗位招录无需笔试，只有面试。立足长远看，学好面试不仅仅能够获得一个养家糊口的"饭碗"，更重要的是为整个人生发展奠定良好基础。所以，面试学习，至关重要，意义深远。"功不唐捐，玉汝于成。"就算这次不能上岸，好好学习面试，积累经验，沉淀自己，终究会拥抱成功。

"凡事预则立，不预则废。"一些有先见之明的家长，早在大学毕业前一年的暑假期间，就开始引导孩子未雨绸缪，拜请良师，参加面试学习了。"经师易得，人师难求。"优秀的师者不仅帮助你提升面试水平，而且还会指导你如何科学规划公考、如何精准报考岗位、如何提升笔试成绩、如何应对体检政审，乃至如何走好未来的人生大道，从而让你节约时间成本，少走弯路、错路，少花冤枉钱。

年少轻狂不懂事，未经磨难总天真。遗憾的是，很多考生经历几次面试毒打乃至社会毒打之后才慢慢醒悟，当醒悟过来的时候，已经错失了很多良机和几年的青春年华。

阴阳轮转，相反相成。万物生生，变化无穷。宇宙中只有过去的事情是不变的，未来的世界永远处于不断地变化发展之中。变，是茫茫宇宙中永远不变的规律。人生就是一场马拉松，无论做什么事情，只要方向正确，坚定信念，努力拼搏，好运就会到来，就能创造人生奇迹。

把握规律，从容面试

"授人以鱼，不如授人以渔。"把握好面试的内在规律，掌握恰当的方法，是赢得面试的根本。

走出误区，正确看待面试

一个人的德商、智商、情商、健商、志商、灵商、逆商、心商等综合素质，仅仅靠笔试是无法全面考察的。为改变笔试的种种弊端，大学综合评价招生、社会招考等增加了面试环节，其目的就是让那些德才兼备富有创新精神和实践能力的实战型人才脱颖而出。面试成为重要的人才选拔方式，已是大势所趋。对于面试，不少考生往往存在功利心态，不在平时下功夫，却临时抱佛脚、把全部希望寄托在猜题背题和模拟培训上，这就违背了面试的本意。面试形式多种多样，面谈答辩、结构化、半结构化、结构化小组、正反双方辩论、无领导小组讨论等等不一而足，题海浩瀚无边，所以，面试试题是很难预测的。如果靠猜题赢得面试，面试也就失去了公平，失去了存在的价值。如果市场上所谓的"绝密押题"能取得成功，那就是对出题者的嘲弄。假使不在夯实素质能力上下功夫，不好好把握面试规律，掌握恰当的方法，无疑是舍本逐末，南辕北辙。真正高水平的面试指导，不是功利性猜题，而是让考生更好地把握面试的内在规律，使他的天赋和潜质得到最大限度的挖掘和展现，从而发挥出最高水平。

站在考官角度审视自己，表现自己

"知彼知己，百战不殆。"要想取得好的面试成绩，就要换位思考，充分了解考官的心理，明白考官是怎样给你评分的。事实上，在考官的潜意识里有两个分数：一个是理性分数，另一个是感性分数。理性分数是指对各类问题的把握和解决实际问题的本领，这是硬功夫，是长期积累获得的素质；而感性分数是非智力因素，是通过你的言谈举止来考察判断你的品行、情商、心商，等等。

人，特别是涉世未深的大学生，普遍存在一个共同的弱点：总以为自己正确，总喜欢欣赏、炫耀自己的优点，总是过高地估价自己。其实，看不清自己，是人生发展的最大绊脚石。它让你故步自封，让你掩耳盗铃，让你自欺欺人。面试中，你的表现如何不是由你来决定，而是由考官说了算。所以，要认清自己，善于转变角色，换位思考，站在时代的大背景下，站在社会的需求，最终站在考官的角度来审视、展现自己，你的一言一行要让考官感到优秀，而不是自我感觉良好。"胜人者力，自胜者强。"如果能放下虚伪的自尊心，通过别人这面镜子正确地审视自己，不断改进自己的不足和缺点，长期坚持下去，你将成为一个了不起的人。相反，如果总是自以为是，你就会裹足不前，被人生的各种面试所淘汰。要知道：认清自己，改变自己，才能改善人生的长度、宽度、高度和靓度，才能开启美丽的人生之路。

长期积累，为人生中的所有面试奠基

综合素质的提升，不是一朝一夕完成的，是长期修炼、不断积累的结果。机遇总是青睐有准备的人，切不可幻想通过几次培训或辅导就能使自己的综合素质获得突破性提升。那么，如何做好平时准备呢？

1. 修身养性正德行。 "地势坤，君子以厚德载物。""德者，才之帅也。"世界上所有的成功，最终源于做人的成功。漫漫人生路上，只有闪烁着道德的光环，才会走得更远更好。人品是做人的底色，是人生的最高学历。多做善事、实事，永远保持尊老爱幼、助人为乐等优秀品质，就会成为一个受欢迎的人。相由心生，你的仪表气质是内心的自然流露。人见人爱，获得高分自然不奇怪。

2. 夯实你的学问基础。 不登高山，就不知道天有多高；不临深渊，就不知道地有多厚；不聆听圣贤的教诲，就不知道学问的博大。丰富的知识储备，是提升素质能力的基础和前提。梦想从学习开始，事业从实践起步。好学才能上进，好学才有本领。在面试应试时，拥有丰富的知识储备，才能在遇到没有见过的问题时，快速找到与之相匹配的哲理、事例等，使自己能够有话可说。同时也能在熟悉的题中，使作答内容更丰满，更出彩。

3. 掌握科学的思维方式。 人与人智商的差异主要取决于思维方式的不同。熟练掌握科学的思维方式，对于提升你的综合分析能力、组织协调能力、说服论辩能力、应急应变能力等至关重要。**一是**系统思维也叫全局思维，就是总揽全局，统筹兼顾，善于用普遍联系的观点以广阔的视角多层次地分析问题，全面周到地处理问题。既要抓住事物的主要矛盾和矛盾的主要方面，也要重视次要矛盾和矛盾的次要方面。在面试试题中往往有多个关键字、词、句，既要全面抓取题干关键，又要重点剖析核心关键，同时兼顾次要关键。**二是**战略思维，就是高瞻远瞩，把握趋势，放远眼光，观察世界，思考问题。**三是**辩证思维，就是善于从正反两方面一分为二地分析问题。世界万物复杂多样并且瞬息万变，单方面、静止地看问题必然违背客观规律。在正反双方辩论面试中，一个问题有截然不同的两种观点，要善于拿出充分的论据来支持你方的观点，驳倒对方的观点，这就需要高超的辩证思维水平。要知道：世界上没有绝对的真理，真理都是相对的，任何事物的存在都有其必然的道理。**四是**精准思维，就是聚准焦，点准穴。打蛇要打七寸，打鼓要打重心，擒贼先要擒王，干事要干在点子上。只要抓住了问题的关键，也就抓住了解决问题的"牛鼻子"。如，面试中，作答问题要突出主题，言之有物，不可答非所问。**五是**创新思维，是以新颖独创的方法解决问题的思维过程，通过这种思维能突破常规思维的界限，以超常规甚至反常规的方法、视角去思考问题，提出与众不同的解决方案，从而产生新颖的、独到的、有社会意义的思维成果。创新思维闪烁着夺目的火花，很容易引起考官的关注，是获得面试高分的重要因素。**六是**微观思维，就是细节思维，任何事情都要从细节入手，见微知著。如，一叶知秋，一滴水能折射太阳的光辉，等等。**七是**发散思维，就是从不同的层面、角度和维度分析问题。面试没有固定的模式，问题也不拘一格，要善于联想，随机应变。比如，社会现象问题，可从不同的层面和角度，采用"阐述意义或危害——剖析原因——提出对策"的作答模式，也可采用"是什么——为什么——怎么做"的作答模式。**八是**曲线思维，就是遇到障碍无法越过时，就要像河流一样学会拐弯，绕道前行，从而实现既定目标。比如，在情景模拟题中，对于情绪消极的沟通对象，不可直接批评教育，而要善于曲径通幽，先肯定、表扬，再委婉剖析问题，最后鼓励、帮助，这样才能使沟通对象易于接受并易于改善思想和做法。再如，无领导小组面试中，考生要善于把握说服对方的时机，切忌直来直去。在对方情绪激动时，情感大于理智，太强势反而可能使对方更加坚持原有的观点。考生可以运用先肯定后转折的方式，拒绝接受对方的提议。考生先予以肯定，可使对方在轻松的心理感受中，继续接受信息。之后委婉地说出自己的反对意见，对方较易接受，这样既可以使自己从难以反驳的困境中解脱出来，又使对方能在平和的心态中接受。**九是**因果思维，就是任何事物的发展都有一定的原因，因果相依，因缘果报。比如，社会现象类问题中出现的负面影响或危害，要剖析其原因，然后才能提出对应的措施。**十是**顺向思维，就是分析解决问题像剥洋葱皮那样，依序进行，层层深入，步步推进，由表到里直至核心。**十一是**逆向思维，也叫求异思维，就是反其道而行之，异中生智。**十二是**简约思维，就是简约朴素，大道至简，简约至美。面试中，发言之前要充分思考，回答做到条理分明、言简意赅、明白晓畅、重点突出。如果滔滔不绝垄断发言，会让整个讨论小组和考官厌恶。**十三是**优势思维，就是发挥自己的优势，扬长避短，解决处理问题。比如，在自我陈述中，面面俱到难以引起考官的兴趣，如果突出自己独一无二的优势，就容易引起考官的关注。**十四是**逻辑思维，就是运用概念、判断、推理等思维类型反映事物本质与规律的认识过程。逻辑思维方法主要有归纳和演绎、分析和综合以及从具体上升到抽象等。如，归纳法，是通过个性的问题总结归纳出一般性规律，演绎法是通过共性的原理或公理，推理出个性问题。凡此种种，皆是面试备考中行之有效的思维方式，也是人生大考中必不可少的武器，需引起重视并不断学习强化。

4. 处理好人际关系。情商高的人，总是把上下级关系、同级关系、家庭关系、朋友关系处理得如鱼得水。多与别人沟通交流，学会赞美、包容身边的人，天天保持好心情。善协调、人缘好是重要的加分因素。特别是在无领导小组面试中，要处理好合作与竞争的关系。考生拿到题目后，需要自主分工，通过对问题的讨论，用自己的肢体、表情、语言等多种方式，来获得同组成员的认同，善于以友好的方式总结大家的观点，回应不同的观点，处理好团队中的争论，把众人的意见引向一致，从而脱颖而出。如果遇到咄咄逼人的对手，要保持好谦谦君子的风度，不要当冲动的魔鬼。要主动充当调解者、补充者、总结者。如果你言辞过于偏激，不尊重其他考生，就难以得到其他考生和考官的认同，最终赢了气势，输了团队精神，也就输掉了面试。

5. 有梦想有毅力。"功崇惟志，业广惟勤。""志不强者智不达，言不信者行不果。"人要成功，首先要有成功的意念，使成功的强烈愿望渗透到人的潜意识中。现实世界虽然残酷，但只要你愿意走，总会有路；看不到美好，是因为你没有坚持走下去。既然选择了远方，就不怕风雨兼程，爱拼、会拼才会赢。人生在勤，勤则不匮。幸福不会从天降，美好生活靠勤奋的劳动创造。

6. 有胆略有气魄。要想知道梨子的味道，就要亲口尝一尝。胆商高的人能够把握机会，该出手时就出手。无论什么时代，无论条件再优越，没有敢于承担风险的胆略，都成不了气候。害怕失败，就等于拒绝成功。面试中，要善于提出新的见解和方案，敢于发表不同的意见，勇于支持或肯定别人的意见。面试竞争的意义在于激发潜能，通过"比武"，使素质水平进一步提高。不主动竞争，也不要畏惧竞争，要把竞争当成是对自己素质水平的检验。如果回避竞争，就如同一个"背景"被考官自动忽略，考官会认为你懦弱或是没有思想。

7. 培养你的灵感。灵感是对事物本质的顿悟能力和直觉思维能力。灵感是打破常规的哲学，是跳出庐山之外的思维，是理论和实践的紧密结合，是长期思考长期积累的结果，是闪光的震撼。有了灵感就能使我们把眼光放在对意义与价值的追求上，从而在原有的基础上有所创新，以无形胜有形，化经验为智慧。灵感从哪里来？从学习中来，从艰苦的实践中来，从与人交流中来，从跋山涉水、散步娱乐中来，从冷嘲热讽中来，从反对声中来，从安静欣赏中来，从擦桌子、提水、拖地等生活的点点滴滴中来……总之，从人类从事的一切劳动中来。灵感潜藏于生命活动之中，只要你热爱工作和生活，时时处处都会产生。这就要求我们在平时做好积累，善于思考，善于观察，善于从不同的视角敞开脑门，让智慧进来。

8. 锻炼你的耐挫能力。巴尔扎克说过："苦难对于天才是一块垫脚石，对于能人是一笔财富，而对于弱者则是万丈深渊。"优秀的人总是把挫折当成锻炼和提升自己的契机，面对挫折不抱怨，越挫越勇，砥砺前行。平庸的人则惧怕挫折，甚至因挫折而一蹶不振。现实生活中，有些人别说逆境了，就连批评都接受不了，何谈人生的发展进步！对于别人的批评，不论是善意的还是恶意的，要有闻过则喜的胸襟，善于倾听意见，好好反省自己，有则改之，无则加勉。坚持自己的毛病不改，只能是掩耳盗铃的愚蠢之举！能吃常人不能吃的苦，能做常人不能做的事，才能比常人更好地走向成功。

9. 自信不可自负。"战略上藐视敌人，战术上重视敌人。"自信让人充满力量，永不畏惧。面对人生的任何一次面试，都要忘掉以前的各种不顺和失败。不少考生对面试缺乏自信，究其原因是平时不用功、读书少。胸有成竹是成功的根基，也是纾解压力的良药。面试形式多种多样，问题无奇不有，靠短期突击、囫囵吞枣地死记硬背难以奏效，平时要善于学习，不断拓宽视野的广度，拓展思考的深度。自信能够带来力量，过度自信却只会带来"灾难"。有些考生自高自大，目空一切，盛气凌人，给人一种狂妄的感觉，肯定不受考官的欢迎。工作生活中，要把握好自负和自信之间的度，待人接物要不卑不亢、落落大方、彬彬有礼。

10. 保持一个阳光乐观的心态。心态决定人生过程的苦乐，主宰人生命运的成败。阳光向上的健康心态很重要。要永远对生活充满热情和激情，不要当情绪的奴隶。微笑的人生最美丽，人见人爱，才能得到众人的拥护和支持，才有利于人生事业的成功。人生要经历许多面试，一次失败往往是酝酿下一次成功的沃土。所以，对待面试都要有"一颗红心，两手准备"的良好心态。"胜不骄，败不馁。"努力做最好的自己，即使失败了也问心无愧。如果把一时的输赢看得过重，那么你就在心态上先输了。越是放下一切杂念，越能赢得面试。

"凡事预则立，不预则废。"人生本身就是一个时时处处被人们面试评价的过程，放下功利思想，扎扎实实地提升自己的综合素质，坚持不懈地努力下去，必将赢得人生的每一次面试，必将走向事业的成功。

考前准备，让你的长期积累发挥到极致

长期准备，重在积累；考前准备，重在发挥。长期积累很重

要，但考前准备亦不可忽视。不论你是什么样的基础条件，只要把握好面试的内在规律，充满自信，就能把你的潜力发挥到极致。

1. 心存静气，沉着应战。一要忘记一切杂念。全神贯注地投入到面试中去，千万不要把不良情绪带进考场。要记住：内守大道，心静则成。**二要**正确地看待问题的难易。面试是淘汰赛，不论简单还是复杂问题，难与易对考生来说都是同等的。成绩的绝对值不重要，重要的是你的表现是否比其他考生更精彩。因此，遇到简单问题不要过喜，遇到复杂难题也不要过忧。要记住：不论什么情况下，只求做最好的自己。**三要**临危不乱，处变不惊。审好题后，梳理出答题思路和要点，在草稿纸上记下来，做好答题的充分准备。遇到没有见过或根本不了解的问题，不要被眼前的困难所吓倒，要集中精力抓住关键字、词、句，思考解决办法。千万不要心慌，心慌则无主，智商会归零。面试考试同时也在考察你的心理素质，平时就要练好"泰山崩于前而色不变，麋鹿兴于左而目不瞬"的内功。如果你是一个胆小怕事、遇事手忙脚乱的主儿，淘汰你就达到了面试选拔人才的目的。

2. 欲行眼下事，须知天下势。熟知国际国内大事，是准确判断、解决问题的前提。紧紧把握时代脉搏和发展大势，所持观点与党的思想、路线、方针、政策相吻合，了解世界、中国、山东、地市及县域的热点、焦点和难点，才能全面、辩证、发展、正确地分析时政问题。如，"四个全面"战略布局，"五位一体"的总体布局，经济全球化，世界多极化，一带一路，共筑中国梦，弘扬中华民族优秀传统文化，"创新、协调、绿色、开放、共享"的发展理念，"为民、务实、清廉"的群众路线，"严以修身、严以用权、严于律己，谋事要实、创业要实、做人要实"的三严三实、"两学一做""不忘初心，牢记使命"、党史学习教育、习近平新时代中国特色社会主义思想主题教育等专题教育活动，实实在在做人、干干净净做事，良好的家风和家教，作风文风朴实，讲民主务实，不图虚名，只做实功，等等。

3. 抓住关键，审好题。打蛇打七寸，打靶打十环。审好题，是分析解决好问题的根本。如何审题呢？要善于找准题眼，抓要点。抓住了牵一发而动全身的关键，才会产生有理有据的剖析。追根溯源，才能入木三分。浅尝辄止，停留于问题的表面，只能得出肤浅的结论。

4. 表达清晰透彻。层次不分明、条理不清晰、重点不突出是考生回答问题常见的毛病。回答问题：**一要**分类施策。面试题目多如牛毛，但概括起来可分为综合分析类、组织协调类、观点看法类和应急应变类等多种类型。不同的题目类型要把握不同的答题规律。如，综合分析类，分析问题要全面，重点突出，判断准确；组织协调类问题，重点要把握好关键环节，步骤不可缺，并注意计划与组织的周密性与可行性；观点看法类，重点要做好辩证分析，不可走极端。**二要**层次分明。一般用总起句、总结句以及一是、二是、三是、虽然、但是、之所以、是因为等逻辑连接词，用3-6个要点来阐述回答问题，这样才会给考官一种清晰而条理分明的感觉。**三要**提纲挈领抓要点。答题要紧扣主题，重点突出，大道至简，切中要害，纲举目张，有理有据，言之有物，形散神聚，画龙点睛，切忌答非所问。重复题干和别人的观点，絮絮叨叨，跑题不着边际，只会让人厌烦。**四要**不偏不倚，适度为美。话不可太满，不可全盘肯定，也不可全盘否定，切忌走极端。**五要**辩证看，自圆其说。世界万物都有两面性，如，如何看待人肉搜索？如何看待中学生带手机？如何看待网络反腐等问题，要从正反两个方面看，一分为二地分析，一分为三地解决，防止"单打一"。针对问题提出的举措，正面的要发扬，反面的要改进。事实上，为了给考生留下自由发挥的空间，很多问题无所谓对错，没有标准答案，考官通过"仁者见仁、智者见智"的回答来考察你的思维能力。无论持什么样的观点，论据要充分，能够自圆其说，要梳理出充足的论据来支撑论点。**六要**善于做结合文章。一些社会热点问题需要你谈谈看法。发表见解要注意联系实际，切实可行。同时，善于自我对照，想想遇到这样的问题自己该怎么办？善于把自己融入问题情景，身临其境，心无旁骛，更容易作答。"己所不欲，勿施于人。"要求别人做到的事情，自己要能做得到，切不可夸夸其谈、云山雾罩让考官厌烦。**七要**语言流畅，表达准确。用词要客观准确，自然流畅。表达要符合逻辑，结构条理，如先表明观点、再分条陈述，最后进行总结和适当补充。回答要完整，切忌虎头蛇尾或中途跑题。要准确无误，避免答非所问、画蛇添足让人不知所云。声音要宏亮，抑扬顿挫，把真情实感融入答案，切忌语气平平背台词。

5. 有闪光点，才会分高一筹。有亮点、有特色、有独到新颖的见解，才会抓人眼球，引起考官的兴趣。在综合评价测试的个人陈述环节，很多人有这样的误区：面面俱到，兴趣广泛，各方面都有所长，在各种领域都有获奖，把自己打造成一个完美无缺的人。如果这样，考官就很难发现考生独一无二的长处。"包装"自己要与所报考的志愿联系起来，突出自己的优势和重点。充分展现出自己的个性，才能给考官留下深刻的印象。面试过程中，面对众多考生几近千篇一律的回答，重复那些陈词滥调，考官很容易产生审美疲劳、厌倦感。让自己的回答有闪光点，让考官兴奋，才是分高一筹的关键所在。不论是自述，还是回答问题，要通俗而又厚重，内涵丰富而又活泼生动，善于说别人没说过的话，有深邃而独特的见解，通过引经据典、讲故事、用修辞、列数字、举例子、作对比等多种手段，以强大的吸引力来感染考官，打动考官。如，恰当地引用经典文化和伟人的经典语句，等等。让考官"眼前一亮、耳目一新、为之一振"，才能获得高人一筹的分数。人云亦云没有特色的话语，就像催眠曲，只会让考官打瞌睡。引不起考官的兴趣，只能是成绩平平。

6. 诚实为本，切忌弄巧成拙。造假，必然会成为面试考官的提问点。没有亲身经历而臆造的东西，经不起追问和细节的推敲，很难逃脱考官的法眼。弄虚作假，被考官问倒，反而印象不好。在大学综合评价招生考试中，每年都有因证书作假被当场取消资格的考生。实事求是，诚实守信，是做人行事的根本。遇到确实不了解的问题和知识盲区，怎么办呢？假使不懂装懂、乱加评论甚至胡说八道，反而会引起考官的反感，这时候说得多还不如少说好。

7. 谦恭有礼，友善合作。对于真理，我们永远只是触摸了其中的一角，辨明真理的前提是要有谦逊聆听和理性沟通的态度，这样才不会被情绪所绑架，才会被同伴所接受。与人相处，要欣赏别人的优点，正视自己的缺点，原谅别人的失误，同情别人的苦处。特别是无领导小组讨论面试，通过问题讨论，不仅考察考生的思想观念、综合分析问题的能力，还要考察团队协作精神和化"敌"为友的能力。面试时，如果先回答，可以这样说，"老师，我先回答一下，讲的不一定全面，希望其他同学补充。"当一个问题被其他同学回答时，可以这样说，"我觉得刚才那位同学说得非常好（或有道理），我想做点补充，谈谈我的思考。"如果不同意前面同学的观点，也不要生硬地全盘否定，可以委婉地说，"我觉得这位同学的分析有一定的道理，不过，我认为换一个角度看这个问题是不是更加全面一点。"

8.把握好时间，控制好节奏。要正确处理好回答内容的繁与简。回答过于简单，会给考官留下"准备不充分、思考不深入"的感觉；回答过于繁琐，则给考官留下"啰嗦不简洁、思路不清晰"的印象。用多少时间思考问题，多少时间回答问题，科学安排分配好时间很重要。一般来说，面试10分钟的话，思考和概括要点需要6分钟，用4分钟回答。要防止因急于回答影响了充分思考，也要防止只思考而耽误了回答。这就要求考生在平时训练时，合理安排思考和作答时间，养成把控时间的良好习惯。

9.仪表举止，不可忽视。仪表举止包括形体容貌、穿着打扮、一言一行和精神状态等等外观表现。它是一个人内在的展示，透过外表可以考察你的内在素养，是考生获得考官感性分数的主要因素。好的仪表举止给人以好感，不着调的言行让人厌恶。注意尊重每位考官，与考官眼神交流时要诚恳，不可回避考官的眼光，谁提问就看谁，没人提问时看主考官。要面带微笑，笑得自然，"皮笑肉不笑"还不如不笑。衣着打扮要符合考生和岗位身份，朴素自然，大方得体，干净利落，给考官留下沉稳的印象。"以铜为镜，可正衣冠。"人人都容易看清别人的毛病，自己的缺点却很难觉察。面试训练时，可以将自己的模拟练习录制下来，自己表现如何，一目了然。需要注意的是，外观表现不要刻意表演。面试的目的在于考察考生的原形真貌，一旦被培训包装，必然会使面试本身的效果大打折扣。从面试的本来意义讲，要准确考察考生的真实性，反对包装演戏。事实上，那种伪装出来的不自然的机械表演，并不受考官欢迎。虽然有些考生在考前进行了模拟训练，但你要时刻牢记：真实自然是人性的本色，你的一言一行不可有机械培训的痕迹。

让考官满意，才是最好的答案

人们普遍存在一个弱点：总是认为自己正确，经常高估自己。其实，看不清自己，是人生发展的最大绊脚石。

曾经有三个面试者同时参加结构化小组面试，到了最后环节，考官追加了这样一个问题："道路上的井盖为什么是圆的？"考生A说："我做互联网，不是搞建筑工程的，您问的这个问题好像与应聘岗位关系不大。"考试B回答："一是圆形优美，二是便于移动。"考生C反问了一句："关于这个问题我可以自由发挥吗？"考官说："答案你说了算。""除了考生B的答案之外，我还想到了四方面原因：一是安全性强。只要井盖的直径大于井口，永远不会掉下去，这样可以更好地保障行人和车辆的安全。安全大如天，万事排最先，这一点最重要。二是圆形井盖更耐用。圆形井盖受力后，压力向周围扩散，不易破损和崩塌，使用更耐久；如果是其他形状，车子碾过边角很容易因受力不均匀而导致损坏。三是圆形井盖利于工作人员进入下水道做维修。四是圆形最省材料，与矩形相比，圆的面积最小，生成成本低。"考官问道："你觉得这个问题放在本次面试上合适吗？"考生C诚恳地说："您是考官，我不能左右您的思维，就像日常工作中，我不能因为领导安排了一项跟自己工作无关的任务就拒绝。所以，我认为您问的问题没有什么不合适，关键是我的回答能否让您满意。"之后，考官满意地点了点头，最后这名考生被录用。

无论是公职人员招录，还是企业招聘，面试考题千变万化，没有固定的标准答案。你的一言一行理应让考官感到优秀，而不能一厢情愿自我感觉良好。道理很简单，面试成绩不是由考生来决定，而是由考官说了算。

如何让考官满意呢？要学会换位思考，充分了解考官的心理，明白考官是怎样给考生评分的。事实上，在考官的潜意识里有两个分数：一个是理性分数，另一个是感性分数。理性分数是指对问题的理解把握和解决实际问题的本领，这是硬功夫，是长期积累获得的综合素质；而感性分数是非智力因素，是通过考生的言谈举止来判断考察考生的德商、情商、志商、灵商、心商、胆商、健商，等等。理性分数和感性分数，"两手都要抓，两手都要硬"，才能取得优异的面试成绩。

总而言之，面对形形色色的考题，面对风格不同的考官，唯有认清自己，摒弃自我，转变角色，随机应变，站在考官的角度来审视自我、展现自我，才能让考官满意，从而在激烈的面试竞争中胜出。

公考面试，老师如何教

党和国家招考公职人员的目的，是选拔德才兼备的实干型人才。因此，面试指导必须围绕这个根本目的开展工作，才能有的放矢地辅导好考生，才能满足党和国家以及用人单位的人才需要。

公考面试，主要考察考生的品行修养、文化学识、综合分析问题能力、随机应变解决实际问题能力、组织活动能力、应急处理问题能力以及言语理解表达能力等综合素质和实战能力。因此，面试指导是一项科学性、综合性、实践性很强的系统工程。面试指导，假设"满堂灌"不注重实战，将难以帮助考生查找自身毛病，最终会造成"教师累、考生不会"的不良后果；假设白天黑夜加班加点，搞疲劳战术，不仅过分透支考生精力，影响精气神，还会使考生囫囵吞枣，形成难以消化的"夹生饭"，降低学习效率和质量；假设让考生死记硬背，为背题而背题，将使考生难以应对千变万化的面试考题。诸如此类的教学方式，表面上给人一种真抓实干的错觉和假象，实际上效果甚微，白白浪费光阴。

如何精准高效地指导好面试考生呢？

高度负责，系统谋划。指导教师必须具备强烈的事业心、责任感和使命感，吃透上级精神，培根铸魂，以全面提升考生的综合素质为中心，对考生高度负责。既要研究战略，也要研究战术；既要夯实基本功，又要掌握规律方法；既要教考生会答题，更要教导考生会做人、会处世、会做事；既要培树考生的外在形象，又要提振精气神；既要对考生的当下负责，更要让考生受益一生，为国家和人民做贡献。面试指导是一个系统工程，要全盘考虑，综合施策。教师可通过观摩视频、传授答题规律、实战演练、现场模拟、精准点评、录像反思等手段，全面提升考生的面试水平。

循序渐进，递进培养。对于高校毕业生来说，十几年习惯于笔试思维，对面试考试比较陌生，这就需要颠覆原有的笔试认知，认真对待这个"新课题"。如果一开始要求过高，会让考生失去自信。如果训练量过大，会造成"夹生饭"。"欲速则不达，见小利则大事不成。"面试指导必须有计划、有步骤地推进，既让考生充满自信快乐地学习，又通过不断积累提升面试本领。因此，面试指导可分三个阶段进行：第一阶段为专项训练，夯实基础。指导考生分门别类把握每个面试类型的特点，掌握答题规律，知晓答题步骤，懂得答题技巧。第二阶段为综合训练，杂糅各类题型，提升综合分析能力。选择典型题目进行训练，以点扩面，拓宽视野，引导考生举一反三，触类旁通，达到以一通十的效果。第三阶段为标准化模拟，让面试出彩。组织考生开展标准化模拟训练，全方位优化考生的现场表现，全面提升考生的综合水平。

实战训练，增强实效。面试考试区别于笔试，是实实在在的实战性考试。所以，面试指导要摒弃笔试思维，开展以实战训练为主的指导，让考生"在游泳中学会游泳"，在面试中学会面试。在实战模拟中，老师要善于指路子，教方法，启迪思维，开悟智慧，全方位、立体式、多维度提升考生的综合素质。通过实战训练，指导考生彻底改掉束缚面试成绩提升的各种习以为常的坏毛病，纠正考生不正确或不科学的学习习惯、思维方式、言谈举止等失分因素，打破限制考生发展的"天花板"，使其获得脱胎换骨的人生跨越。

因材施教，授之以渔。每一个考生都存在不同的短板或弱项，面试指导不可搞"一刀切"，要针对每一名考生，突出问题导向，开展个性化指导，纠正其不足，提升其整体水平。要让考生带着兴趣去学习，让每一堂课都成为考生茅塞顿开、获得智慧、享受快乐的美好旅程。题海浩瀚，面试往往又是随机出题，指导教师本事再大也很难猜到面试题目。但是，只要把握了题目类型，掌握了方式方法，就能以不变应万变，破解所有难题。播放优秀考生面试模拟视频录像，让考生自主点评，学习他人的优点，改正自己的不足。指导考生掌握答题规律、主要步骤和科学方法，让考生达到举一反三、触类旁通的效果。做实做好百分卷，让考生高标准、严要求，形成周密、严谨、细致的作风。通过实战演练，老师点评，提升考生的实战本领。让考生观摩自己的视频录像，及时发现问题，改进不足，完善自我。创新战术，既让考生当考生，又让考生当考官，通过身份互换、换位思考，增强考生对自己的认知，以改掉毛病，提升自己。引导考生从题海中跳出来，善于运用联系的观点，使考生把握万事万物的规律，掌握解决问题的方法，将其内化于心，外化于行，全面提升发现问题、分析问题、解决实际问题的真本领，达到"一通百通，一悟千悟"的效果，以应对千变万化的面试考题。

去粗存精，优化答案。市场上一些教材提供的参考答案存在一定的缺陷，或不符合题意，或不尽完善，指导教师要跳出指导教材的局限，教导考生拓宽格局，创新思路，提升境界，高人一筹。在聚焦题意不跑题、不偏题的前提下，没有毫无瑕疵的完美答案，只有让考官满意的优秀答案；没有绝对答案，只有相对答案；没有标准答案，只有参考答案。答题必须符合题意，不可脱离题意而死背参考答案。对待任何面试题目都要坚持"审题干，抓关键，理要点，填丰满"这个根本的方法和步骤。只有这样，才能以不变应万变，应对各种各样的面试答题，进而做出实事求是、让考官满意的答案。

修养身心，完善外在。"万事不如身手好。"精神风貌，是一个人身心健康的重要反映。阳光向上，积极乐观，彬彬有礼，才能给考官留下好的印象。相反，精神恍惚，面黄肌瘦，举止不端，则是外在失分因素。如何提振精气神，展现朝气蓬勃的气质风貌呢？要引导考生放下一切杂念，面带笑容，保持愉快的心情；要引导考生有计划、有步骤地进行体育锻炼，强身健体，塑造形体美，增强身心素养；要引导考生劳逸结合，按时作息，保持充足的睡眠；要引导考生均衡饮食，节制饮食，健康饮食；要顺应时令，保暖御寒，使自己阳气十足。

"不谋万世者，不足谋一时；不谋全局者，不足谋一域。"只有站在党和国家的事业大局上，站在考生人生事业的长远发展上，站在公考面试的具体实践上开展面试指导，才能让考生面试出彩，使其成功上岸，才能从根本上全面提升其综合素质，为今后的事业成功和美好人生奠定良好的基础。

公考面试，考生如何学

方法选对，事半功倍。方法不对，事倍功半。面试备考，时间短暂，如何才能在较短的时间内取得理想的面试质效呢？

集中精力，心无旁骛。不必耗费精力关注对手如何，因为你无法改变对手。心理压力不要过大，因为只会影响自己。放宽胸怀，静下心来，心无旁骛地练好应对面试的内功，集中一切精力做最好的自己，不要让私心杂念干扰、羁绊了你的进步。在面试学习和训练过程中，要有"我能行"的自信，又要清醒地看到自己的不足，并虚心改正。

积累素材，夯实基础。熟读《大道之行》和《让面试出彩》等公考辅导教材，积累大量素材，熟记各类经典名言俗语和正反面典型人物，了解社会热点问题，领会好党和国家的方针政策，知晓社会热点、焦点、难点和痛点，理清入职之后的岗位规划和工作打算，熟练运用辩证唯物主义、历史唯物主义原理和党的先进思想方法解决实际问题。

活用教材，优化答案。"尽信书，不如无书。"市场上一些公考教材编写比较粗糙，提供的参考答案不完美甚至还会有错误，考生学用辅导教材，要善于辨别分析，去粗取精，不可盲信参考答案，更不可死记硬背参考答案。对待任何面试题目都要坚持"审题干，抓关键，理要点，填丰满"这个根本方法。只有这样，才能以不变应万变，应对各种各样的问题，进而做出实事求是、让考官满意的答案。

掌握规律，让面试出彩。熟读《让面试出彩》一书，掌握各类题型的答题规律、主要步骤和科学方法，答题要聚焦核心，分析透彻，见解深刻、独特、富有说服力，表达简洁、精准、流畅、富有感染力。积累知识是必须的，掌握规律、步骤和方法更重要。两手都要抓，两手都要硬，主次要分清。只有不断抛出"兴奋点"或"闪光点"，才能让考官耳目一新，眼前一亮，为之一振，从而取得高人一筹的好成绩。

机智灵活，会学善用。"水无常形，兵无常势，人无常态，事无常规。"面试答题都是活生生的现实问题，处理现实问题没有标准答案，只有优秀答案。面对具体考题，既要遵循答题规律、步骤和方法，还要敢于突破思维定式，因题而异，灵活作答。要开动脑筋，活学活用，多想解决办法，而不能局限于条条框框，死守教条。否则，就会成为中看不中用的"书呆子"。面试答题不可死记硬背，不可固守教条，要善于学、思、践、悟，掌握解决各种问题的规律、步骤和方法。你复习的所有考题，都要转化消化为应对面试的现成素材和知识储备。所以，面试学习不可就背题而背题，而要懂得活学活用，灵活运用已知解答未知。与此同时，观摩其他考生，在互学互鉴、交流碰撞中，获得智慧和力量。

标准要高，要求要严。严格按照良师的指导和要求真学实干，做到不打折扣、不降标准、不偷工减料、不丢三落四、不懈怠拖拉、不敷衍应付、不做样子、不抱残守缺。5个90%相乘是59%，每个环节都差一点就等于不及格，特别是准备逆袭的考生更应高标准严格要求自己。

内外兼修，优上加优。在仪表气质、言行举止等外在形式上，一分不能丢，而且也要出亮点，获取增分点；在答案内容上，力求将自己的潜能发挥到极致，让自己的回答出彩。既要抓好内在，也要重视外在，内外兼修，才能全面提升面试成绩。

公考面试，家长如何做

不少考生，笔试容易过关，但每次面试都惨败，走了多年弯路，耗费了大量时间、精力和资金，最终也没有成功上岸。

问题出在哪里呢？考生社会经验不足，往往听命于家长，而很多家长对面试这门课程又是陌生的，甚至一窍不通。所以，家长在对待考生面试上盲目行动，出了差错。

作为考生家长，如何助力孩子应对面试呢？

选对良师。 选择面试指导老师，就像看病选医生一样。名医看病，对症下药，几味药治好病。相反，庸医看病，乱开药方，不仅不能治病甚至还会害命。公考面试指导老师甚多，然而，既有深厚的理论功底，又有丰富的实践经验，而且还精通面试规律的良师甚少。所以，家长为考生选择优秀的指导老师至关重要。选对了良师，就意味着成功了一半。

亲其师，信其道。 家长和考生既然选择了良师，就要心无旁骛地跟随良师的步伐成长进步。良师制定的教学计划、作息时间表、言行举止要求等一切部署都是遵循面试规则精心策划安排的，家长唯一要做的就是按照良师的严格要求全力配合好、监督好孩子的学习和生活，切不可给考生帮倒忙。同时，家长要引导孩子怀着一颗积极向上和感恩的心跟随良师学习，全身心地接受良师的教导。相反，如果家长自作主张，依着自己的性子干预良师的科学部署，甚至与良师唱反调，必然使考生无所适从，学习效果可想而知！

懂得育才之方。方向不对，努力白费；方法选对，事半功倍。教育孩子是一门专业，是一门学问，也是一门艺术。家长可通过研读《大道之行》中的《育才之方》，提升自己的教育水平。要针对孩子的特点，立足孩子的实际，因材施教，因势利导。要注意观察孩子的表现，及时肯定孩子的成长进步，给予鼓励和足够的自信，激发学习热情，切不可抓住"小辫子"一味地训斥。假设不懂教育而又盲目管教，极易使孩子逆反，造成不良后果。假设家长实在不懂教育，就不如选对良师，实行"无为"而治，则会取得良好的教育效果。

为孩子做好表率。育人先育己，正人先正身。家庭是孩子成长的第一所学校，家长是孩子的第一任老师。家长要求孩子做的事情，须自己先带头做好，这样孩子才会心悦诚服。所以，家长要保持良好的学习、工作、生活习惯，在做人、处世、干事、作息、健身等各个方面为考生作表率，潜移默化地引导孩子在正确的人生道路上奋勇前行。

营造好学习环境。家长要为考生创造一个适合考生面试训练和成长进步的良好环境。在适当位置，悬挂一面镜子，便于考生对镜训练，以正衣冠，树形象。考生学习时，家长应保持安静，不要随意打断，更不可喧哗吵闹。按照良师的要求，监督考生进行适当锻炼，并做一些力所能及的家务活，养成热爱劳动的良好习惯。

做好后勤服务。家长要做的，就是照顾好考生的饮食、休息，为孩子应试准备好符合报考岗位的职业套装。饮食要荤素搭配，以清淡为主，避免因食肉过多影响大脑气血的正常运行。"一夜好睡，精神百倍。"保障考生作息要有规律，有充足的睡眠。准备服饰要符合孩子所选岗位的要求和身份。同时，监督孩子每天坚持适当的体育锻炼，使考生保持旺盛的学习精力，使之在面试中精神饱满，容颜焕发。

公考面试，考官如何评

人才兴，事业兴；人才强，国家强。面试是党和国家选拔优秀人才的重要形式，面试考官担负着选拔优秀人才的神圣职责，可谓责任重大，使命光荣。作为考官，如何为党和国家以及用人单位把好关、选好人呢？

公道正派，秉公行事。公道正派，是中华民族的传统美德，也是当好考官的首要品质。"公道"，就是公正、公平；"正派"，就是作风端正，光明磊落，不徇私情。即使考官"相马"的能力再强，如果不能出以公心，也选不出"千里马"。诚然，为确保面试公正公平，各级组织人事部门在面试机制上作了严密的设计，采用随机抽取考官、行程严格保密、法规制度约束、当场宣布成绩、及时公布成绩、纪检部门现场监督等多种形式，最大限度地杜绝舞弊现象的发生。与此同时，公考面试的考官，往往会在面试前集中培训，组织上会苦口婆心地告诫诸位考官，一定要遵守考试纪律，还会找一些违纪案例来警示各位考官。所以，在公考面试的公平性上，是有保障的。然而，再好的制度也需要有良知的人去执行，才能实现预期的效果。所以，作为面试考官，必须坚持公道正派的优良作风，遵守面试的各种规章制度，以德才选人，不可以貌取人，也不能以个人好恶选人，更不能人为地压缩或扩大分数。

熟练业务，严谨细致。常言道："千里马常有，而伯乐不常有。"考官的识人能力直接影响所选人才的素质水平。即使出以公心，如果考官识人本领不强，也难以选出优秀人才。打铁必须自身硬。考官要全面了解党和国家的选人用人政策，熟练地掌握面试测评业务，具备正确的世界观、人生观、价值观和审美观，以及敏锐的洞察力、准确持久的记忆力、唯物辩证的思维力、快速辨别的判断力等素质要求，对考生的综合分析问题能力、组织计划协调能力、语言表达能力、应变能力、团队精神、举止仪表、身心素质等考察要素有一个精准的认知和评判。在实际评分过程中，评分项目繁多而细碎，而具体到一道题目往往与评分项目不完全匹配，评分时间又短促，考官要善于抓重点：一是挑毛病，二是找亮点，以此在每个小项目上加减分。当然，给定的测评要素、答题要点和评分标准只是参考，考官要立足考生实际，依据党和国家的选人政策和用人单位的岗位要求，机智灵活地评出面试分数，确保最大的公正性和精准性。

明察秋毫，慧眼识人。大千世界，人性各异，外表之下，心思种种。很多时候，考生的现场表现并非真实的素质水平。有的考生口若悬河而无实际本领，有的考生表面愚钝但内在聪颖，有的考生话语不多但字字珠玑，有的考生不善言谈但务实能干，有的考生表面恭敬但内心虚假……"必见其阳，又见其阴，乃知其心；必见其外，又见其内，乃知其意；必见其疏，又见其亲，乃知其情。"考官要善于察言观色，透过现象看本质，通过"表情、眼神、言谈、举止"等外在表象洞察其内在品质，进而精准地识人选人。

敞开脑门，让智慧进来

我们生活在一个复杂多变的世界，问题无时不有，无处不在。人，之所以愚昧，是因为坚持固有的狭隘认知。当你觉醒觉悟之后，就会主动打破束缚自己思维桎梏，从而让脑门敞开，智慧才会奔涌而来。

有这样一个故事：一位富商看到窗外一群孩子在广场上捉蜻蜓，就对四个儿子说："你们给我捉几只蜻蜓来吧。"四个孩子飞速下楼，去完成爸爸交办的任务。不一会，大儿子带回一只蜻蜓。富商问，怎么这么快就捉来了一只？大儿子说，我是用您刚才送给我的那辆遥控赛车换的。又过了一会儿，二儿子带回来两只蜻蜓。二儿子说，我把遥控赛车租给了一位小朋友，他给了我三分钱，我只用两分钱买了两只蜻蜓。爸，你看我还赚了一分钱。富商微笑着点点头。不久，老三也回来了，他带来了十只蜻蜓。三儿子说，我把遥控赛车在广场上举起来，问：谁愿玩赛车，愿玩的只需交一只蜻蜓就可以了。爸，要不是急着回来，我可以收到18只蜻蜓。富商拍了拍三儿子的头。最后回来的是老四。他满头大汗，两手空空，衣服上沾满尘土。富商问：孩子，你怎么搞的？四儿子说，我捉了半天，也没捉到一只，就在地上玩赛车，要不是哥哥们都上来了，说不定我的赛车能撞上一只蜻蜓呢。

同样完成一件任务，四个孩子四种不同的思维方式，效果却大相径庭。思维层次和思维方式决定智慧的高下优劣，决定战略方向，决定工作成效，决定事业成败，若在战场上，直接关乎生死存亡。

"凡战者，以正合，以奇胜。善出奇者，无穷如天地，不竭如江河。"干事创业需要苦干，更需要智慧。成功的秘诀在于能够娴熟准确地运用恰当的方法、低廉的成本和有效的耕耘，赢得最大的收获。只有我们敞开脑门，让智慧进来，熟练掌握系统思维、全局思维、战略思维、精准思维、辩证思维、历史思维、发散思维、法治思维、互联网思维等"十八般武艺"，尝试着运用几十种办法解决同一个问题时，思路才能真正突破，人生才能取得丰硕的成果。

念好"通"字经，方能大显神通

一字一世界，一笔一乾坤。中华汉字，简洁、高效、生动，博大精深，是世界上最深邃、最先进、最优美的语言。中华汉字，形美如画，音美如歌，意美如诗，是浓缩的道。比如，"通"字，由甬（yǒng）和辶（chuò）构成，"甬"意为"道路"，"辶"意为"行走舒畅"。所以，人体气血、思想、做人行事等舒畅无阻，谓之"通"。应对面试，只要念好"通"字经，就能大显神通。

通计熟筹。针对面试考察的主体内容，要进行系统规划，周密运筹，细致安排。

博古通今。积累必要的足够的素材，掌握理论基础，夯实文化功底。

息息相通。万事万物，上下左右，是互联互通的。要善于运用普遍联系的观点发现问题、分析问题、解决问题。比如，有的考生作答时无话可说，就是因为不善于将平时积累的思想理论、案例故事、名言警句等，与眼下的试题密切联系起来。

上下贯通。解答问题，要上接"天线"，下接"地气"，上下联系，综合分析研判。上接"天线"，就是学懂弄通党的路线方针政策特别是习近平新时代中国特色社会主义思想，全面正确地掌握党中央、省市的决策部署。下接"地气"，就是符合群众实际，反映群众期待，凝聚各方共识，汲取群众的智慧和力量。如此，上下贯通，有的放矢，才能找到解决问题的金钥匙，从而做出科学、务实、有效的对策。

左右联通。每一个面试问题都不是孤立地隶属于某个类型，往往兼有多种类型的作答属性。所以，解答面试问题，要左右联系，综合分析。比如，漫画类问题，往往兼有观点类、时政热点类、哲理思辨类等多种问题类型的性质特点，要兼容并蓄，综合作答。

触类旁通。万物不同，道理相通。通过掌握某一道题的解答规律和方法，由此及彼，能够解答类似的千万道题目。

通权达变。掌握了规律和方法，要具体问题具体分析，根据实际情况的发展变化而灵活运用，要坚持原则性与灵活性相结合，不机械照搬，不刻舟求剑，不墨守陈规。

曲径通幽。解决实际问题时，如果直线思维不奏效，可让脑筋转转弯，采用运用曲线思维的方式，从其他角度或维度入手，促成问题解决。

通书达礼。面试考试，不仅考察考生的内在素质，还考察考生的仪表气质、言行举止等外在气质。这就要求考生既要具备学识素养和能力水平，还要懂得待人接物的礼仪。

圆融通达。内方外圆，谦虚低调，既是中华民族的传统美德，也是为人处世的方式方法。只有多为他人着想，多与他人沟通，达成共识，处好各种人际关系，才能解决好各种人际矛盾。

通情达理。处理错综复杂的人事关系，要坚持原则性与人情化相结合，动之以情，晓之以理，导之以行，做到以情感人，以理服人，以行助人。

互通互进。考生之间，要善于相互学习，通过交流借鉴，及时汲取他人的优点，弥补自己的短板。

通前彻后。从进入考场、回答问题直到最后退出考场，每一个环节、每一个细节，都要做到极致。

神通广大。升华你的思维，从长、宽、高看得见的三维空间，突破跨越到贯穿过去、现在和未来的四维世界，乃至五维、六维世界，就能神通广大了。

"操千曲而后晓声，观千剑而后识器。"经过勤学苦练，只要弄通了规律，掌握了方法，然后举一反三，触类旁通，灵活运用，就能达到"一通百通，一悟千悟"的状态，从而游刃有余地应对包括公考在内的各类人生面试。

练好"十八般武艺"，夯实面试硬功夫

无德不足以立身，无能不足以成事。素质能力，是党和国家选拔人才的重要指标，也是公考面试考察的核心内容。考生不仅要具备良好的道德修养，还必须练好"十八般武艺"，夯实解决实际问题、干实事的硬功夫，才能取得优异的成绩。

学习进取能力。"学如弓弩，才如箭镞，识以领之，方能中鹄。"能够运用恰当的学习方法，以快捷、简便、有效的方式获取准确信息，提升修养，掌握技能；能够海纳百川，择善而取，汲取众家之长；能够勤奋学习，知行合一，学以致用。通过不断地学习进取，能够学有所思，思有所践，践有所悟，悟有所为，更加通晓了如何做好人、处好世、干实事，更加懂得在现实工作生活中如何正确地化解矛盾纠纷、解决实际问题。

适岗适位能力。善于学习，善于调研，善于实践，修养自己的心性，培养自己的职业兴趣，锤炼自己的业务水平，能够适应工作环境，胜任工作岗位，规划长短期工作目标，处好各种人际关系，克服困难完成各项工作任务。

理解表达能力。在人际交往中，一方面能够理解他人的意图；另一方面，能够清晰、准确、简洁、流畅、有条理地表达自己的想法。无论是请示汇报工作、安排工作任务，还是协调人际关系，能够让对方听得清清楚楚，明明白白，并乐于接受、乐于为之行动。

人际交往能力。"事成于和睦，力生于团结。"能够识大局，顾大体，倾听和理解不同认知，通过信息、思想、观点、情感的交流，处理特定条件下产生的矛盾或纠纷，建立良好的协作关系。面对工作中出现的矛盾和分歧，善于沟通交流，择善而从，在大局下求同存异，最大限度地发挥出团队的整体战斗力。针对不同主体，能够灵活运用不同的原则、技巧、方法。比如，对待领导间、同事间的分歧，善于做双方的"桥梁""润滑剂"，本着"工作为上，团结为重"的原则沟通协调好双方的关系，推进工作的落实；再如，对待自己与领导的分歧，能够本着"尊重领导、适应风格、工作为上，积极主动"的原则，虚心接受领导批评，遇到问题先自我反思、审视工作，然后多方请教，多与领导通气，多向领导请示汇报，严谨细致地落实工作直到领导满意为止；还如，对待自己与同事间的分歧，能够"吃气""吃亏"，包容对方的误会和不理解，在自我反思的基础上及时做好沟通，真诚待人，对于难以调和的工作分歧可以分别形成方案请领导裁决审阅，然后贯彻落实。

调查研究能力。"纸上得来终觉浅，绝知此事要躬行。"能够坚持实事求是，坚持群众路线，坚持一切从实际出发，掌握科学的调研方法，善于调用以往的资料，善于深入一线，发现、分析新情况新问题，集思广益，综合研判，积极探索事物发展的规律，预测事物发展趋势，能够总结经验，汲取教训，提出切实可行、务实管用的解决问题的好办法。

知人善任能力。"用人如器，各取所长。"组织交给你一支队伍，素质水平和性格特点往往大相径庭。面对参差不齐的群体，善于打好"手中的牌"，发挥下属各自的长处，充分调动每一名下属的积极性，激发他们干事创业的创造性，凝聚起合力共为的干事创业的力量。

统筹协调能力。我们面对的工作不是单向结构，而是一个繁杂网络系统，在某个方面出了问题都可能导致整体工作无法推进和完成。面对纷繁的工作任务，能够兼顾时间、事件、人员、资金等各方面要素，通盘筹划，科学协调，合理安排，按照实际情况做出最优部署，以最低的时空和资金成本，高质高效地完成所有工作任务。

组织活动能力。能够围绕工作目标，对人、财、物、时空等资源进行合理配置，统筹安排，协调各方面人际关系，顺利完成工作任务。在组织活动的过程中，善于借势、借力，向领导请示方法，向同事请教经验，向群众征集意见，联合协调不同部门共同拟定方案、开展工作，向社会、企业筹措资金，向兄弟单位取经、借人、借物等。针对不同类型的活动，能够明确不同的工作重点，突出不同的活动要素。比如，宣传类活动重点突出宣传方式；培训类活动重点突出培训效果；会议类活动重点组织好会议并落实好会议精神；筹划建立类活动突出如何选址、招聘施工队伍、筹措资金、购置建设物资等。

应急应变能力。"泰山崩于前而色不变，麋鹿兴于左而目不瞬。"对工作中出现的棘手问题或遇到突发事件，能够稳住自己、队友和对方的情绪，稳定好秩序，迅速做出正确反应，采取恰当的方法和有效措施，妥善处理突如其来的意外事件或调解人际矛盾纠纷。比如，遇到灾情，能够分清轻重缓急，把握重点，先救人后救灾；能够协调多方，联合相关部门共同开展工作；能够以人为本，做好对人的关心关怀、情绪安抚、慰问补偿、回访反馈等；能够从事后整改和相关人员培训等方面入手，做好善后工作。

综合分析能力。有较强的政治敏锐性和洞察力，能够把握时代脉搏，准确研判形势，政治立场坚定，是非分明，通过对给定问题进行分析、判断、推理、归纳、概括，透过现象看本质，抓住要害和关键，揭示事物内在联系、本质特征和变化规律，从而做出精准认知和判断。比如，漫画题，要求考生通过观察图画中的关键元素，分析挖掘漫画内涵，综合判定其主旨，从而考查考生的理解力、洞察力、概括力以及解决实际问题的能力。

科学决策能力。善于调查研究，及时准确地进行分析，并集思广益，做出科学决断。比如，组织活动类问题，拟定方案之前，善于通过阅读相关的资料，请教领导同事，借鉴优秀经验，征求参加人员和相关服务对象的意见，集思广益，形成合理有效的方案。

依法行政能力。"凡君国之重器，莫重于令。"公职人员要有较强的法律意识，依法办事，准确执法，公正执法，文明执法，善于借助法律法规、规章制度解决问题，同时兼顾原则性和灵活性，并敢于同违法行为作斗争。

群众工作能力。"民惟邦本，本固邦宁。"群众是发展的主体，做群众工作是领导干部的基本功。能够树牢宗旨观念和群众观点，践行好"为民、务实、清廉"的群众路线，牢记责任，勇于担当，爱岗敬业，与人为善，以人为本。善于宣传群众、组织群众、团结群众、服务群众。能够率之以正、听之以言、动之以情、晓之以理、申之以法、施之以方、助之以行地处理群众问题。善于未雨绸缪，想群众之所想，急群众之所急，办群众之所需，解决群众的急难愁盼。

务实创新能力。思想解放，视野开阔，在务求实效的前提下，能够运用多种思维方式解决问题，创造性地开展工作，善于发现新问题，想出解决问题的新思路、新观点和新办法，最大限度地提高工作效率、创造工作效益。比如，解决同一个问题，能够想出三种以上的方式方法，筛选出最优方案。

经济经营能力。"凡治国之道，必先富民。民富则易治也，民贫则难治也。"能够熟悉掌握经济规律，当"懂经济、抓经济"的行家里手，了解国家乃至世界的经济政策，能够把握市场经济运行规律，对资产、资金、资源进行科学配置，善于运用"性价比"思维，以最低的成本用最短时间，创造最大的经济效益和社会效益，以服务人民、贡献社会。

贯彻落实能力。抓落实是领导工作中一个极为重要的环节，是党的思想路线和群众路线的根本要求。一个好的领导不仅应当是科学的决策者，更应当是一个能推动决策不折不扣加以落实的坚定执行者。牢固树立党的宗旨意识和正确的政绩观，根据上级部署或领导的安排，能够围绕中心，服务大局，组织人力、物力、财力，知难而进，锲而不舍，求真务实，艰苦奋斗，不折不扣地解决问题、办实事，保质保量地完成组织交给各项工作任务。

应对舆情能力。针对突发事件，面对现实困境或群众质疑或媒体记者，能够在第一时间组织力量调查事件真相，把真相公布于众，抢占舆论先机，妥善解决问题，化解各种矛盾，降低各种风险，消除负面影响，让人民群众满意。如果事件复杂，不能等到有完整结果后再进行公布，而要根据进展情况分阶段公布，满足公众的知情权，发出正面声音、消除负面传言，引导网络舆情朝着正确的方向发展。如，某镇一企业排放污水污染土地，群众举报后记者前来采访，作为政府工作人员，如何应对？应当积极对待记者的关切和监督，请求环保部门协助调查真相，帮助企业治理污染源；请求司法部门协调企业对群众进行合理赔偿；请求国土部门对污染土地进行整治；请求记者跟踪采访。如此处理，可以将不良影响降低到最低限度。

健康管理能力。 健康之要，在于阴阳和合。深谙生命之道，心情舒畅，饮食有节，劳逸结合，科学运动，形神兼具，从而抵御内外邪的侵袭，保持乐观向上的精神状态和爱岗敬业的工作热情，高质高效地完成繁重的工作任务，持续不断地为事业发展做贡献。

"空谈误国，实干兴邦。"面试考生只要坚守大道，修心养德，练好"十八般武艺"，不仅能够成功上岸，而且走向工作岗位后也将成为一名优秀的领导者。

练好"说"字功，让考官喜欢听

在人际交往特别是面试考试中，会"说"是一种必备的能力。如何练好"说"功，让作答更轻松，让考官喜欢听呢？

有话可说。积累素材，充实大脑储备，熟记正反两方面的人物和案例，掌握并善于运用哲学观点认识问题，分析问题，多角度、多渠道解决问题，紧密联系工作生活和自身实际，做到"人无我有、人有我精、人精我特"，使之言之有"物"。

有话会说。在积累素材的基础上，善于谋篇布局，想清楚要讲几个层次，每个层次要讲哪几个方面，每个方面要讲哪几个问题，使之结构完整，要点齐全，层次分明，重点突出，详略得当，做到言之有"序"。

谈天说地。多读经典，开阔视野，谈古论今，旁征博引，做到言之有"文"。

自圆其说。面试试题没有标准答案。在聚焦题意不跑题、不偏题的前提下，要善于运用辩证唯物主义和历史唯物主义的哲学原理，以充足的论据来论证观点，做到言之有"理"。

实话实说。答题如做人，贵在真诚。作答要发自肺腑，冒着"热乎气"，滴着"露珠香"，真诚实在，真情感人，做到言之有"情"。"口，乃心之门户。"面试作答，应是考生思想的真诚吐露，应是能力的真实反映，应是实干精神的真实体现，任何信口雌黄、巧舌如簧的虚伪奸诈之言都不会赢得考官的好感。

能说会道。通晓事物的本质规律，善于运用优美的语言准确地表达思想观点，把深奥的、复杂的问题讲得通俗易懂，风趣幽默，做到言之有"据"，言之有"趣"。比如，用"花有千姿百态，人有不同风采"阐述每个人都有自己的优势和特色，用"在游泳中学会游泳，在战争中学会战争"论述要善于在实战中提升素质水平。

做实做好百分卷

"百分卷"，就面试而言，顾名思义，就是能够达到面试满分的答卷。

"欲求其上，必求上上。"只有把目标定的高一点，并不断地向自己提出挑战，才能在激烈的竞争中展现出高人一筹的水平。做百分卷的目的，就是让考生高标准、严要求，形成周密、严谨、细致的答题作风，从而深刻把握各类面试试题的答题规律、主要步骤和科学方法。只有这样，才能从容应对各类面试问题，将面试解答做到极致，才能考出高人一筹的好成绩，才能在激烈的竞争中胜出。相反，标准不高、要求不严，不能把握其规律和方法，就永远得不了高分，永远当陪练。

做好做实百分卷可分三个阶段：第一阶段，开卷完成书面百分卷；第二阶段，在开卷完成书面百分卷的基础上，口头回答达到满分；第三阶段，闭卷测试，现场思考，现场回答达到满分。三个阶段循序渐进，逐渐深入，方可更牢固地掌握答题规律、思路、步骤和方法。做好百分卷要一次好过一次，不局限于"一城一地"，而是从整体上把握作答规律和方法。

一份百分卷可分为"答题思路"和"参考答案"两个重要组成部分。理清"答题思路"，将其分析透彻，旨在提升考生审题的精度和答题的速度；完善好"参考答案"旨在提升考生答题的质量。当然，百分卷成效如何，需要良师评定指教和修改完善。

考生要及时总结反思，改正不足，不断提升做百分卷的水平。

如此，按不同的类型，每天选一道典型问题，做一份剖析透彻的百分卷，请良师指导修改完善，就能使你的认知更深刻，甚至刻骨铭心，终生难忘。做实做好一份百分卷，看似耗费了一些时间，却能使你开动脑筋，深度思考，更加深刻地掌握这类题型的答题规律、主要步骤和科学方法，起到以一敌百的重要作用。

"守正笃实，久久为功。"向深里走，向实里做，每天高质量完成一个类型的一份百分卷，然后举一反三，触类旁通，一通百通。经过一段时日的训练，将全部面试类型学懂弄通并机智灵活地融会贯通，就会创造出面试奇迹。

祛除常见毛病，让作答更完美

在面试作答中，多数考生之所以表现平庸，是因为存在一些意识不到而又经常出现的毛病，现列举如下，可对照自己，认真查摆，有则改之，无则加勉。

偏离主题。审题不精准，偏离主题思想，不能聚集核心要义，答不到点子上，"像雾像雨又像风"，甚至答非所问。比如，对《扫黑除恶》这部电视剧收视率节节走高，你怎么看？问题的核心是对"《扫黑除恶》这部电视剧收视率节节走高"的看法，而不是对"扫黑除恶"的看法。

残缺不全。思考欠周密，不全面，要点有缺失。比如，在组织活动类中的会议类问题，有些考生容易遗漏"会议精神的传达落实"这个重要环节。

思维单一。坐井观天，格局视野狭窄，看问题片面，发现问题、分析问题、解决问题的角度、层面、内容单一。比如，对一些不良社会现象的治理措施，应广开思路，从主管部门、企业、舆论宣传、教育、个人践行等不同主体，从思想、制度、操作等不同层面，从主观、客观不同方面，展开论述。

杂乱无章。思路不清晰，作答不系统，不条理，层次不分明，主次不分，甚至颠三倒四。

言之无物。知识匮乏，空洞不丰满，缺乏有效的支撑内容，也就是有"骨头"少"肉"或没"肉"。比如，组织活动类问题，主体部分是"组织实施"环节，要结合题型特色，周全考虑，内容要充实。再如，在哲理思辨类、立场观点类、社会现象类、漫画类等问题的论证观点部分，可以运用讲道理、摆事实、举例子、做比较、列数字、正反对比等多种方式充实论据，使作答更丰满。

浮于面上。分析问题浅尝辄止，不深不透，不能深入地透过现象看到事物的本质，找不到事物表象之下隐藏的规律。比如，在漫画类问题中，有些考生仅停留于漫画所描述的内容，没有深挖漫画要素背后所代表的深刻寓意。

机械呆板。脱离面试考察的根本目的，不能灵活地联系现实情况和联系自身实际解决问题。比如，村里下大雨，有引发泥石流的危险，面对着群众生命和财产安全遭受威胁的问题。你是村干部，该怎么办？有的考生把重点放在向领导汇报上。向领导汇报固然重要，但更紧急更重要的是，自然灾害随时会发生，第一要务是先把群众撤离。

以铜为镜，可正衣冠；以此为镜，可知毛病。只要认真"对镜"查摆，改掉这些坏毛病，你的作答将会更完美。

摒弃假大空虚，让作答真诚务实

求真务实，是中国共产党的优良传统，是中国革命和建设取得成功的法宝，也是中华民族的瑰宝。公职人员面试考察，不仅考察考生解决问题的本领，同时也考察考生是否具备求真务实的品质。然而，部分考生在面试作答中，却经常出现"假""大""空""虚"的不良表现，让考官生厌。

假，脱离现实不真实。比如，对领导安排工作任务，你如何完成？有些考生这样开头："领导把这项工作交给我，是对我的信任，我一定认真完成，不辜负领导的期望。"如此回答就太"假"了，因为领导安排工作任务是下属的分内事，是职责所在，必须无条件地完成好。要想开头表明态度，可以采用阐明工作思路和处理原则的方式回答："我将集思广益，周密谋划，按照轻重缓急的原则，完成好领导交办的任务。"又如，有些问题明明不是自身造成的，但有的考生作答时非要盲目承担责任，进行"自我反思"，说"事后我一定好好反思，杜绝此类事再次发生。"这类问题不是你的错误，为什么要自我反思呢？显然，"反思"太"假"。正确的做法是：我将汲取他人的教训，有则改之，无则加勉，这样体现你的虚心态度；或者提出"如何杜绝此类事再次发生"的具体思路、改进措施，这样能体现出你的反思和应变能力。再如，领导安排工作时出现偏差甚至错误，你该怎么办？有的考生却回答"适应领导，容忍领导"云云，太假了。任何人都不是神人，领导出现错误是正常的，这时候作为下属，一要提出改进措施，二要及时补台补位，避免错误扩大。

大，越权越位乱表态。 自我角色定位超出政策规定、岗位权限或职责范围，本来应按规定办理或向上级领导汇报或由其他部门负责的事情或按程序追责问责的问题，自作主张，擅自处理。比如，对于安全事故的追责问责，不仅要向上级领导汇报，听取领导的指示，还要履行程序由纪检或行政部门执行，不能越俎代庖。而有的考生回答解决问题时，直接提出对事故责任人追责问责。很显然，越权越位了。又如，对待农民群众上访问题，超越政策规定许诺发放补贴等。再如，有的考生在接受任务时，开头就说"我一定保质保量地完成任务。"事情还没做，就夸下海口，纯属大话。作为下属，办理领导交办的问题，事先要向领导报告或汇报方案，事中要及时请示、请教，事后要总结汇报结果，而不可自行其是。

空，言之无物不实诚。 真正解决问题，才是考生能力的体现。回答问题要有切实可行的具体措施，不能只是喊口号。比如，撰写调研报告，提出的建议要有具体的内容，不能空说套话，要结合作答的实际问题提出符合题意、行之有效的方法；又如，应急应变类问题中"遇到这种事情，我一定会沉着冷静，妥善处理。"只是口头说"'会'沉着冷静"，并没有实际用处，重要的是用实际行动和具体方法体现出"沉着冷静"。可以这样回答："遇到这种事情，我会本着'先稳定情绪，再查找原因'的思路，妥善处理。"再如，以"精神"为主要内容，自拟题目，作一次演讲。有的考生拟定了"中国精神"，短短几分钟的回答时间，拟定一个庞大的主题，内容必然会空洞，言之无物。如果改成"人要有点精神气"，或"延安精神"，或"工匠精神"，等等。从小处入手，聚焦到一种具体的精神展开演讲，并能联系实际工作、联系自身，就好把握了。

虚，浮于形式无实效。实效性是衡量做事的根本，解决问题要务实管用，不能浮于表面。比如，社区工作人员在处理垃圾分类问题时，与一位老大爷发生了冲突，老大爷受了伤。有的考生作答表明态度时，提出"生命至上"。太虚了，因为只是受了伤，离危及生命差得很远呢！正确的工作态度应该是"先看病，再做思想工作"。又如，"某地水库年久失修，个别群众侵占水库设施，私自种植庄稼树木。镇政府准备对防汛隐患进行专项整治，领导安排你负责组织。"有的考生死搬硬套专项整治的模板"宣传警示、集中整治、加大惩处"，工作对象是个别"爱惜土地"的群众，这样作答就把群众当成"违法分子"了，太脱离实际了。正确的做法是通过村干部做好宣传，让群众自查自纠，对侵占设施和种植庄稼的群众要做好思想工作，帮助其拆除。

假大空虚令人厌，真诚务实最动听。无论对待面试试题，还是处理工作、生活中的现实问题，只有认清自己的位置，坚持实事求是，一切从实际出发，说实在话，办实在事，解决实际问题，才能赢得大家的信赖和赞赏。

头 头 是 道

包括面试在内的一切学习，旨在悟道，重在得法，贵在质效。面试学习，是全方位、立体式、多维度的。既要抬头看路，又要低头拉车，还要回头反思，才能全面掌握面试规律、主要步骤和科学方法，进而从容淡定地应对好面试。

抬头看路。"不谋万世者，不足谋一时；不谋全局者，不足谋一域。""抬头看路"，就是登高望远，总揽全局，既要吃透面试考情，掌握命题规律，又要掌握世情、党情、国情和民情。就考情来说，就是要充分了解近几年的面试试题，知晓考什么？怎么考？侧重点在哪里？做到心中有数。懂得世情、党情、国情和民情，就是要知晓国家甚至国际发展大势，紧扣时代脉搏，学懂、弄通党的先进思想特别是习近平新时代中国特色社会主义思想的总体内涵和要义，知晓党中央和各级政府的最新精神，了解社会热点焦点和人民的心声。抬头看路，不是好高骛远，更不是脱离实际，而是顺势而为，有的放矢地了解整个面试考试的形势，从而观大势，懂大局，目标明确，方向正确，避免走弯路、走偏路、走错路。

低头拉车。"春天不下种，何望秋来收？"天上不会掉馅饼，能力再强，没有实际行动只能看着别人成功。踏实肯干，才能有所收获；努力奋斗，才能好梦成真。"低头拉车"，就是应对包括面试在内的各种人生挑战，要有求真务实、脚踏实地的实干精神，就像"泰山挑山工"那样，朝着既定目标，一步一步扎扎实实地走下去；要有一种时不我待、只争朝夕的拼搏精神，要有一种"钉钉子"的毅力、韧性和耐心，平心静气，驰而不息，直至攀登到最高峰，才会收获"会当凌绝顶，一览众山小"的成功喜悦。

回头反思。"学而不思则罔，思而不学则殆。""回头反思"，就是善于回顾过去，冷静思考得与失，及时纠正偏颇，让自己始终在正确的立场和道路上前行。每完成一天的学习任务，都应及时静下心来，根据老师的点拨，对照其他同学的表现，认真地梳理、回顾和盘点。总结成功的，也总结失败的；总结他人的，也总结自己的。在总结反思中不断提高，在不断提高中升华自己的综合素质。

"聚沙成塔，水滴石穿。"无论学习、工作，还是生活，只要持之以恒地践行好"抬头""低头""回头"之道，就能开创美好的未来。

面带微笑，阳光出场

世界是个"回音谷"，你歌唱，山谷也歌唱；你哭泣，山谷也会哭泣。同样的道理，在面试过程中，当你对考官微笑时，考官也会对你微笑。当你对考官冷漠时，考官也会对你冷漠。你的体态语言和表情神色写在自己脸上，却照射在考官心里。所以，面带微笑，阳光出场，是成本最低、受益最大的得分之道。

微笑，是春天的阳光，照耀着大地，吹拂着和煦的清风；微笑，是山间的小溪，滋润着万物，闪烁着柔美的灵光；微笑，恰似一朵半开的水莲花，不胜凉风的娇羞。微笑，蕴含着温暖，蕴含着善意，蕴含着无穷的智慧和力量。一个真诚、坦荡、甜美的微笑，足以打动在场的所有考官！

微笑，是最美的处世境界。微笑，能将自己打扮得美丽动人，让人生充满希望、充满友爱、充满阳光。遭遇冷眼时，微微一笑，是一种大度；遇到尴尬时，微微一笑，是一种坦然；面对困境时，微微一笑，是一种豁达；被人误解时，微微一笑，是一种素养；被人轻蔑时，微微一笑，是一种自信。

微笑，让人充满阳光，让人暖意洋洋。微笑，能让你的形象闪闪发光，能让你的回答锦上添花，能让在场的考官如沐春风。

"巧笑倩兮，美目盼兮，素以为绚兮。"面带微笑，阳光出场，是面试最美的状态，是世界上最动听的语言！

出现"卡壳"怎么办

因暂时忘词而"卡（qiǎ）壳"，是面试考生特别是初学者经常遇到的问题。尽管应试者已经做了充分的准备，但是由于心理紧张、经验不足等多种原因，在面试过程中难免会出现大脑暂时空白或思维"短路"的情况，有的甚至一上台就开始忘词。这不仅影响考生的整体成绩，有的考生还会因"卡壳"而失去信心，导致无法展示自己真实的水平而被淘汰。

一旦卡壳就慌作一团，只会加剧思维"短路"，增加心理负担。所以，沉着冷静是处理一切疑难问题、消除紧张的前提。遇到面试"卡壳"，怎么办？内守大道，心静则成。先自我调节，做一下深呼吸，让自己静下心来，然后具体情况具体分析，采用以下几种举措应对：

当机立断，干脆省略。如果实在想不起某部分内容或个别词句，与其尴尬地冥思苦想，不如直接省略接着往下讲。很多时候，即使漏掉了你准备的某一部分内容或个别词句，未必影响整体效果，因为考官并不知道面试者事先准备的具体内容。

随机应变，灵活调整。面试题目往往没有固定的答案，只要善于运用辩证唯物主义和历史唯物主义等哲学原理，以充足的论据来论证观点，做到言之有"理"、言之有"据"即可。同一问题，可灵活运用不同的表述方式。如果一时语塞，原来拟定的思路不通了，可立即调整，给出一个合情合理、自圆其说的回答。

跳跃回答，补充完善。如果脑子里对此刻讲的内容突然一片空白，可以直接跳过，继续回答下面的内容。继续回答的过程中，如果逐渐回忆起了忘记的内容，或在回答下一个要点之前或在末尾，采用"还要补充的一点"的句式补充完善遗忘的内容。如果忘记的内容是无伤大局的细枝末节，就没必要作补充了。

强调要点，唤醒记忆。如果回答内容逻辑关系较为紧密，一环扣一环，不能直接省略忘记的内容，可以总结强调一下问题的要点，以争取时间，唤醒记忆。

互动交流，启发思路。主要指在无领导小组讨论面试中，可以通过与其他考生的互动交流，唤醒忘记的内容。有时候在讨论或交流的过程中，某个考生的回答或许正好提示、启发了你的思路，冒出更精彩的"火花"。

先声夺人，收官完美

公考面试，就回答内容架构方面，在要点齐全、层次分明、详略得当、重点突出的前提下，出彩的开头和精彩结尾，更容易使考官眼前一亮，耳目一新，为之一振。

常言道，良好的开端是成功的一半。深邃的思想火花，精彩的语言表达，辅之以铿锵有力的响亮声音，最容易感染、打动考官。面试作答，开头手法千姿百态，异彩纷呈，要依据内容而定。比如，演讲类型的题目，要振奋人心、语气加重。又如，处理人际关系处理类问题开头可以这样表述：工作生活中，处理好人际关系至关重要。我将本着"工作为重、团结为上"的原则处理好这个问题。再如，处理复杂矛盾的题型，可以这样表述：基层工作千头万绪，事务繁杂，我将分清轻重缓急，学会"弹钢琴"，采用"先急后缓、先主后次、先公后私"的原则来处理各类复杂矛盾。

开头，是突起，要开宗明义，开门见山，简洁明了，响如洪钟。如果开头偏离主题，啰啰嗦嗦，会让考官厌烦，成为减分因素。

收尾，是峭收，应戛然而止又余音袅袅。结尾的手法多种多样，或"凤尾"之美，灿若春花；或委婉含蓄，言有尽而意无穷；或卒章显志，深化主题；或提出问题，启人思考；或警示提醒，避免类似错误；或总结反思，汲取教训；或含蓄幽默，发人深省；或展望未来，憧憬美好生活，采取行之有效的行动；或抒发感情，激励鼓舞人心；或引用简洁凝练、通俗易懂的名诗名句，既能抒情写意，又能起到以一当十、四两拨千斤的效果。如，观点类题目，可这样结尾："总之，任何事物都有利有弊，我们应当辩证地看问题，学会趋利避害，化弊为利。"

巧妙切入，先声夺人；巧妙结尾，收官完美。你学会了吗？

面试杂谈——认知篇

面试的重要性

从幼儿园到大学，耗费了几十万元，上了 20 年学，最终都要通过面试这道"关卡"谋求工作。工作之后，还经常通过面试这种方式晋升职位、职务。所以，对于每个公职人员来说，学懂弄通面试这门学问至关重要。好的面试成绩才能竞聘到心仪的工作岗位，有了心仪的工作才容易组建称心如意的家庭，进而建功立业，经营美好人生。

认清自己

年少轻狂不懂事，未经磨难总天真。没有社会阅历的大学生，特别是没有遭受社会毒打的应届生，习惯于学生思维，天真又烂漫，往往不知天高地厚，处于未入世的蒙昧状态。

正确认识面试

从内容上看，面试是综合素质的展示比拼，不能机械视之为简单的考试答题。面试既重点考察考生综合分析、应急应变、人际关系处理、组织活动、语言理解表达等解决实际问题、干实事的素质能力，也重点考察外在的修养风度。

从形式上看，面试是考生向领导汇报思想、汇报工作的现场模拟，必须有交流感，不能简单视之为测试考试，不能习惯性地按笔试思维、学生思维背诵答案。

从起点上看，面试是一项实践性非常强的考试，对于长期在学校"啃书本"的大学生来说，是一门陌生的新学问。无论是著名院校毕业还是普通院校毕业，无论是研究生还是本科生，都像学驾驶考驾照一样，几乎都处于同一起跑线上，都是从零开始。

如何准备面试

心态要平和。把面试作为人生的一个历练过程，看淡结果，注重过程。在过程中积累实力，提升能力，增强动力，锻炼耐力，完善脑力。

择师要选准。体制内的老师有丰富的政治经验，熟悉行业情况，知晓时政热点，教育效果更好。

准备要尽早。面试考察考生的综合素质能力，没有充足时间的全面准备，靠短跑突击是难以考出好成绩的。

学习要刻苦。面试学习是一门新学问，没有吃苦精神是学不好的。

摒弃学生思维，树立实干思想

对于大学生来说，客观上缺乏社会经历和经验，缺少足够的阅历，对具体社会实际和社会问题缺乏了解，看待问题容易理想化、假大空，不切合实际，缺乏可操作性。而面试考察的是做人做事、解决实际问题的素质能力。所以，要树立实干思想，摒弃学生思维，不断颠覆自己的片面认知，善于打碎自己，重新优化组合，所作所为要符合实际情况，要符合客观规律，要符合科学精神。

正确应对面试

顺利通过笔试，进入面试范围，有时候不是因为自身强大，而是对手发挥失常。居安思危，认真准备面试，才能走向成功。任何盲目乐观的骄傲，都是鼠目寸光之举。

公考上岸，为何女生居多

公考笔试特别是面试，全面考察考生的综合素质和解决实际问题的真本领，而我国教育存在的重大缺陷是脱离实践，培养了一大批死背知识的"书生"。所以，对于大学毕业生来说，公考是"新事物"，需要重新认知和认真备考。然而，看不透形势、认不清自己的自负男生居多；而女生多谦和沉稳，认真细致，充分准备，所以多胜出。然而，"百舸争流，奋楫者先；千帆竞发，勇进者胜"，无论男生，还是女生，只要是认真对待，都会成功上岸。

亮丑与护短

人生处处是面试。今天亮丑，是为了明天出彩。今天护短，明天必然会出丑。

认清面试与笔试的差异

面试考试必须弄清面试思维与笔试思维、口头表达与书面写作、考官评分与自我认知的区别。

既要充满自信，又要正视、改正不足

自信，是走向成功的前提。做任何事情，都要有"我能行"的信心。与此同时，又要清醒地看到自己的不足，虚心改正不足。

胜不骄，败不馁

笔试成绩优异莫自负，因为后面的追兵正在奋力逆袭。笔试成绩弱莫自卑，因为笔试优异者也许像"骄傲的兔子"一样在睡大觉。

扬长补短

每位考生都有自己的优势，但也有不足。只有虚心借鉴，扬长补短，才能取得高人一筹的面试成绩。

循序渐进

饭要一口一口地吃，事要一件一件地做，路要一步一步地走，从开窍到觉醒，再到开悟，需要一个消化吸收的渐进过程。

面试历练，就像走长征路

面试历练，就像走长征路。首先要有"红军不怕远征难，万水千山只等闲"的信心和斗志。学习过程中，要有"五岭逶迤腾细浪，乌蒙磅礴走泥丸。金沙水拍云崖暖，大渡桥横铁索寒"的坚忍不拔的钢铁意志。经过一段时间的学习历练后，最终会取得"更喜岷山千里雪，三军过后尽开颜"的胜利和喜悦。

面试杂谈——心态篇

练好强大的内心

选拔人才，需要综合考量一个人的整体素质，当然要包括压力应对在内的心理素质。面对庄重肃穆的考场环境和严肃认真的考官，必须有一颗强大的内心。只有多登场，才能不惧场。"不能胜自心，安能胜苍穹？"如果心中杂草丛生，如果易受外界干扰，注定要失败，注定今生不会成器！

成功人士都是"厚脸皮"

成功人士都是"脸皮厚"的人，都是千锥万扎不出血的人，都是经过风吹雨打的人，因为只有忍受住屈辱、经得住各种批评乃至打击，才能真正适应繁杂的社会从而走向成功。

只做最好的自己

不要耗费精力关注对手如何，因为你无法改变对手。心理压力不要过大，否则只会影响自己。放宽胸怀，静下心来，心无旁骛地练好应对面试的内功，集中一切精力做最好的自己，千万不要让私心杂念，干扰、羁绊了你的进步。考生的自信，叠加上老师的精准指导，就会形成强大的力量，足以扫除面试学习中的一切障碍。

放下包袱，轻装上阵

当你带着一颗为民服务、为社会做贡献的大爱之心，对待面试的时候，就能坦然地面对个人得失，内心就会无比强大。相反，当把个人得失看得过重，就会患得患失，焦虑不安。公职人员本来就是人民的公仆。所以，报考公职人员的有志青年，理应带着一颗大爱之心，坦坦荡荡地去迎接面试，展示自己为民服务的远大志向和聪明才智。

无心生大用

"有心栽花花不开，无心插柳柳成荫。"越不在乎结果，结果会越好。越在乎结果，反而越紧张，表现越不灵光。无心生大用，有心都是小用。

临近考试，更考验智慧

越是临近考试，越要沉住气、稳住心神，越要集中精力，做好最后的考试准备，不要想三想四，不要东走西颠，不要让无意义的杂念分散、耗费有限的时间和精力。无论什么时候，都要做一个有智慧的人。

心无旁骛，迎战面试

"泰山崩于前而色不变，麋鹿兴于左而目不瞬。"一旦进入考场，就要忘记世界，忘掉一切私心杂念，排除一切外界干扰，集中所有精力，心无旁骛地挖掘试题的核心要义，梳理好要点，完善出最好的答案，做出最好的回答，努力做最好的自己。

心胜则胜，心败则败

无论遇到再难的考题，也不要气馁，也许对手表现更差。无论什么时候，遇到再容易的考题，也不要得意忘形，也许对手表现更好。其实，包括面试在内的所有人生考试，在某种程度上比的是心态。心胜则胜，心败则败。

不动声色，面对对手

在面试候考时，可能你的对手故意示强，或故意示弱。既不要被对手的张扬所吓倒，也不要轻视对手的柔弱。"他强任他强，清风拂山岗，他横任他横，明月照大江。"无论什么时候，深藏不露，不动声色，做最好的自己足矣！

稳住心神，沉着应对

心神慌乱，答题时必然一片空白，只能胡编乱造，甚至草草结束，最终的面试分数自然也是不尽人意。在人的一生中，无论遇到什么样的大考，都要放平心态，稳住心神，理性对待。战略上要藐视，别太当回事；战术上要重视，认真对待。唯有如此，才能取得最终胜利。

内守大道，心静则成

看淡得失，才能拥有最强大的内心。从容淡定，心无旁骛，才能将自己的潜能发挥到极致。无论做什么，不被外物所扰，内守大道，做最好的自己足矣！

一颗红心，两手准备

做任何事情都要一颗红心，两手准备。成功了，要迎接新的挑战。如果暂时不成功，就汲取教训，准备下一场战斗，也许更好的机遇在等待着你！人生之路就像是一场马拉松，要善于长远规划，不必在乎一时输赢，笑到最后才是大赢家。

面试杂谈——思维篇

拓展思维格局，提升思维高度，实施降维打击

看问题"一根筋"，要么全盘肯定，要么全盘否定，直来直去不拐弯，叫一维思维；知道纵横两条线，懂得拐弯调整方向，叫二维思维；晓得"横看成岭侧成峰，远近高低各不同"，通过横看、纵看、竖看，立体地看待事物，才能多层次多方位观察事物，全面立体地分析问题，叫三维思维；晓得万事万物的发展变化规律，由立体走向时间维度，善于用发展的眼光看问题，以时间换空间或空间换时间，叫四维思维；面对劣势，能够及时转换赛道，换道超越，比如用高德商、高情商、高志商、高健商、高心商等非智力因素战胜别人的智力因素等，叫五维思维。当你攀登到智慧之巅的时候，就能居高临下，灵活运用多种思维方式游刃有余地解决一切问题，包括面试在内的所有难题都会迎刃而解。

聚焦面试，打歼灭战

所有私心杂念都会损耗你有限的气血，荒废你有限的时间和精力，挤占你有限的大脑空间。所以，必须拔掉心中的杂草，心无旁骛地应对当前的主要任务，集中时间和精力做最好的自己。

难与易

不论遇到什么样的面试试题，都要将自己的潜能尽最大限度地发挥出来。面对同一道题，难都难，不必畏惧；易都易，不能掉以轻心。关键是，要比你的竞争对手技高一筹。

世上无难事

难者不会，会者不难。再难的面试问题，只要找到突破口就能得到妥善解决。

集中精力，打歼灭战

"弱水三千，只取一瓢饮。"既然已经通过了笔试，就要牢牢抓住机遇，集中一切精力准备面试，集中一切力量打歼灭战，志在必得。反之，如果分散力量，乱拳出击，往往会造成顾此失彼的不良后果。

欲得其上，必求上上

"红军不怕远征难，万水千山只等闲。"参加辅导特别是搞逆袭的考生，既要坚定必胜的信念，藐视一切困难险阻，又要艰苦奋斗，付出200%的努力，才会收获"更喜岷山千里雪，三军过后尽开颜"的喜悦。

找门道

面试准备，要多元思维，夯实知识功底，集思广益，善于提炼，总结规律，弄清步骤，掌握方法。

善于运用"杠杆"

"只要给我一个支点，我就能撬动整个地球。"人生在世，无论做什么事情，只要掌握了先进的思想和方法，就如同使用杠杆一样，就能四两拨千斤，柔弱胜刚强。

提升思维层次

人类的思维，由低层向高层，可以分为记忆层次、理解层次、洞察层次、觉悟层次。每一项学习任务，必须经历记忆其道、理解其道、洞察其道、运用其道的由低层向高层次的跨越提升的过程，不可仅局限于在简单记忆、理解这些低层次上徘徊。在智慧的台阶上，思维层次越高，解决现实问题越是游刃有余。

面试杂谈——善教篇

良师传道

良师的作用，是传授万物之道，给考生以自信，给考生以智慧和力量，将其内在的潜能发挥到极致。

与良师在一起

与良师在一起，他会给你智慧，让你灵光闪现；他会给你力量，让你坚忍不拔；他会给你鼓励，让你信心百倍；他会给你忠告，让你少犯错误……总之，与良师在一起，让你兴奋和愉悦，是一种精神享受和人生幸事。

辅导要全面负责

面试辅导，既要战略上方向正确，又要战术上方法巧妙；既要教导考生会考试，更要教导考生会做人、会做事；既要教导考生会做题，更要让考生掌握规律和方法；既要对考生的当下负责，更要让考生终生受益。忙于死记硬背而疏于总结规律、掌握方法，实际上就是用战术上的勤奋掩盖战略上的懒惰。

循序渐进，递进培养

培训考生要分层次，循序渐进。第一阶段，分类训练：分门别类让考生把握每个面试类型的特点，掌握答题规律，弄清主要步骤，懂得答题技巧；第二阶段，综合训练：整体把握面试内容，举一反三，触类旁通，以点扩面，拓展答题视野；第三阶段，模拟训练：组织现场模拟演练，纠正不良举止，优化现场表现，提升临场发挥的综合素质。

教育与管理的最高境界

教育的最高境界是自我教育，自我革新，自我完善，自我成长。管理的最高境界是自主管理。

在实战中提升水平

面试辅助要引导考生从题海中跳出来，善于运用联系的观点，举一反三，触类旁通，把握规律，掌握方法，达到一通百通、一悟千悟的效果。

模拟训练，贵在得法，重在质效

方法选对，事半功倍。方法不对，事倍功半。模拟训练，是面试辅导的重要内容。如何提升模拟训练的质效呢？一是不看答案对镜自测一遍；二是对照答案，查缺补漏，完善整理一遍；三是重新对镜回答一遍，以加深巩固；四是总结提升，思考每一套模拟题的得与失，完善自我；五是现场实战模拟，老师指路子，教方法，启发思维，开悟智慧，全方位、立体式、多维度提升考生的面试水平。

听从指挥，从容应试

应对考试，犹如指挥一场战役，要悉心服从老师的正确指挥，有条不紊、有章有法、从容淡定迎接挑战，不可听三听四，飘忽不定。还未作战，倘若乱了阵脚，如何取胜？

挑　剔

面试竞争是激烈的，老师只有比考官更挑剔，才能确保培养出高水平的面试考生。相反，若是护短，将越护越短，必然导致失败。

从互学互鉴、交流碰撞中汲取智慧

老师负责建设一个考生学习群，根据授课内容，每天上传考生的现场面试视频录像，让考生每天发一条面试感悟，从而让他们在互学互鉴、交流碰撞中，获得智慧和力量。

因材施教，因势利导

大千世界，芸芸众生，千人千面，百人百态。每个考生都各有优势，也有各自的不足。通过现场演练和做百分卷，老师摸清学情，才能因材施教，因势利导，循循善诱，启而发之，让考生的潜能得到激发，素质水平得以提升。

不可教唆考生弄虚作假

面试的目的是通过考生的真实表现，为党和国家选拔德才兼备的优秀人才。网络上有的面试辅导教师竟然教唆考生说："面试实际上就是你自己的个人秀，本是什么样的人无所谓，面试如戏。"如此辅导，让考生当"两面人"，将把考生引向邪路！这不仅违背了党和国家选人用人的初衷，而且"两面人"逃不过考官的火眼金睛。弄虚作假的行为，必然使考官厌恶，结局可想而知。

面试杂谈——乐学篇

面试学习的三个基本点

每天的学习一定做好三点：一是打基础；二是补短板；三是出亮点（做好百分卷）。一段时日之后，定会产生质的飞跃。

勤学苦练，熟能生巧

"操千曲而后晓声，观千剑而后识器。"积累各类知识特别是社会认知类素材，反复研习面试真题，研究命题规律，掌握答题技巧，从而提升面试实战能力。

滴水穿石，久久为功

面试逆袭，往往是高一点的事。逆袭不成，也是差一点的问题。成功源于勤学苦练、持续积累和良师的指点迷津。

突破自我，优化自我

看自己的录像，改自己的毛病，做最好的自己。要想成功，必须付出200%以上的努力。

不要指望押题

押题，是凭借侥幸心理取胜的赌徒投机行为。持这种想法不仅不能全面提升自身素质，而且也违背了党和国家选人用人的初衷。更何况面试考题是千变万化的，猜准题几乎是不可能的。一旦你把心思用在猜题上，遇到陌生题目时，就会慌了心神，乱了阵脚，必败无疑。所以，脚踏实地，积累素材，掌握答题规律、主要步骤和科学方法，才能以不变应万变。唯有如此，当面对各种陌生试题时，才能应对自如，才能将自己的潜能发挥到极致，从而取得理想的面试成绩。

面试学习的历程

面试学习是一个不断积累素材、把握规律、掌握方法、感悟智慧、改掉毛病、增加亮点的觉醒觉悟的艰辛而又快乐的人生历程。

悟道之路

面对每一道例题，先对镜限时回答一遍，然后参考答题思路再答一遍，最后参考答案再答一遍，如此，反复三遍将这道题吃透。通过举一反三，触类旁通，解决类似的所有问题。不假思索地直接背答案地学习，是愚蠢的。

凤凰涅槃，浴火重生

通过自己深挖，别人点评，良师教导，查摆出自己在思想、学习、工作、生活等方面存在的诸多毛病，列出清单，挂账销号，逐一改正。如此，经过一番刻骨铭心地自我改造，就能实现脱胎换骨的成长进步和人生超越。相反，故步自封，抱残守缺，只能停滞不前，最终不进则退。

扬长补短，完善答案

不少面试辅导教材提供的参考答案往往平推平庸，啰啰嗦嗦，还难以记忆，只可作参考，不是最佳答案。复习掌握时，要抓住核心要义，抽丝剥茧，汲取有益内容，补充其缺陷，梳理出层次分明的要点，然后联系现实和个人实际，形成高人一筹的优秀答案。

活学活用辅导教材

答题必须符合题意，不要脱离题意而死背参考答案，况且市场上不少教材提供的参考答案并不符合题意或不完善。所以，对待任何面试题目都要坚持这个根本方法：审题干，抓关键，理要点，填丰满。只有这样，才能以不变应万变，应对各种各样的问题，进而做出实事求是、让考官满意的答案。

开动脑筋

面对现实问题，要开动脑筋，活学活用，多想解决办法，而不能局限于条条框框，死守教条。否则，就会成为中看不中用的书呆子。

熟记素材，更要掌握规律和方法

积累素材是必须的，掌握规律、步骤和方法更重要。两手都要抓，两手都要硬，主次要分清。

勇于破旧立新

本领落后，归根结底是思维水平的僵化和落后。"变则通，通则久。"只有不断地打破旧思维的羁绊，打破固定套路的束缚，才能有破茧而出的思维飞越。

只要是坏毛病，就要坚决祛除

坏毛病如同寄生于体内的病毒，一日不除，一日有害。长期形成的毛病，时间久了，养成不良习惯了，就麻木了。但是，麻木不代表没有坏毛病。通过自己挖，老师察，把坏毛病找出来，坚决除掉不留后患。如此，才能逐步实现综合素质的新提高。

勇于否定自己

一些人遇到不同的观点，就会本能地怼回去或者是屏蔽。如此一来，有限的认知重复用，听不进他人的意见建议，必然会陷入狭隘的"死胡同"。只有谦卑地敬畏未知，才能全面提高自己的能力水平。

集中精力，从题干中挖掘答案

面试学习，要善于从题海中跳出来，从千头万绪中理出规律来，从千题万题中总结出方法来。然后，集中精力分析题干，挖掘里面的关键字、词或句，从而理出思路要点，进而完善成优秀答案。切忌轻轻点水，浅尝辄止，只凭印象、牵强附会地硬套背过的参考答案。每个题干里的关键字、词、句，都在直接或间接地考查考生的品质和能力，得把隐藏的东西深挖出来。比如，在你工作繁忙的情况下，领导又安排了一些任务。这就意味着既要服从领导安排，这是体现态度；又要学会"弹钢琴"，科学合理地开展工作，这是体现工作能力；还要加班加点，牺牲业余时间，这是体现奉献精神。

只要不懈努力，面试水平会加速提升

只要不懈努力，面试水平的提升，就像非洲草原的尖毛草一样，开始的时候貌似不长，其实它在悄悄地长根，经过一段时间的积蓄，其生长速度就会骤然提升，成为非洲草原的"佼佼者"。只要不懈努力，面试水平的提升，又如同汽车一样，开始启动很慢，等跑起来之后，经过不断换挡提速，就越来越快了。面试大军浩浩荡荡，只要把握好规律，掌握恰当的方法，夺取桂冠如探囊取物。

复习阶段要做到"四个务必"

良师的培养目标是让面试出彩，让考生获得"超第一"的优异成绩。所以，复习阶段务必谦虚谨慎，务必精益求精，务必不懈奋斗，务必全面提升。让已知的优上加优，让缺失的补齐增优。

在快乐学习中实现飞越

学习，是一个不断觉悟自己、升华自己的快乐过程。我们要善于在学习中享受快乐，在快乐中不断提升质效，在不断提升质效中实现素质水平的飞越。

学习要懂得"统筹"

要活学活用，把解答"统筹安排类问题"的智慧，灵活运用到面试现实乃至今后的学习工作生活中去，以最大限度地提升质效，不可死学习。

面试杂谈——审题篇

精准审题

只有站在命题人的角度，想命题人之所想，审视命题人的考查意图，审视题干中的每一个字、词、句，才能全面把握考题的内涵，深刻把握题意，从而精准审好题，为作答奠定良好的前提和基础。

善于挖掘关键字

中华汉字是浓缩的精华，每一个汉字都有深厚的内涵。如果遇到从未见过的生疏难题，就对关键字，深挖细查，寻求答案。只要心平气和，只要三观正确，只要上善若水，只要合情合理，只要自圆其说，只要做到"层次分明，要点齐全，详略得当，重点突出"，就是最好的回答。

善于抓核心关键词

在一道试题中，往往包含多个关键词，其中有核心关键词，也有相对次要的关键词，分析问题要重点分析核心关键词。就像错综复杂的事物，有主要矛盾，也有次要矛盾，分析问题要抓主要矛盾，同时兼顾次要矛盾。

向题干要答案

事实上，所有的答案都来源于题目本身，都隐藏于题干之中，很多考生欠缺的是审准题意的慧眼。所以，要围着题干走，挖掘出题人的深意，找准关键句、关键词、关键字，深入剖析，发散思维，一步步解析，层层递进解决问题。

审题要火眼金睛

题干里埋藏着深意，要善于深挖挖透。题干里有"陷阱"和"迷魂阵"，要善于透过现象看本质。有些考题内容多，要善于化繁为简抓核心。总之，要有一双火眼金睛，从题干里理出最佳答案。

"怎么看"与"怎么办"

面试试题中，经常出现怎么看和怎么办的问题。这两者既有联系又有区别。"怎么看?"要表明立场观点，然后重点论证观点，积极现象可分析意义，消极现象分析危害及原因，最后简单谈解决措施。"怎么办?"题干中已经表明了立场，可简单分析危害及产生原因，重点是谈解决措施。

面试杂谈——作答篇

思考作答总策略

为应对面试"短时思考、快速作答"的考试要求，区别于笔试思维，各类问题的思考作答模式可概括为：**一是审题干**，即快速阅读，精准掌握大意；**二是抓关键，**即从题干中找出题目中的关键字、词、句，一般 3–5 个；**三是理要点，**即从关键字、词、句中迅速挖掘作答要点，并排列组合，搭建形成合理合情符合逻辑的框架提纲；**四是填丰满，**即调动大脑积累的相关素材，临场灵活充实答案内容。需要注意的是，战略上出现错误，战术上打得再好也是错误的。"审好题，抓关键，理要点，填丰满"四个环节环环相扣，紧密联系。就像扣扣子一样，前面的扣子扣错了，后边也会跟着错。所以，思考作答一定起好头，特别是要审好题，抓住题目主旨，领会好思想灵魂，确保正确无误。

心中有楼阁

不同的题型，就像不同楼阁，各有各的框架体系。各种各样的题型，构成丰富多彩的客观世界。回答问题就像建设一座高楼大厦，从第一层开始，到第二层，第三层，第四层……即提炼问题、分析问题、提出对策等，做到层次分明。同时，每个层次内部又可分为多个"房间",即多个要点。比如,从政府、市场、社会和个体等相关主体寻找原因和对策。

稳住基本盘

大多数面试题型可粗线条地概括为发现问题、认识问题、分析问题、解决问题、反思问题。只要方向正确,搭建好框架体系,就能稳住基本盘。

作答像画画

面试作答如同画一棵大树,在画好树干(明确主题思想或主要观点)的基础上,先画枝条(列要点),再画叶子(充实细节),最后形成树干粗壮、枝叶茂盛的大树。相反,如果先画叶子,再画枝条,后画树干,必然会一团糟。与此同时,"树干"不能歪,"枝条"不能乱,"叶子"不可缺。"树干"不能歪,就是考生的品行和思想灵魂要端正,作答不能偏离主题;"枝条"不能乱,就是要点要齐全,层次要分明,主次要有序;"叶子"不可缺,就是支撑要点的内容要有细节,有真情实感,特别是重点突出的要点回答得更要多着"笔墨"。

简笔成画

面试时间有限,作答须是粗线条,简笔成画,不可过度精雕细琢追求细节,否则会浪费时间,拾了芝麻丢了西瓜。

周全细致

面试作答必须内在上"五脏俱全"，外在上身形齐备，不可少心缺肺，不可缺胳膊少腿。万物不同，道理相通。做任何事，都要思维缜密，周全细致。

内容要"贴题"，形式要"合体"

内容决定形式，形式是为内容服务的。形式是必要的，但形式更是为内容服务的。如果形式脱离了内容，就成了形式主义。作答内容要紧紧围绕题干关键字、词、句，往深里走，向实里做，充分挖掘答案，使之"贴题"。作答形式要按每个类型的答题规律展开，但要充分体现特定内容的特色，使形式与内容"合体"。比如，专项整治类组织活动，其"组织实施"部分可分解为自查自纠、集中整治、检查验收等内容。

开头要简

开头用最精练的语言，最好的方式，吸引住考官，就像吃包子一样，第一口咬到馅的感觉是最好的。

关于汇报领导

事前要调查研究，向领导汇报工作方案；事中要向领导汇报工作进度及处理情况；事后要撰写总结报告，向领导汇报结果。答题时，汇报领导不一定非要单列条目，要恰当地穿插于要点之中。

梳理答案的理法

学习分析问题，先举重若轻，抓大放小，列出要点，然后再举轻若重，丰满细节。而不是沉湎于细节，一叶障目不见泰山，因小节而失大体。同时，注意要点宜足不宜缺。

面试答案

"水无常形，兵无常势，人无常态，事无常规。"作答面试试题，在聚焦题意不跑题、不偏题的前提下，没有毫无瑕疵的完美答案，只有让考官满意的优秀答案；没有绝对答案，只有相对答案；没有标准答案，只有参考答案。

有章有法，合情合理

"水无常形器有形，文无定式思有式。"回答任何一个问题，没有固定的模式或套路，但要有章有法，合情合理。前有"帽"后有"尾"，中间主体层次分明，详略得当，重点突出。分析问题要透彻，以原因引出对策。整个回答过程要自然而然，符合逻辑。

面试答题要"求同存异"

面试答题，具有同一性和差异性。就是说，每类题目，都有相对固定的答题"套路"，但具体到每个答题来说，又有其特色。所以，答题的总体原则和步骤是，先按每类题型的"公式"，构建"四梁八柱"，然后开枝散叶，形成要点齐全、结构完整、层次分明、重点突出、简洁明了的优秀答案。除此之外，还要活学活用，具体问题具体分析，体现答题的差异性，不可死记硬背，不可生搬硬套。

以诚感人

答题如做人，贵在真诚。回答问题要发自肺腑，发自肺腑才会有真情实感，同时也能消除背诵的不良痕迹。华而不实，耍小聪明者，不仅难以感动考官，即便是走上工作岗位，也不会受领导和同志们的欢迎，前途和命运可想而知。

巧用现成素材

你大脑积累的所有知识，学习的所有面试试题，你面对的考题，以及你的社会实践，都是你应对面试的现成素材。要懂得活学活用，善于调动并灵活运用这些素材，最大限度地充实、丰满答案。

会学善用

处理现实问题没有标准答案，只有优秀答案。面试答题不可死记硬背，不可固守教条，要善于学、思、践、悟，掌握解决各种问题的规律、步骤和方法。

引经据典亮风采

"凡事预则立，不预则废。"不断积累素材，熟记经典词句和故事，恰如其分地运用到面试回答中，以丰富内容，增强文采，从而让面试出彩。

常怀"三心"

常怀敬畏之心，秉公用权、执政为民；常怀感恩之心，淡泊名利、多做贡献；常怀律己之心，自重自省、廉洁从政。

要有服务人民的情怀

以人民为中心，全心全意为人民服务，是公职人员的职业操守和基本工作要求。考生要改掉以自我为中心的不良倾向，在做人做事上懂得以大局、以工作、以团结为重。心中有服务人民的情怀，践行与人团结合作的团队精神，回答问题才会发自肺腑，发自肺腑才会有真情实感，才能摒弃背诵的痕迹。

须有"三吃"精神

公职人员在处理人际关系时，须有吃亏、吃气、吃苦的思想认知，设身处地为他人着想，以此为出发点，才能将各种复杂的关系处理好、把各种难事办好。

活学活用

面对具体考题，既要遵循答题规律、步骤和方法，还要敢于突破思维定式，因题而异，灵活作答。

抓大放小

世上没有十全十美之人，亦无十全十美之事。面试过程中，始终要保持自信、高昂的精神状态，即便是出了些许差错，也不能影响后续阶段的发挥和整体效果。因为我们的奋斗目标是95分，允许有5分的瑕疵。

面试考题是综合的，作答也要"同频共振"

"孤阴不生，独阳不长。"世界万物是一个普遍联系、相互依存的整体。面试考题也是如此，是多样化、综合性的。一道面试试题往往涵盖多个测评要素，以考查考生的综合素质能力。比如，看似情境模拟类问题的一道题目，可能兼有综合分析、人际关系协调、应急处理、言语表达等多个考查特质。所以，在面试实战乃至实际工作生活中，不可机械按某一个类型的"套路"行事，须将各类题型融会贯通，灵活运用，然后具体问题具体分析，举一反三，综合研判，才能真正答好面试题目乃至解决好工作生活中的现实问题。

皮薄，馅厚，多肉，有热乎气

作答要"皮薄，馅厚，多肉，有热乎气"。即开头简洁鲜明地亮明观点或态度，论证内容要充实深刻，解决问题要详实而接地气，结尾个人践行要简约有效。要在有限的时间内，抓住重点，把最核心的内容说出来。

思考作答要善于抓关键

审题要善于抓关键，同样思考作答也要善于用关键词、关键句，来突出分析问题、解决问题的主旨，充分体现其核心要义。

坚持从题干中来，到题干中去

思考作答面试题，必须坚持"从题干中来，到题干中去"的思路，紧紧围绕题干所提供的信息提炼作答，避免出现作答内容与题干契合度不高的问题。

摒弃"套路化""模板化"

武功在神不在形，手中无剑胜有剑。每个问题都是具体的，都需要根据具体题意，抓住核心主旨，深入挖掘，做出综合性特色回答，不可僵化、刻板地套用某个类型"套路"或"模板"。如果机械照搬某个"套路"或"模板"，其作答必然平推平庸，不仅雷同于众多考生，不能让面试出彩，而且会让考官厌弃，默认考生自主思考的能力不足，结果可想而知。

既要有骨头有肉，又要有血有肉

面试作答不仅需要有骨头有肉（有框架有内容），还要有血有肉（内容合理有真情实感），结构散乱不完整、没有真情实感的回答，是毫无吸引力的。

在题干末尾句中定性作答方式

每道题干的最后一句话至关重要，它决定一道题的主要属性和作答框架。可以先读最后一句，带着问题再读题干。面试复习时，要注意不同问题类型灵活运用不同作答方式。如，谈谈对这句话的理解或认知或启示，一般按哲理思辨或立场观点类作答；再如，你如何组织或开展？一般按组织活动类作答。

言多必失

作答要答在点上，学会取舍抓关键，说有把握的话，说贴合实际的话，做到内容深刻、形式优美，避免假大空虚。

好点子就是亮点

面对面试考题乃至现实问题，发散思想，多出点子，出好点子，想别人之未想，答别人之未答，就能让考官眼前一亮，耳目一新，为之一振。

好内容要有好表达

丰厚深刻的思想内容，赋之以声情并茂、抑扬顿挫的表达，才会让作答出彩。如果表达平淡，即便是内容再好，效果也平推平庸。

真诚，务实，管用

面试回答要真诚、务实、管用，说实在话，办实在事，解决实在问题，不可虚头巴脑，不可弄虚作假。

谱好"无领导小组讨论"面试六部曲

入场阶段要沉着稳重，不卑不亢，彬彬有礼，落落大方；思考准备阶段要审好题意，考虑周全，脉络清晰；个人陈述阶段要沉着冷静、思维缜密、语言流畅；自由讨论阶段要观点鲜明、态度谦虚、表述精练、灵活多变、求同存异；总结陈词阶段要条理清晰，言简意赅，一语中的；退场要清理好桌面，行礼致谢，慎终如始。

作答四部曲

熟悉规律，掌握方法；调动已知，有话可说；有章有法，要点齐全；合理合情，自圆其说。

把控好作答时间

一般而言，要用 1 分钟时间审好题，抓住关键点；用 2 分钟时间列出提纲要领；作答时，现场发挥，进一步充实完善内容。

面试杂谈——形象篇

仪表风度

仪表风度包括外貌、衣着、气色、体型、举止、精神状态，等等。外在的仪表风度，反映一个人的内在品质。一般来说，仪表端正、衣着整洁、容光焕发、体型健美、举止文明、彬彬有礼、活力四射的人，工作生活自律，做人严谨细致，做事有章有法，更受考官欢迎。

修炼你的气场

气场是从内向外散发的优秀品质和精神力量，包括内在的修养、自信、学识、睿智，外在的风度、声音等。

塑造外在形象

一个人的外在形象是由面相、站相、坐相、走相综合而成的，不可只重视面相，而忽视坐相、站相、走相。

站有站相，坐有坐相

站立是人们生活、工作及交往中最基本的举止之一。正确的站姿是站得端正、稳重、自然、亲切，做到上身正直，头正目平，面带微笑，微收下颌，肩平挺胸，直腰收腹，两臂自然下垂，两腿相靠直立，两脚靠拢，脚尖呈"V"字型。女子两脚可并拢，肌肉略有收缩感。

坐姿包括就座的姿势和坐定的姿势。入座时要轻而缓，走到座位面前转身，轻稳地坐下，不应发出嘈杂的声音。女士应用手把裙子向前拢一下。坐下后，上身保持挺直，头部端正，目光平视前方或交谈对象。腰背稍靠椅背，在正式场合，或有位尊者在座，不能坐满座位，一般只占座位的2/3。两腿自然弯曲，小腿与地面基本垂直，两脚平落地面，两膝间的距离。男子以松开一拳或二拳为宜，女子则不松开为好。非正式场合，允许坐定后双腿叠放或斜放，交叉叠放时，力求做到膝部以上并拢。

无论站姿还是坐姿都要自然放松，面带微笑。

男士着装

不烫发、不卷发，剃去胡须；蓝黑色正装，白色衬衫，夏季穿白色短袖衬衫搭蓝黑西裤；穿黑色皮鞋的，袜子一般为蓝黑色或藏青色，切忌穿白色袜。

女士着装

发型长短皆可，要显得干练干净，不可染发；可化淡妆，显得人有精神；手部不要美甲，去掉多余的首饰；着装要休闲庄重，可穿浅色衬衫，搭配裤子；穿黑色皮鞋，鞋跟要根据身高定，走路不要发出响声。

问好与鞠躬

入场时，先问好，后鞠躬。先问好，考官会先注意到考生。之后深深鞠躬接近70度，以示年轻人对考官的敬重。如果先鞠躬后问好，考官有可能注意不到你的鞠躬。退场时，再次鞠躬致谢，稳步离开考场。

作答手势

关于体态语言，不同的角色，有不同定位。言谈举止要分对象，分场合。对于手势语言，一般来说，长辈面对晚辈，或领导面对下级讲话，可以打手势。而考生是年轻人，面对的考官是长辈，若频频打手势，则有指手画脚之嫌，让考官反感。所以，考生作答时，两手最好自然舒缓地平放在书桌上，表现出谦虚的姿态，以示对考官的敬重。

活，亲，真，实

面试是面对面地交流，表达要"活，亲，真，实"。活，就是要活学活用，触类旁通，举一反三；亲，就是作答如谈家常，有亲和力，有交流感，以情感打动考官；真，就是作答如数家珍，自然而出；实，就是讲实话，办实事。

微笑遮百丑

微笑的人生最美丽，学会真诚的微笑，以朝气蓬勃的美好姿态面对生活，面对考官，将会遮蔽自身的其他缺点。需要注意的是，微笑是外在形式，内容是根本，要笑容可掬地与考官汇报工作思路。如果脱离内容为微笑而微笑，则会成为让考官厌恶的假笑。

微笑练习法

如何练习微笑呢？关键是有一颗积极阳光的心态。其次采用如下办法经常练习：咬住一根筷子，对着镜子看到 8 颗牙齿为宜，上下各 4 颗。当然，微笑要发自内心，笑得真诚，笑得自然，不可皮笑肉不笑。如果牙齿歪斜不齐，色泽发黄，就练笑不露齿。

激情就是亮点

在务实、管用的基础上，理直气壮、气壮山河的充满激情的回答，能让考官感受到昂扬向上的正气和敢于担当的精神，从而使考官为之一振，进而取得好成绩。

修炼你的气场

走路要不慌不忙；姿态要抬头挺胸；穿着要干净利索；眼睛要坚定有神；情绪要不动声色；待人要不卑不亢；语气要自信肯定；说话要不快不慢；遇事要处惊不乱。

阳光自信，沉着冷静

在考场的每一个环节，每一秒钟都要阳光自信，沉着冷静。有些考生一进考场，就像坐到了审判现场的"被告席"，低着头两眼到处乱瞄，这很容易给考官留下畏畏缩缩、缺乏自信的印象，其面试成绩必然大打折扣。

面试杂谈——考官篇

主考官与考官

主考官相对于其他考官，除了干的活比其他考官多一点，比如要宣读规则、掌控节奏、签字确认，部分地区还要读题以外，没有其他任何额外的权力。考生最终的得分，一般是去掉一个最高分，去掉一个最低分，取剩余分数的平均数。主考官不仅分数占比和其他考官一样，没有任何的加成，而且也无权干涉其他考官的打分。

既不要过分关注主考官，也不可忽视其他考官

主考官往往都是比较老成持重的领导，他们习惯了面无表情的工作方式，无论你讲得有多好，他们也很少会给出明确的反馈，比如点头、微笑等。如果你自我感觉这一题答得不错，但从始至终主考官没有给出任何的反馈，很多考生这时就容易慌乱，怀疑自己是不是答得很差甚至离题了。过分关注主考官，容易忽略掉同样重要的其他考官。所有考官在分数上的权重占比都是一样的，但其他考官受到的关注和反馈却远远少于主考官。如果我们从头到尾只把关注度给到主考官，难免让其他考官产生被忽略的感受。既然其他考官习惯了被冷落，虽然他们对此未必在意，但这就是我们的机会。在面试时，我们的关注主要以眼神和微笑体现，一

定要覆盖到全场所有的考官，让他们都产生互动感。如果有其中某位考官对你微笑或者点头，我们就可以在适当的时候报以微笑回应。总的来说，就考官的关注度来说，80%的关注放在主考官上，20%的关注放在其他考官上。

洞悉考官，提升成绩

考官重点做两件事：一是找毛病减分，二是看亮点加分。所以，考生在不失大体的前提下，重点要在改毛病和出彩上下功夫。

表情对面试成绩的影响

笑容可掬是增分因素，表情呆滞是减分因素。心平气和是增分因素，胆怯紧张是减分因素。

根据抽签顺序，灵活调整答题策略

回答问题的长短详略要根据考官的状态而定。面试前期，考官精神抖擞，听得认真仔细。而到了后期，考官已经厌倦了几乎平推平庸、人云亦云的回答，出现严重的审美疲劳。所以，如果抽签抽到前几号，答题要详细。如果抽到后面的号，答题要言简意赅。如果抽到中间号，则折中进行。

认清考官期盼，让考官满意

没有亮点的面试回答，只会让考官面无表情，昏昏欲睡。考官面试的人很多，如果答案千篇一律，几乎雷同，考官必然审美厌倦，甚至在考场里痛苦煎熬。这个时候，如果出现亮点特色，满足了考官的心理期盼，分数必然会很高。

如何让考官青睐你

形象让人乐意看，说话让人愿意听，做事让人感动，才更能赢得考官的青睐。相反，仪表举止拖沓，说话呆板生硬，做事没有章法，则令人生厌。

真情实感才能打动考官

面试回答要发自肺腑说真话，不要死记硬背说假话。

要善于与考官同频共振

答题过程中，核心要义、关键字词句、名言警句等着重强调的地方，要放慢节奏，加重语气，并环视各位考官，在眼神、表情、神情上互动交流，形成默契，给考官以"英雄所见略同"的感觉，则更易受到考官青睐，获得高分。

不一样的回答，不一样的感受

对于身经百战、阅人无数的考官来说，精彩的回答，时间长一点，考官照样听得津津有味；重复、机械式的雷同回答，会让"审美疲劳"的考官反感；而拙劣的回答，即便是短到几十秒，也让人嫌弃。

让考官心悦诚服的五件法宝

内容服人，真诚感人，美言悦人，气势夺人，形象动人。

面试杂谈——综合篇

面试指导目标

全面把握党和国家人才选拔宗旨，将党的先进思想和 5000 年的中华经典文化发扬光大，夯实考生做人做事的基础。以实战为主，精准高效辅导，让考生把握万事万物的规律，将其内化于心，外化于行，无论何时，无论何地，无论何境，无论何题，都能对答如流，技高一筹。不仅让考生面试过关，而且全面提升其综合素质，为今后的美好人生奠基。

从梦想走向现实

未经风雨难识世，不经磨难总天真。大多数人年少时往往好高骛远，不知天高地厚，自我感觉良好，都会经历从梦想到现实的蜕变。小学时梦想当国家主席，初中时降低梦想当省长，高中时再降梦想当市长，大学时再降梦想当县长，毕业几年后感觉有个心仪的工作就心满意足了。认不清形势，认不清自己，是大多数学子的现实写照。每一个梦想的破灭，都是一次痛醒，也是走向成熟的必然过程。年少轻狂不懂事，老来回头已晚矣。早一天认清形势，早一天认清自己，就早一天成功。

共同奋斗，合力共为

孩子的良好发展，不是一个人的奋斗，比拼的是孩子的素质，导师的智慧，父母的水平。

洞悉考情

翻阅招录相关岗位的往年面试试题，了解考试形势、命题规律及考题类型，做到"知大势，识大局，明大理"。

学习的目的

无论是向书本学，向领导学，向同事学习，向群众学，还是向实践学，一言以蔽之，学习的目的就是学他人的优点、改自己的缺点、增自身的亮点。

学习的本质

学习是一个认识规律、掌握规律、运用规律的过程，即识道、悟道、用道的过程。

学习之道

"大学之道，在明明德，在亲民，在止于至善。"大学学习之道，在于彰显光明的品德；在于反省提高自己的道德并推己及人，使人人都能改过自新、弃恶从善；在于让整个社会都能达到完美的道德境界并长久地保持下去。一切行动源于心，面试课就让学生修心修行，让美好的心灵向更深更宽处扎根，然后使自己向上茁壮成长。

不破不立，先破后立

"凤凰涅槃，浴火重生。"必须颠覆自己浅陋的狭隘的稚嫩的认知，必须按老师的要求高标准落实到位，必须举一反三、触类旁通，把握规律，掌握方法，活学活用，不可自以为是不听话，不可降低标准打折扣，不可囫囵吞枣死背书。如此，脱胎换骨才能实现面试突破，取得高人一筹的好成绩。

成功无诀窍，功夫在平时

聚沙成塔，集腋成裘，涓涓细流，汇成大河。只有夯实自己的综合素质，面试回答时才能信手拈来，发挥自如。

好钢是怎样炼成的

好钢是在千锤百炼中炼成的。只有不断地接受批评，不断地剔除糟粕杂质，才能不断地完善自己，进而成就自己。

相互学习，共同提高

同学之间，学会宽容相处，形成比学赶超的良好氛围。对于暂时表现优秀的同学要向他们鼓掌，对于暂时落后者要给他们鼓励。

学习，需要心静

我们知道，病人住院，会有很多亲朋好友前去探望，看起来是好意，实则添乱。病人需要在良医的正确指导下，休养生息，积蓄能量，提升免疫力，如此才有利于病人的恢复。学习也是如此，需要静下心来，集中一切精力打歼灭战，才会收到好的质效。相反，外界干预过多，或心生杂草，只会降低学习效率。

把例题变成万能题

通过研究揣摩例题，举一反三，触类旁通，从中把握规律，掌握方法，积累素材，做到一通百通，一悟千悟，从而将每道例题变成破解一万道题目的万能题。

充分用好候考时间

一般来说，在候考室等待的时间较长，如何减少他人对你的干扰，充分用好这段时间呢？静下心来，反复梳理各个答题类型的思路，力求烂熟于心、灵活运用。

掌控好思考或作答时间

要有系统思维、全局思维，学会统筹安排，把握好时间，思考或回答的题目不要厚此薄彼，也不要厚彼薄此，不能因为思考或回答一道题而挤占了其他题目的时间。

有远见才有好发展

党和国家的教育方针是培养德智体美劳全面发展的优秀人才，社会需要的是会做人、会处世、会做事的实干家，而不是空有文凭的"书生"。为适应社会需求，面试着重考察考生的综合素质和真本领。而现实的学校教育重视理论知识，而忽视传道、忽视实践历练、忽视解决实际问题的能力。家长个人无法改变学校教育模式，但应当当明白人，有长远眼光，从小就要全面培养孩子的综合素质和实战能力，而不可随波逐流片面追求学校教育的应试分数，不可急功近利、临时抱佛脚。

笔面齐飞

每天学思践悟谈心得体会，每天研读《大道之行》谈心得体会，每天演练《让面试出彩》中的面试题，坚持下去，你的口头和书面作文水平会飞越提升，既有利于提升面试能力，也有利于提升笔试水平。一石二鸟，一举两得，美哉！乐哉！

学思践悟要从三个层面做实

围绕课堂谈收获；对照自己查不足；面向未来谈改进。

会说话与不会说话

会说话的人，懂得揣摩考官的心理，说出话来恰如其分，让考官感到舒服。不会说话的人，无视考官的心理感受，自以为是，我行我素，让对方反感。其实，会说话的人，懂得换位思考，懂得尊重考官，其思维水平已经上升到"知彼知己"的较高层次上。而不会说话的人，实际上处于"既认不清自己又认不清对方"的低层次上。

全方位提升自己，全力应对面试

考官对考生的考察，贯穿于考生入场、答题、出场的全过程。这期间，所有环节，所有表现，所有细节，都是考官对考生进行评分的内容。所以，从答题、礼仪、穿着以及一言一行，考生都要全方位提升自己的内在综合素质和外在形象气质，才能赢得考官的好评，取得优异的成绩。

陌生题目更能考察考生的综合素质

越是陌生题目，越能考察考生的智慧，应变能力，洞察力和心理素质。

批评使人进步

挨的批评越多，越虚心纠错，成长进步越快，越容易成功上岸。相反，拒绝批评，故步自封，夜郎自大，会败得很惨。

高人一筹的四个路径

一是夯实基本功，二是改掉坏毛病，三是提振精气神，四是让面试出彩。

应对面试的八个要领

入场要从容沉着，坐姿要端庄大方，面色要正气十足，眼睛要炯炯有神，思路要清晰透彻，语气要真情实感，声音要铿锵有力，回答要聚焦核心、有章有法、层次分明、详略得当、重点突出。

应对面试十步曲

思想正，审题准，观点明，回答全，层次清，办实事，谈自我，话流畅，姿态低，礼节足。

内外兼修，优上加优

在仪表气质、言行举止等外在形式上，一分不能丢，而且也要出亮点，获取增分点；在答案内容上，力求将自己的潜能发挥到极致，让自己的回答出彩。如此，既要抓好内在，也要重视外在，内外兼修，才能全面提升面试成绩。

成功上岸，需要天时地利人和

要想成功上岸，60%靠考生的自身努力，30%靠良师指导，10%还要靠机遇。总之，包括面试在内的任何事情，都需要天时地利人和才能成功。

合力共为练内功

父以子耀，母以子贵，师以徒荣。孩子的勤奋，家长的配合，加上良师给孩子一把开启智慧大门的金钥匙，就能够强大内功，从容应对所有的公考。

做任何事情要善于抓重点

老师的重点任务是研究考情、学情、题情，研究面试的战略战术。同学们的重点任务是如何精准地答题，如何做最好的自己，如何让考官满意，最终如何让面试出彩。家长的重点任务是默默地做好配合、监督和支持，少说多做为孩子作表率。

练好内功全国考

无论是笔试还是面试，静下心来，把握规律，掌握方法，夯实自己的内功，是成功之本。只有自身强大了，才能百战百胜。只要练好内功，就可以轮着考，全国转一圈，考上哪个算哪个，最后权衡利弊，择优入职。相反，自身不强，忙于到处考试，必然百战百败。

百炼成钢，百忍成金

良师培养的是非常之人，教得是非常之功，须不断颠覆低层认知、不断剔除自身杂质，忍受脱胎换骨、浴火重生之痛，方能在所有公考面试乃至一次次人生面试中道高一丈、脱颖而出。

矢志不移向前进

在面试学习乃至人生前进的道路上，无论遇到什么样的困难或波折都是小插曲，都不能影响前进的大方向和奋斗目标。踏平坎坷成大道，斗罢艰险又出发，又出发！精进，精进，再精进。

内求外修

内求外修，即向内求、向外修。当我们有所求的时候，要明白关键时候必须靠自己，不断挖掘自身潜力；当我们想要修行提升的时候，不要把自己封闭，要学会借助他人的力量，借助良师、家庭、朋友甚至对手的力量；放远眼光，胸怀天下，善待他人，不管对手如何，不管结果如何，只管心无旁骛地将自己的潜能发挥到极致，只管做最好的自己。

改掉坏毛病，才有美好的人生

坏毛病就像趴在身上的蛆虫，虽然自己觉察不到，但别人看来，恶心至极。所以，要善于通过良师益友这面明镜，把身上的毛病找出来，自己下狠心挖出来，然后把这个可恶的家伙扔到粪缸里去。如此，才能脱胎换骨，不断使自己走向完美，才能赢得考官的好感，获得美好的人生。相反，坏毛病不改，只能让面试乃至整个人生出丑。

会当凌绝顶，一览众山小

只要把握了规律，掌握了方法，做到精准审题，精彩作答，就能插上让面试出彩的翅膀翱翔长空。

只管耕耘，不想结果

临近考试，考生更要放平心态，忘掉杂念，心无旁骛，尽最大努力，将自己的潜能发挥到极致即可。至于结果如何，问心无愧就好！特别是家长要为考生减压松绑，默默地做好后勤保障即可。

临场发挥要点

增强自信，沉着冷静；短时思考，快速反应；抓住关键，列出要点；充实内容，回答出彩。

活学活用

几乎所有的面试试题都是现实问题，因此必须祛除书生气，把握做人做事的规律，掌握解决问题的办法，活学活用地作出优秀的答案，不可思维僵化，不可脱离题意，不可死搬硬套。

用活"眼睛"

万物皆有灵，眼睛是灵魂的门窗，要善于透过"眼睛"（关键点）窥探事物的本质，即抓住关键审准题，回答问题要善于突出"眼睛"（思想主旨），让"眼睛"闪烁着智慧的光芒。

获得高分的基本点

如何把握规律，掌握方法，稳住基本盘？如何祛除坏毛病？如何创造更多的亮点？等闲识得东风面，万紫千红总是春。解决好上述问题，你就能获得90分以上的好成绩。

换位思考，全面提升

模拟当引导员、计时员、监督员和考官，换位思考，审视自己，查找不足，然后知失而后得，进而全面提升自己的面试水平。

会奋斗，真奋斗

结果不会陪你演戏，你最终的成绩就是你平时会奋斗、真奋斗的样子！

超越自己，智慧处世

在人生的漫长道路上，始终与自己比进步，向他人学优点，不盲目攀比，不嫉妒别人，不算计对手，靠自己的奋斗获得成功，以优秀的品行赢得众人的敬重，这是对待自己和他人的健康向上的人生哲学和最好的处世秘方。

让面试出彩

"千举万变，其道一也。"世界万物，无论多么复杂、如何变化，其背后都有必然的内在规律性。只要透过现象看本质，把握住事物的规律，一切问题都将迎刃而解。面试考试，也是如此。

"欲得其上，必求上上。"面试招考，往往百里挑一甚至千里挑一。只有高人一筹，才能在激烈的竞争中胜出。考官长时间待在考场内，面对平推平庸、千篇一律的回答，必然会产生审美疲劳，特别是对于抽签排在后面的考生更是如此。所以，考生作答必须在不失大体的情况下有出彩的表现，才能让考官眼前一亮、耳目一新、为之一振，从而获得高分。

如何在众多的考生中让面试出彩，最大限度地考出优异成绩呢？可从以下 11 个方面统筹把握。

一、有条不紊，科学应对

"泰山崩于前而色不变，麋鹿兴于左而目不瞬。"内心平静，才能生发智慧。进入考场前，深呼吸三次，缓解紧张状态。入座后，全身心地思考问题，忘记了世界，也就忘记了紧张，这是提高思维效率的最佳方式，也是克服紧张心理的最好办法。

二、抓住题眼，精准审题

"牵牛要牵牛鼻子，打蛇要打七寸。"无论题干篇幅长短，找准题眼（关键字、词、句），紧紧抓住主要矛盾和矛盾的主要方面，同时兼顾次要矛盾和矛盾的次要方面，是回答好一切问题的根本所在。一般来说，题眼 3 – 5 个。要静下心来，透过繁杂的试题表象，深度挖掘问题根本点，精准把握题干的主旨要义，弄清哪种题型，然后理清思路，分析问题，梳理要点，完善内容，直至最后解决问题。切记：审准题是决定全局的第一粒扣子，第一粒扣子弄偏或扣错了，结果就会差之千里。如，有这样一道面试题："狮子型干部是指那些敢于积极改革创新的干部。近年来，不少地方在选拔干部时明确提出了要选拔狮子型干部，对此请谈谈你的看法。"分析这道题，核心要义是谈谈对"选拔狮子型干部"的看法，重在"选拔"二字，而有些考生却答成对"狮子型干部"的看法。

三、因题而异，分类施策

题海浩瀚，我们难以猜到试题。然而，只要掌握了主要试题类型的答题规律、主要步骤和科学方法，也就能以不变应万变，找到了破解每类问题的万能钥匙。比如，时政热点类问题，要以党和国家的路线方针政策为标尺，以人民为中心，透过现象挖掘问题的本质，唯物辩证和历史唯物地看待社会发展，积极弘扬真善美，反对假丑恶。再如，综合分析类问题，要善于从宏观方面进行总体把握问题，具有大局观念，有政治敏锐性和强烈的社会责任感，敢于担当，甘于奉献；善于从微观方面对其各个组成部分予以考虑，分析问题全面，重点突出，判断准确；善于运用普遍联系的观点，将整体和部分之间的相互关系及各部分之间的相互关系进行有机协调组合；实事求是，全面、客观、历史、辩证地看问题，不偏颇，不走极端；考虑问题要周全、细致、严谨，不残缺不全，不丢三落四。又如，材料类问题，先浏览材料后面的问题，然后带着问题阅读材料，弄清材料的内容讲什么？为什么？意义如何？存在哪些问题与困难？应对对策是什么？然后，确定问题类型，按照各自的答题规律、步骤和方法，具体问题具体分析，逐一分析解答。总的来说，只要掌握了每种类型的答题规律和方法，即使是遇到陌生的试题，就算不出彩也能不失大局。

四、立场鲜明，观点正确

方向选对，事半功倍。方向不对，努力白费。立场观点，决定一个人的方向，方向决定一个人的成败。所以，无论是回答问题，还是做事情，要有正确的世界观、人生观、价值观、事业观和审美观，善于运用马克思主义立场观点、中华优秀传统思想文化、党的先进理论特别是习近平新时代中国特色社会主义思想认识问题、发现问题、分析问题、研判问题，最终解决问题。特别是立场观点类题目，首先要亮明立场观点，让考官认同。

五、站位高远，格局宏大

跳出"一城一地"，站在问题的制高点，进行系统思维，站在全局看问题、着眼长远看当下，多层次、全方位、多渠道发现问题，认识问题，分析问题，进而解决问题。比如，社会现象类问题往往涉及面广，阐述其产生原因及提出解决措施，要从国家层面、舆论层面、监管层面、教育层面、个人层面等方面全盘考量，综合分析。

六、谋篇布局，精心架构

优秀的作答，先要有鲜明正确的立场观点，然后要有先进的思路，进而要组织搭建好的框架体系。

1. 突出主题。主题思想是每道面试问题的核心要义，是考查考生对现实问题的认识、评价，是急需解决的问题所在。作答要紧紧围绕主题展开，不可跑题、偏题，更不能答非所问，不知所云。如，有人说，与人合作的能力就是人适应环境的能力，请结合实际情况谈谈你的看法。这道题的主题是"与人合作的能力"就是"人适应环境的能力"，而不是"个人适应环境"的能力。

2. 要点齐全。一般来说，回答问题提炼 3－6 个要点为宜。要点少了不完整，多了则多余。

3. 精准概括。要善于归纳总结，精准提炼要点。每个要点最好概括为三个字、四个字、七个字或八个字，使其朗朗上口、韵味无穷。例 1：一是定方案，二是抓落实，三是结好果，四是做评估，五是善总结；例 2：一要学会谋划，二要学会自律，三要学会学习，四要学会处世，五要学会劳动；例 3：一要解决有钱办事的问题，二要解决有人管事的问题，三要解决有人干事的问题。

4. 层次分明。要点之间要有层次感。笔试作答的形式一般表示为："1……2……3……"，而面试回答要避开机械的序号罗列，用口头语言让考官听出层次来。比如，第一点，第二点，第三点……或第一个方面，第二个方面，第三个方面……

5. 主次有序。先大局后小局，大局小局一盘棋。要点须有主次、先后之分，先答主要的，再答次要的，不可主次混淆，不可前后颠倒，不可眉毛胡子一把抓。比如，涉及食品安全方面的问题，其产生原因及解决措施须按责任从重到轻，即按"企业主体尽责—监管部门问责—社会舆论监督—群众强化维权"的次序依次作答。

6. 详略得当。答题要点有简有略，错落有致，不宜平均用力。表述观点要大道至简，主体内容要详细作答，即"凤头""猪肚""豹子尾"。比如，观点类问题，开头结尾、论证观点、落实观点，三部分的比重可大致按 1:2:2 的比例组织内容。

7. 重点突出。"打鼓打到重心处，工作抓到点子上。"任何复杂的事物中都有主要矛盾，任何事物都有矛盾的主要方面，回答问题要紧扣主题思想，突出重点，不可啰里啰嗦不着边际。

8. 言简意赅。面试思考作答是有严格的时间限制的，这就要求考生要善于概括归纳，去粗存精，总结提炼，语言表达做到简洁明了，干净利落，不可泛泛而谈，不可拖泥带水。既避免冗词赘句"稀释"了关键内容，"冲淡"了核心思想，也避免因为超时而不能完整地完成回答任务。

七、文辞优美，耳目一新

善于旁征博引，引经据典，可展现深厚的文化功底，增强语言的吸引力。善用排比、比喻、夸张、拟人、反复、对偶、设问、反问等多种修辞方式，可增强语言的文采和气势，如把核心技术比作"命门"、把"绿水青山"比作"金山银山"、把纪律规矩比作"高压线"，等等。"感人心者，莫先乎情。"运用"百姓思维"，感情真挚朴实，冒着"热乎气"，滴着"露珠香"，体现"人情味"、蕴含"泥土气"、展现"务实风"，可增强语言的感染力。比如，一道涉及解决"粮食安全"的问题，可将作答要点凝练为：藏粮于"地"，藏粮于"种"，藏粮于"技"，藏粮于"民"。

八、声音表达，彰显魅力

铿锵有力，生动活泼，充满激情，增强语言的冲击力；吐字清晰，语言流畅，抑扬顿挫，增强语言的感染力，特别是观点、要点、关键点、重点、焦点要加重语气，以示强调。

九、掌控时间，恰到好处

一套面试试卷，往往有 2 - 4 个题目。有的问题复杂陌生，可多花一点时间思考作答，有的问题熟悉而又简单，可少花一些时间思考作答。整套题目要系统思维，做好统筹安排，合理用好一分一秒，既不要仓促作答，也不能超时。以公务员结构化面试为例。一般 3 道题，时间 15 分钟。要合理摆布思考与答题时间，将 15 分钟"吃干榨净"，充分利用好。思考时间用足 9 分钟为宜，思考过短则深度不够，思考过长时间不允许；答题掌握在 5 分钟为宜，每道题控制在 2 分钟（约 480 字）左右，如果回答冗长会让人生厌，回答过短则难阐述以透彻；最后，留 1 分钟的机动时间，作为回旋余地。

十、形象美好，风度优雅

形象风度包括外貌、衣着、气色、体型、举止、精神状态，等等。外在的形象风度，反映一个人的内在品质。仪表端正、衣着整洁、容光焕发、体型健美、举止文明、活力四射的人，彰显优秀青年的良好形象，更受人们喜爱和欢迎。立身处世，言谈举止要不卑不亢，落落大方。入场时小步快走，面带微笑。入场后，先问好，再深深鞠躬接近 70 度，以示年轻人对考官的敬重，考官说"请坐"后方可落座。答题时，要阳光自信，有章有法，神气十足，避免不雅的小动作。退场时，再次鞠躬致谢，稳步离开考场。

十一、亮点纷呈，感动考官

面试成绩不是考生一厢情愿地自我感觉良好，而是要由考官来评定。如何赢得考官的肯定和赞美，是取得好成绩的关键。一般来说，面对同一套试题，众多考生几乎千篇一律地回答，考官会产生审美疲劳。如何将考官从"厌倦状态"中拉出来，博得他们的重点关注和欢欣呢？考生要不断抛出"亮点"，使考官眼前一亮、耳目一新、为之一振，才能获得高人一筹的好成绩。所谓"亮点"，就是兴奋点、闪光点以及人无我有、人有我优的"秘密武器"，主要包括严谨的组织架构、深邃的思想火花、深厚的文化底蕴、巧妙的哲理构思、机智的应变能力、果敢的处事作风、真实的情感流露、精彩的语言艺术、优雅的言谈举止、美妙的声音律动、沉稳的应试风格、文雅的气质形象，等等。

"汝果欲学诗，功夫在诗外。"说到底，招考公职人员的目的是为党和国家选拔优秀人才。对于应试者来说，德、智、体、美、劳全面发展是取得成功的"根"和"魂"。所以，要想取得面试成功，不仅要遵循规律、掌握方法、把握好每个环节和细节，更要在平时的学习和工作中提升自己的综合素养。如此，内外兼修，全面发展，才能顺利通过面试，才能迎接好人生的一次次面试和挑战，从而为国家和人民做出积极的贡献。

第二章　形式把握

导　语

　　无论是公务员、事业编、选调生、人才引进、三支一扶、央企国企等招录面试，还是党政机关、企事业单位干部遴选面试，都是在特定场景下，特定的时间内，以特定的形式，用精心设计的题目为测试内容，通过观察、交流等手段，考察考生的素质能力是否胜任报考的工作岗位。

　　面试考察的形式主要有结构化、结构化小组面试、无领导小组讨论、竞聘演讲等。每种面试形式都有相对固定的模式，但在具体组织面试时，每个地区往往会有差异或特色。

　　如何从形式上精准地把握好面试规律和方法呢？《形式把握》一章帮你清晰地认知、把握各种面试形式。

解读结构化面试

结构化面试又称标准化面试，是公务员、事业编、选调生、人才引进、三支一扶、央企国企以及干部遴选面试中最普遍、最常用、最高效的一种方式，也是考生必须掌握的基本面试形式。

结构化面试对考官组成、试题结构、考察要素、评分要素、测评标准、时间分配、考场设置、考试流程和分数统计等各环节，事先按要求进行规范性、结构化、标准化设计。考官按照预先设计的一套试题，对考生作答展现的各种素质能力要素评价打分，最终汇总相加得出考生的面试分数。

结构化面试的主要特色是结构化、标准化。

考官组成结构化、标准化。考官根据年龄、性别、专业、职务按照一定比例配置而成。一般情况下，考官数量为奇数，组成人数为 5 – 9 名，其中设置主考官 1 名，负责向考生宣读面试要求、提问并主持整个面试过程。考察试题结构化、标准化。结构化面试，往往结合职位要求，将多个核心考察要素融入一道考题中，即考察要素多样化、综合化，以实现"一题多查"的面试效果。比如，一道面试题目往往同时考查考生的立场观点、综合分析问题能力、应急应变能力、人际关系处理等多方面素质能力。

评分要素结构化、标准化。评分要素一般为综合分析能力、计划组织协调能力、应急应变能力、语言理解表达能力、团队合作意识、言谈举止等多方面内容，各个不同的评分要素按一定比重进行结构设计，每个测试题目都有答题参考要点供考官评分时参考。不同地方考评的要素与比重略有不同。一般来说，结构化面试评分表按 100 分测评，综合分析能力占 25 分，计划组织活动能力占 25 分，语言理解表达能力占 20 分，应急应变能力占 20 分，言谈举止占 10 分。当然，评分表只是参照，考官真正操作时要根据考题的具体情况评分，不会机械照搬。

测评标准结构化、标准化。每一评分要素内的评分等级有结构，一般分优、良、中、差，并赋予相应的分值。为了避免个别考官评分出现极端化，统计分数时一般去掉一个最高分，去掉一个最低分之后，将其余分数平均即为该考生的最终得分。

考察时间结构化、标准化。结构化面试必须严格遵循一定的程序进行，一般每个考生的面试时间在 10－20 分钟，考场内有一个计时员负责计时，回答到最后一分钟时，计时员会提醒考生。比如，一般公务员考试面试时间 15 分钟，到第 14 分钟，计时员会提醒考生"还剩 1 分钟"。有时候设置思考室，思考时间和考试时间按一定比例分配。比如，事业单位面试一般总时长 10 分钟，在思考室思考 5 分钟，思考完毕到考试室作答 5 分钟。

面试考场示意图

考场设置结构化、标准化。考场内一般安排 5–9 名考官，另有 1 名监督员、1 名计时员、1 名计分员、1 名核分员等工作人员，考生席前面会设置一个钟表，让考生掌握时间。

面试流程结构化、标准化。考生到达考场后，首先集中在考生候考室等候。候考室由工作人员管理，考生不得随意外出。按照抽签顺序，在引导员的带领下进入考试室，或先入思考室思考之后再入考试室。作答结束，考生从考场出来必须进入候分室等待，不得再回候考室。计分员分数核算完毕后，工作人员会通报考生分数。具体流程为：一是抽签。考生一般需要提前 30—60 分钟到达考场，工作人员查验有效居民身份证、面试准考证、其他明确要求出示的证明等相关证件。之后，考生依次抽签，确定分组和进场顺序。二是候考。考生抽签完毕后进入候考区等待考试，考试未结束不许随便离开，由考场工作人员监督，去卫生间需要工作人员陪同。如果排在下午考试，午饭也由工作人员送到候考室，以防泄题。三是进入考试室。按照顺序，轮到某考生入场时，引导员将到候考室宣布："请 xx 号考生入场。"考生随同引导员到达考场门口后自行进入考场。考生进入考场后，自然大方地走到考生席位旁边，双脚站定，身姿挺拔，高声问好（注意不可透露个人信息），报告自己的考试顺序号，接着鞠躬，主考官说"请坐"后，考生方可落座。考试室里题本、草稿纸、笔、钟表等相关物品都是齐全的。四是答题。面试中一般有给题本和考官读题两种形式。主考官宣读引导语和宣布计时员计时后，考试开始。如果是考官读题，一定要集中精力听好题目，并记录好关键字、词、句。如果没有听清楚，可以请主考官再重复一遍。需要注意的是，考生不能自报姓名，也不能在答题中透露姓名，否则考生会被当场取消面试资格。五是退场。考生回答完毕，主考官宣布考生退场，考生须鞠躬致谢，常见内容有"感谢各位考官""谢谢各位考官的倾听""考官们辛苦了"等。之后稳步离开考场，到候分室等候分数。离场时考生不能带走相关物品，草稿纸要进行回收。六是公布成绩。计分员收集各考官对该名考生的评分表，核算统计分数。核算完毕后，交给监督员审核，监督员和主考官签字后交给工作人员，工作人员到候分室对考生宣布成绩，也有的在候分室张贴或在网站及时公布。七是面试结束。公布成绩之后，考生须尽快离开考场，等待官网公布入围和体检名单。

结构化面试流程图

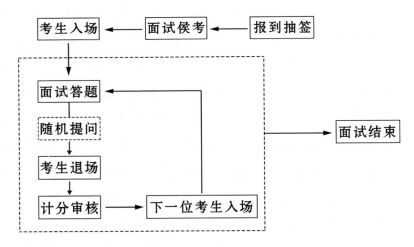

总的来说，结构化面试组织严密，操作规范，客观公正，可信度高，效果好，适于大规模选拔人才，是党政机关、企事业单位公考及干部遴选面试的常用形式。

附：1. 主持词

2. 结构化面试评分表

结构化面试主持词

你好！祝贺你顺利通过了笔试，欢迎你参加今天的面试！今天的面试共有 2 道试题，准备和回答的时间共计 10 分钟，每题不单独计时。到 9 分钟时，计时员会向你提醒时间。每一道题，必须表明回答的题目和是否回答完毕。面试试题放在桌子上，不要在试题上涂写，请认真准备后开始回答，工作人员开始计时。

（主考官有时宣读面试题目，有时不宣读，随机应变）

xxxxxxxxxxxxxxxxxxxxxxxxxxxxxxxxxxxxxxxxxxxxxxxxxx

好，今天的面试到此结束，请离场。

结构化面试评分表（供参考）

面试考场：第　　考场　　　面试人员顺序号：　　　号　　　时间：　　　年　　月　　日

评分要素	综合分析问题能力				计划协调组织能力				语言理解表达能力				应急应变能力				举止仪表				合计
权重	25				25				20				20				10				100
观察要点	对问题能从宏观方面进行总体考虑，具有大局观念，政治敏锐性强，敢于担当；能从微观方面对其各个组成成分予以考虑，分析问题全面、重点突出，判断准确；能注意整体关系及各部分之间的有机协调组合，衔接要简洁流畅自然。				依据目标，做出计划；处理好各类群体的关系，协调好各方面工作；权衡轻重选择，根据需要做出恰当选择；及时做出决策，调配好时间管理、人员管理、资金管理；措施有效，具有可操作性和前瞻性；具有人际间沟通、合作的技巧。				口齿清晰，表达流畅；内容有条理，富于逻辑性；他人能理解并具有一定的说服力；用词准确、恰当、有分寸，能清晰地表达自我，有效地影响他人、避免假大空虚。				有压力状况下能保持冷静，做到心态平稳、思路清、稳局势，稳当事人；思维反应敏捷；考虑问题周到，做出正确判断和稳妥处理。				穿着打扮得体；言行举止符合一般的礼节；无多余的动作。				
评分标准	优秀	良好	一般	较差	优秀	良好	一般	较差	优秀	良好	一般	较差	优秀	良好	一般	较差	优秀	良好	一般	较差	
	25	20	15	8	25	20	15	8	25	20	15	8	25	20	15	8	25	20	15	8	
	|	|	|	|	|	|	|	|	|	|	|	|	|	|	|	|	|	|	|	|	
	21	16	9	0	21	16	9	0	21	16	9	0	21	16	9	0	21	16	9	0	总分
要素得分																					
考官评语：																					
考官签字：																					

126

如何应对结构化小组面试

结构化小组面试是以结构化面试为基础，结合小组集体面试、轮流答题、相互点评、分别回应的方式而形成的一种面试形式。

结构化小组面试结合了结构化面试和无领导小组讨论的特点，从原来一个人答题变成了 3 – 4 人一起在考生席答题。要求一组测评者在规定的时间内依次作答，一般按照人数来分配题目数量，比如，3 位考生就回答 3 道题，4 位考生就回答 4 道题。答题结束后，互相点评，分别回应。从考察效果上看，通过增加面试的互动性、临场性、应变性，结构化小组面试能够有效避免模式化答题，更加全面地观察考生在交流方式、谈吐风格、学识修养、行为特征等方面的表现，更加深入地了解考生的真实水平，从而选拔出符合岗位需要的优秀人才。

如何应对结构化小组面试，取得优异的面试成绩呢？下面以 3 人组为例进行阐述。

一、规程要熟知

结构化小组面试区别于结构化面试，有特定的规则和程序，需要考生熟知。一般分为抽签、备考、答题和互评四个阶段：**一是抽签**。经过抽签，考试组织者将所有考生分为若干小组，并决定每个小组的答题顺序。以 3 人小组为例，序号分为 A、B、C。**二是备考**。备考室内提供题本、草稿纸和笔，备考时间因地区岗位而异，一般为 10 分钟，题量为 3 道题。备考时间剩余 3 分钟时，工作人员会对考生进行提醒。备考时不允许在题本上做任何标记。每个小组的所有成员一起备考，不允许互相讨论。备考时间结束后，考官会收回题本，草稿纸可以带入考场。**三是**答题。备考结束，进入考试室。考官宣读完引导语后，会示意考生开始答题，考官一般不再干预整个面试环节，具体过程由考生自主进行。一般来说，第一题的答题顺序是 A、B、C，第二题的顺序是 B、C、A，第三题的顺序是 C、A、B。在答题阶段，每道题的作答时间是 2 分钟，时间一到，考官就会立即打断，并示意下一位考生开始答题。一位考生答题时，其他考生可以在草稿纸上进行记录。**四是**互评。由点评和回应两个部分组成。每个人的点评和回应时间一般不超过 2 分钟。具体顺序是：①A 先点评 B，再点评 C；A 点评完两个人之后，B 先回应，C 再回应。②B 先点评 C，再点评 A；B 点评完两个人之后，C 先回应，A 再回应；③C 先点评 A，再点评 B；C 点评完两个人之后，A 先回应，B 再回应。

二、作答要出彩

结构化小组面试，3 位考生同场回答同一个题目，"答题撞车"是常事。如何避免雷同，取得优秀成绩呢？"欲求其上，必求上上。"一要平时下苦功，夯实自己的基础，做最充分的考前准备。二要让自己的回答出彩。做到立场鲜明，观点正确；要点齐全，层次分明；聚集主题，联系实际；详略得当，重点突出；文辞优美，耳目一新；声音宏亮，抑扬顿挫；掌控时间，恰到好处；形象美好，气质优雅；亮点纷呈，折服考官。三要及时汲取其他考生的优点，摒弃自己的不足。四要果断替换与其他考生相同的经典语句、案例、故事等答题内容，使自己的作答更有新意，更有广度，更有深度。如此，才能让考官耳目一新，眼前一亮，为之一振。

三、记录要做好

答题结束后，进入互评阶段。要想在互评阶段做到言之有物、有的放矢，倾听和记录是必需的。从公务员的工作事务来看，这种能力是必备素养，而且贯穿整个职业生涯。没有倾听和记录，其他的任何能力都无法很好地展现出来。因此，在结构化小组面试中，考生一定要认真倾听其他考生的答题内容，并做好记录。一般来说，考场内会再次提供题本、草稿纸和笔，为考生提供答题参考和记录工具。因时间短暂，每道题的记录要抓要点，记关键，还可以借助符号简化记录。比如，对方回答好的地方可以用"√"，点评的时候可以作为夸赞对方的优点；作答不好的地方可以用"×"表示，点评时可以作为缺点或不足之处指出；存疑的地方可以用"?"表示，点评时可以向对方提问或请对方再解释一下；可优化的地方用"↑"表示，点评时提出自己的优化建议，补充自己的看法。

四、评价要中肯

点评和回应既考察考生的能力水平，也考察考生的精神修养。在整体流程、互评互回的态度方面，要意识到你与队友是在一定程度上存在"一荣俱荣、一损俱损"的关系。点评要全面、客观、精准，一分为二辩证分析，指出其他考生的优点，还要提出中肯的意见建议，具体可参照第一章《方法指南》中的"让面试出彩""祛除常见毛病，让作答更完美""面试杂谈"等相关文章点评。回应要秉持"有则改之，无则加勉"的态度，虚心接受其他考生的点评，积极改进自己的不足。无论是点评还是回应，都要谦恭有礼，实话实说，不可夸大其词，不可咄咄逼人，不可盛气凌人，不可横加指责压制其他考生，也不可当"好好先生"敷衍了事。

附

引 导 语

各位考生，你们好！祝贺你们顺利通过了笔试，欢迎你进入面试。今天的面试，我们采用的是结构化小组面试的方式。面试分为轮流答题阶段和考生互评阶段。每个阶段的相关要求已经在考生题本中说明。接下来，我将指导大家启动这两个阶段，但每个阶段中的具体过程，将由你们自主进行，我一般不再指导。请注意把握好时间，不要紧张。

你们准备好了吗？好，现在开始。

把握好关键环节
从容应对"无领导小组讨论"面试

与其他面试形式相比，无领导小组面试有助于剥离一些考生"冠冕堂皇"的"伪装"，更能够真实地还原同事在一起工作的一些现实场景，更能够真实地展示出考生的综合素质。

无领导小组讨论面试一般由 6 – 8 名考生组成，集体讨论给定的问题，最终达成一致意见。考官通过观察考生的综合分析、逻辑思维、组织协调、口头表达、辩论说服、消除分歧、团结协作等综合能力，以及整个过程中表现出的自信心、进取心、情绪稳定性、反应灵活性等个性特点进行评分。小组是临时拼凑的，不指定负责人，目的是考察考生的综合素质，看谁高人一筹。我认为，应对"无领导小组讨论"面试，需要把握好以下 6 个关键环节。

一、稳重入场

事实上，从进入考官视线，考官就开始对考生的音容笑貌和行为举止进行着考察评价。所以，考生要时刻注意自己的一举一动。进考场后，扫视一下全场，做到心中有数，清楚自己从哪里进入座位，从哪里离场。入场后小组成员可以共同向考官鞠躬问好，得到考官入座允许后，走向相应的座位坐下。坐下后调整座椅时，动作要轻柔，避免发出刺耳声响。

二、思考准备

约 5 分钟时间。首先要审好题目，快速阅读材料，把握好时间，根据自己的理解列出提纲，然后"开枝散叶"。所列提纲要思路清晰、要点齐全、层次分明、重点突出，切忌混乱、啰嗦。列完要点之后，尽可能充实其关键内容，做到"有骨头有肉"。

三、个人陈述

每名考生个人陈述约 3 分钟时间，按照面试官要求依次作答。一般是讲清楚自己的观点及其理由，因此作答公式为题干背景 + 观点 + 理由。因参与讨论人数较多，可能在个人陈述阶段会存在观点相似的情况。如果第一个发言，要先亮出自己的观点，不仅给主考官留下较深刻的印象，而且还有可能引导和左右其他考生的思想和见解，将他们的注意力吸引到自己的思想观点上来，从而争取充当小组中的领导角色。如果在后面发言，一要注意不要与其他人的发言内容过于重复，二要更加注重条理性和逻辑性，以更精彩的内容赢得考官的青睐。需要注意的是，要认真倾听他人的陈述内容：一方面取长补短，弥补自己发言中的不足，使自己的应答内容更趋完善；另一方面要充分理解对方观点，在此基础上找出彼此的共同点，以便在下一阶段的自由讨论中引导对方接受自己的观点。

四、自由讨论

自由讨论不仅考察考生的思维能力、表达能力、沟通能力，还考察组织协调、消除分歧、团结协作、懂得妥协等多种能力。

自由讨论阶段，大约 30 分钟。每名考生的地位都是平等的，不指定谁是领导，一切都是自行组织开展。考生可以根据自己的性格特征、统揽全局的能力和对专业知识的掌握等实际情况来决定自己的角色定位。"没有金刚钻，别揽瓷器活。"如果自己不具备统揽全局的主导能力，千万不要强行主导讨论，否则会适得其反。

如果你能迅速地阅读好材料和题目，也能又快又好地列出答题思路，可以考虑做第一个发言者，发言要观点明确、结构完整、条理清晰、声音洪亮、表达流畅；如果你的语言表达能力和分析能力不是很强，组织能力很好，就要努力使自己成为一个组织者，控制整个局面，调动整个场面的气氛，控制讨论进展方向，调配发言人，并注意协调强者、组织弱者；如果前两点都不擅长，可以做一个贡献者，对方案的形成、问题的解决提供实质性的意见和建议。小组讨论重要的是看考生在讨论过程中扮演了什么角色，无论哪一个角色，都要出特色，出效果。

要有自己明确的思路和观点，如果自己观点和多数人一致，应当说服不同的意见；如果与大多数人不一致，应当合理地做出让步，推动形成统一意见，此时妥协比坚持更重要；发言次数和发言时间不在多，而在于精；自由讨论不是辩论赛，要尊重每一个人的意见，不能随意打断别人的讲话，对待与自己不同的意见，即使反驳也要先肯定再否定，这样易于对方接受自己的观点；讨论发言时要面向小组成员，而不要看着考官，因为讨论对象是小组成员而非考官。在无领导小组讨论中，有分歧是常态。在产生分歧的时候，要善于通过探讨达成一致，从而形成有效决策。如果谁也说服不了谁，按照规则，讨论失败整体低分，导致"团灭"。

如果感觉讨论偏离主题，要及时进行纠偏，将大家的讨论引导到正确的方向上来；遇到冷场时要及时发言，打破沉默；小组成员的权利和义务是平等的，切不要将自己置于领导地位去支配其他成员，要照顾和引导每一位成员充分发言；要注意时间与讨论进程的把握，适时提醒大家每个时间段该做哪些事，以上都是加分因素。在讨论中无论是扮演哪个角色，都要表现出主动参与、积极推进的态度，以团队利益为核心，不能搞个人英雄主义。

五、总结发言

大约 3 分钟时间。推选一名代表进行总结发言。如果你的概况归纳能力较强，表达演绎能力较好，可以尽量争取做总结发言者。总结发言要思路清晰，层次分明，详略得当，突出重点，言简意赅。如果认为自己不适合作为总结发言者或者小组成员中有更适合的同伴，那么也要在自由讨论过程中做好笔记，梳理材料，为总结者提供资料，这也是为小组形成一致结论贡献了自己的力量。

六、考生退场

这是一个容易忽视的环节，面试即将结束，心情放松，可能就容易把平时的一些坏习惯表现出来。考试结束时，将桌上的纸笔摆放整齐，不要将试题与考场草稿纸、记录笔等带出考场。得到考官面试结束的示意后起立，向考官鞠躬行礼，将座椅轻轻放归原位。随工作人员依次走出，注意走姿和面部表情，因为此时面试还没有真正结束，最后一位要注意轻轻将门关上。

附：1. "无领导小组讨论面试"引导语
　　 2. "无领导小组讨论面试"评分要素

引导语一

大家好！首先祝贺大家顺利通过了笔试，欢迎参加今天的面试。我们将采取无领导小组讨论的考试形式，包括个人陈述、自由讨论、总结发言三个阶段，在整个考试的过程中，除了时间的提醒外，考官不会发言，请考生按照题本上的考试要求进行作答。

具体安排为：

1. 了解试题。 大家用 5 分钟时间，独立思考，列出发言提纲。

2. 个人陈述。 不规定次序，大家轮流阐述自己的观点，每个人有一次性的 3 分钟自由发言时间，发言过程中他人不许打断。

3. 自由讨论。 自由发言完毕后，请大家展开交流讨论，继续阐明自己的观点，或对别人的观点提出不同的意见，最后拿出小组的意见来，讨论时间为 30 分钟。

4. 总结发言。 请大家推举一位成员总结你们小组的一致意见，其他人可以进行补充。

注意事项： 讨论一旦开始后，便不再回答你们的任何问题，也不干涉你们的讨论。如果到了规定的时间，你们还是不能得到一个统一意见的话，那么，在你们每一个人的成绩上都要减去一定的分数。

好，现在翻开桌上的题本，计时开始。考官不需要读题本，让考生翻开题本直接答题。

引导语二

各位考生，下午好！今天进行的是无领导小组讨论面试，要求大家共同参与，就给定的主题形成一致意见。现在，我向大家介绍这次考试的程序和要求。无领导小组讨论面试分为四个阶段：

第一阶段是准备阶段：限时 5 分钟。你们要阅读有关资料，明确自己的角色和任务，并准备 3 分钟的发言提纲。

第二阶段是个人陈述阶段：每人发言限时 3 分钟，每位小组成员阐述自己的观点，个人陈述顺序由你们自行决定。

第三阶段是自由讨论阶段：时间 30 分钟。请大家踊跃发言，并注意发言质量。

第四阶段是总结发言阶段：时间 5 分钟。通过讨论形成小组的一致意见，最后推选一位成员，汇报你们讨论的结果。

现在，请大家阅读材料，开始讨论前的准备，时间 20 分钟，现在开始计时。

"无领导小组讨论" 面试评分内容

1. 综合分析能力：思路清晰；善于抓住问题的关键；分析问题深入全面；能有效、准确地把握和综合别人的观点。

2. 组织协调能力：在讨论中能够求同存异；能够引导小组讨论方向、把握小组讨论进程、恰当地引导小组做好任务之间衔接以及各个程序之间的转换；能够设法平息成员间的争议，推动小组形成一致的意见。

3. 人际沟通能力：能够耐心倾听；理解他人的情绪和观点；

有策略地与他人沟通；态度和方式得体。

4.情绪稳定性：面对压力和冲突时，能够沉着冷静、自我控制、积极应对。

5.言语表达能力：能够清晰地表达自己的观点和思想；语言生动流畅，能够有效地影响他人。

6.仪表举止：穿着大方得体，言谈举止表现出良好的修养。

如何做好竞聘演讲

竞聘演讲是竞聘者为了获得某一职位进行的演讲，是以选岗选拔为目的的重要面试方式，也是竞聘者展示自身品格、风貌、才华和发表见解主张的重要途径。

进行竞聘演讲，竞聘者要有高度的责任感、强烈的事业心，以理服人、层次分明、重点突出，真诚感人，体现较高的综合素质和出色的领导能力。竞聘演讲主要包括以下几个方面：

1. 开场语。要尊重各位考官和在场的所有工作人员，以诚挚的态度表达自己的谢意。如，各位考官，各位老师，上午好！非常感谢组织给我这次竞聘的机会，我是 X 号考生。

2. 标题要有冲击力。标题是演讲的"眼睛"，是主旨和灵魂。好的标题要一语中的有新意，要立意高远有气势，简洁明快语言美。如，竞聘国企高管可以提出"向改革要效益""创新经营理念，推动企业高质量发展""转变经营模式，实现跨越发展"等主张或建议性的标题。

3. 表明竞聘目的动机。一般在演讲正文的开始，要站在事业发展、家国情怀、奉献社会、实现自我价值的角度具体阐述。比如说，国企高管竞聘，无论是总经理还是副总经理，其薪酬和待遇都是诱人的，但更重要的应是这个岗位赋予的神圣责任，要体现事业担当而不能只想着个人私利。好的开始等于成功了一半，精彩的开头往往给考官留下良好的第一印象。

4. 阐述个人德才优势。这是演讲的主体内容之一，主要包括学历、个人经历、品行修养、领导能力、业务水平、主要业绩、爱好特长等。介绍个人经历要真实可靠，不弄虚作假；要简洁明了，不啰嗦絮叨。介绍个人优势须符合岗位需求，要突出"人无我有，人有我精"，除了具备政治素质高、道德修养好、廉洁自律等基本素养之外，还应具备竞聘特定岗位所赋予的能力要求。比如，竞聘总经理岗位，要站在"帅才"的角度，体现牵头抓"总"所必须具备的领导特质，突出综合能力，主要包括驾驭全局的能力、战略谋划的能力、科学决策的能力，抓班子带队伍的能力，组织协调的能力，等等。如果竞聘副总经理，要站在"将才"的角度，体现敢于担当、狠抓落实的特质，应侧重于阐述专业能力、执行能力、应变能力、组织能力，等等。

5. 畅谈工作规划。这是演讲稿中最重要的部分，须体现竞聘者的思想主张和施政纲领，要站得高、看得远、谋得深，有目标、有思路、有亮点、有特色、有切实可行的措施，最终能够产生实实在在的经济、政治、社会等综合效益。

6. 结尾要卒章显志。"编筐编篓，重在收口。"结尾要彰显志向表真诚，表达出"上任"后的抱负和决心；要一颗红心两手准备，假如不能如愿以偿，要接受教训，改进不足，再接再厉，勇于迎接新的挑战。

最末，演讲结束时要以"谢"圆场表真情，礼貌地说声"谢谢各位考官和老师"，以展示自己礼貌待人的修养和文明风范。

第三章　实战百例

导　语

　　"孤阴不生，独阳不长。"世界万物是一个普遍联系、相互依存的整体。面试考题也是如此，是多样化、综合性的。一道面试试题往往涵盖多个考查要素，以考查考生的综合素质。比如，看似情境模拟类问题的一道试题，可能兼有综合分析、人际关系协调、应急处理、言语表达等多个考查属性。

　　为了便于考生把握规律，掌握方法，明晰答题步骤，《实战百例》一章先按照"宜粗不宜细"的原则，将面试试题分门别类，由浅入深，循序渐进，逐一剖析，让考生对面试题型有一个全面认知。然而，"水无常形器有形，文无定式思有式。"处理现实问题既要遵循一定的模式，又不能局限于固定的模式，要善于发散思维，勇于创新，让回答出彩。在面试实战乃至实际工作中，不可机械地按某一个类型的"套路"行事，须将各类题型融会贯通，灵活运用，然后具体问题具体分析，举一反三，综合研判，才能真正答好面试题目乃至解决好工作生活中的现实问题。

　　大道至简，简约为美。为应对面试"时间紧、快速答"的现实要求，区别于"学生思维"和"笔试思维"，《实战百例》以"面试思维"的特有方式，将各类问题的思考作答模式概括为：一是审题干，即快速阅读，精准掌握大意；二是抓关键，即从题干中找出题目中的关键字、词、句，一般 3 - 5 个；三是理要点，即从关键字、词、句中迅速挖掘作答要点，并排列组合，形成答

142

题提纲;四是填丰满,即调动大脑积累的相关素材,临场灵活充实答案内容。战略上出现错误,战术上打得再好也是错误的。"审清题意,抓住关键,理出要点,作答丰满"四个环节环环相扣,紧密联系。就像扣扣子一样,前面的扣子扣错了,后边也会跟着错。所以,思考作答一定开好头,特别是要审好题,抓住题目主旨,领会好思想灵魂,确保正确无误。为此,每道例题均以"易学、简约、务实、管用"的风格,阐述答题思路,并拟定了高质量的参考答案。

"千变万化,其道一也。"面试形式多种多样,但其考察内容都是从具体问题入手的。所以,《实战百例》一章涵盖社会生活的方方面面、角角落落,坚持问题导向,突出解决问题的针对性、代表性、实战性和实效性,巧妙结合鲜活的现实问题,运用面试语言,以百分卷的标准,为考生提供了100个典型案例,旨在引导考生全面学懂、弄通面试规律,掌握主要答题步骤和恰当的方法,发挥出让考官满意的优秀答案。与此同时,这些"上接天线,下接地气,中通哲思"的经典案例,也为在职公职人员应急应变解决实际问题提供了务实管用的方法借鉴。

人岗匹配类问题

人岗匹配类问题，主要考查考生的报考动机及考生的性格特点、价值观念、素质能力、兴趣爱好、职业规划等方面，是否与所报考的工作岗位相匹配。

人岗匹配，说到底，就是党和国家需要什么样的人才，或选用的人才应该具备哪些素质要求。具体可分为以下几个方面：一要树立为人民服务的思想；二要顾全大局，服从组织安排；三要提升工作本领（善于向书本、向领导、向老师、向同事、向群众学习，善于在工作实践中学习）；四要处理好各种人际关系；五要勤政务实干实事；六要廉洁奉公，树立良好的职业形象。

一般来说，人岗匹配类试题往往不直接出现，而是采用间接考查的方式，与考查其他能力的试题相结合。间接考查的题目经常结合一些社会现象、观点、哲理故事、名人名言或者与工作生活有关的场景等进行。这种情况下，就需要考生"联系自身谈落实"，其实就包含了对人岗匹配的考察。所以，从某种程度上来说，岗位匹配类题目是一道"万能题"，可以潜移默化地融合于其他类型的题目之中。

例1

作为一名高校毕业生，请结合自身实际和报考岗位，谈谈你的竞聘优势？你自身最大的缺点是什么？如果竞聘失败怎么办？

如果有幸被录用，你有哪些打算？

【答题思路】

这是国家部委、青选计划、人才引进、央企国企等各类招录工作中经常出现的面谈高频考题，旨在全面了解考生的思想品德、性格特点、逻辑思考、价值观念、素质能力、职业规划等内容。需要注意的是，很多时候领导面谈以考生简历为依托，提问考生的学习经历、家庭、交友情况、工作阅历。问题看起来较为随意，交流如聊家常一样，实际上是在不经意间探视考生的"真容"。

快速审阅题干，抓关键词句逐一分析。"高校毕业生"，是角色定位。"结合自身实际和报考岗位"，提醒考生以"实"为重，要紧密结合大学生的"实际"情况和报考岗位的工作需求。

第一问："谈谈你的竞聘优势"，是个人能力最有说服力的体现，所以是回答的重点之一，要展现自己的优点，可以通过汇报大学期间的主要表现，特别是所获得各类奖项、荣誉称号以及社会实践来证明自己的优势所在，要确保真实可信，不可弄虚作假。

第二问："自身最大的缺点是什么"，不要小看这个问题，答好了可能不加分，但是答不好要减分，甚至直接淘汰。比如，自由散漫，集体观念淡薄，容易跟领导斗气，甚至说不太爱国。有这样的缺点，是思想品行出了问题，世界观、人生观、价值观发生了扭曲，将是未来工作的巨大隐患，是"要命"的大问题，谁敢用你！怎么回答呢？比如说，长期在学校学习，实践经验有点不足；我是理科生，文史哲方面的书涉猎少，社会认知欠缺；比较偏好中国古代管理思想，对当代经济管理这个理论发展和进步研究得不深，探索的范围不够广；对社区工作比较陌生，缺乏基层工作经验……这些缺点是认知和能力方面的，只要态度端正，只要努力学习，容易弥补。谈这些缺点，效果就会很好。当然，这并不是教唆考生狡诈虚伪，而是引导考生要真正修好"品行"这张人生事业的底牌。如果品行不过关，即便是弄虚作假过了关，早晚会栽跟头。需要注意的是，回答这个问题，不仅要找出最大缺点，还要简要谈一下改进态度和主要措施。

第三问："如果竞聘失败怎么办？"要端正态度，一颗红心两手准备，失败了说明自己素质能力还欠缺，需要倍加努力。

第四问："如果有幸被录用，你有哪些打算？"是回答的另一个重点，也是考官最想了解的内容，要详细阐述自己在今后的岗位中如何去做，要从思想、学习、工作能力、敬业爱岗、廉洁自律等方面谈起。

【参考答案】

第一问：我的优势有以下四个方面：一是性格上，我开朗随和，与老师同学们相处融洽。在大学课程设计以及本专业科创小组中担任组长，取得优异成绩。二是学习上，我刻苦钻研，成绩优异，获得了三次校级一等奖学金，被评为2023届优秀高校毕业。三是团建工作上，我担任团支部书记，所在的班集体先后多次获得校级先进团支部称号和校级先进班集体称号，个人获得过两次校级优秀学生干部称号。四是生活上，我乐于助人，积极加入校级公益组织，参与线上线下公益活动。2022年，我积极参与社区疫情防控工作，被评为"2022年新冠肺炎疫情防控工作先进个人"。

第二问：我最大的缺点是长期在学校读书，又是理科生，对哲学、社会学等了解不足，缺乏实践锻炼和基层工作经验。既然认识到了自己的缺点，就要努力改正。参加工作之后，我将以

"弥补这块短板"为目标，不断向领导学习，向有经验的同事学习，向实践学习，向群众学习，在学中思，思中干，干中悟，竭力增强干实事的真本领，最大限度地为社会为人民做出积极贡献。

第三问：如果竞聘失败，我将尽快调整自己的状态，反思自己失败的原因，汲取教训，为后面的成功积累经验。"失败乃成功之母"，没有谁的道路是风雨无阻的，我会更加充满斗志，奔向属于自己的成功。

第四问：如果竞聘成功，走上工作岗位后，我将采取以下几点措施：一是树牢为人民服务的思想。要怀有一颗积极向上的事业心，勤奋工作，努力为群众办实事、办好事。二是处好人际关系。与领导相处，我要充分尊重，及时请示汇报，虚心接受批评教导；与同事相处，我会关心理解，相互支持，推功揽过；与群众相处，我会践行好党的宗旨和群众路线，深入一线，扎根基层，听取群众心声。三是提升工作本领。坚持向书本学习，向领导、同事学习，向有经验的专业人士学习，提高自己的实践能力、创新能力和群众工作能力，增强工作本领，做精通业务的实干家。四是发扬奉献精神。适应工作环境，任劳任怨，埋头苦干，争做爱岗敬业的标兵。五是廉洁奉公。作为公职人员，手中有一定的权力。我将严格遵守党纪国法，坚持高尚的精神追求，永葆共产党人的浩然正气。总之，我将把"学、思、践、悟"贯穿自己的工作和生活始终，把"德、能、勤、绩、廉"作为严格要求自我的准则，争做为人民服务的有用之才。

例2

调查研究能力是领导干部的一项基本功，请谈谈如何提升调查研究能力？如何撰写调研报告？

【答题思路】

先审题干，抓关键词句逐一剖析："调查研究能力是领导干部的一项基本功"，可以谈谈为什么调查研究能力是领导干部的一项基本功。"请谈谈如何提升调查研究能力？"从关键字入手，"调"可以理解为调阅材料，要善于学习；"查"可以理解为实地考察，要深入实践摸实情；"研究"，一方面是指要勤于思考，掌握科学的方法，提升思维水平，另一方面需要集思广益，综合分析研判。"如何撰写调研报告？"一是明确调研的目的和意义；二是撰写调研对象和范围的基本情况；三是撰写调研内容，根据积极类、消极类和利弊综合类等不同类型确定撰写的主要方面；四是撰写调研方式方法；五是提出可行性建议。

【参考答案】

调查研究能力是领导干部的一项基本功。领导干部只有深入调查研究，真正了解实际情况，才能科学精准决策，指导实践，推动工作。

第一问：如何提升调研能力？

1.**善于学习。**善于向书本学习、向领导学习、向同事学习、向有经验的专业人士学习，掌握相关的调研资料，汲取基本经验。

2.**深入实践。**要深入一线，扎根群众，听取群众的诉求和心声，摸透实情，透过现象看到本质。

3.**勤于思考。**纵观全局，掌握科学的方法，提高综合分析问题的能力，多出好点子、好办法。

4.集思广益。通过成立工作小组、协调各部门等方式，悉心听取意见建议，汲取众人智慧，综合分析研判，形成科学合理的工作方案。

第二问：如何撰写调研报告？

1.明确调研的目的和意义。

2.介绍调研对象和范围的基本情况。

3.撰写调研内容。要突出重点和主体，积极类的要明确意义好处、存在问题、如何改进提升；消极类的要明确危害、原因及对策；利弊混杂类的要综合分析。

4.选用调研方法。选择合适的方式方法，如分组调研、实地考察、网络问卷、电话访谈等形式。

5.提出有价值的可行性建议。

例3

习近平总书记说，"做实际工作情商很重要，更多需要的是做群众工作和解决问题能力，也就是适应社会能力。"请谈谈公职人员应具备什么样的情商？

【答题思路】

先审题干，抓关键词句逐一分析："习近平总书记说……"为我们适应社会、人际交往和群众工作指明了方向。"做实际工作情商很重要"指出了"情商"的重要性。"更多需要的是做群众工作和解决问题能力"说明了做基层工作需要与群众打交道、处理关系及解决实际问题这一方面的能力。"适应社会能力"是对情商的解释，因为社会是人组成的，适应社会就是要处理好各种人际关系。对于公职人员来说，就是与领导、同事、下属、亲友、群众、其他部门、媒体记者等处好关系，又因为前一句话提到了与群众相处，所以可着重阐述如何与群众处理关系。"请谈谈公职人员应具备什么样的情商"要概括出"情商"这一核心关键词，并围绕这一核心展开作答，注意不要被长句、难句所迷惑。首先，亮明观点，习近平总书记的话为我们适应社会、人际交往和群众工作提供了方向指引，我们要重视、遵循和践行。其次，解释说明情商的内涵。再次，具体阐述与不同群体如何处理关系、体现和运用情商。最后，联系实际谈个人践行。

【参考答案】

1.亮明观点。习近平总书记的话为我们如何适应社会、与群众处理好关系提供了方向指引，我们要深入学习、严格遵循和认真践行。

2.解释内涵。情商，就是适应社会的能力，而社会是由人组成的，所以适应社会就是适应人文环境，处理各种人际关系。对于公职人员来说，就是处理好与领导、同事、下属、亲友、群众、其他部门、媒体记者等各种人际关系。

3.具体做法。与领导相处，要尽快适应，充分尊重，及时请示汇报，接受批评教导，办理领导交办的事项，事先、事中和事后都要做好沟通和请示汇报；与同事相处，要关心理解，支持帮助，团结协作，推功揽过；与下属相处，要关心帮助，理解体谅，表扬激励，宽严相济，以身作则；与亲友相处，要做到原则性与灵活性相结合；与群众相处，要践行好党的宗旨和群众路线，坚持以人民为中心，用正确的行动引导群众，认真听取意见诉求，理解群众的难处，用通俗易懂的方式与群众沟通交流，耐心解答相关法律规定，积极给群众提供解决问题的办法，同时对于群众的误会和不理解也要给予宽容谅解；与不同部门相处，要顾大局识大体，主动沟通，相互协作，相互支持；与媒体记者相处，要热情接待，配合采访，做好沟通协调，发扬正面作用，消除负面影响。

4.个人践行。在今后的工作生活中，我要注意针对不同主体，灵活运用不同人际关系的处理方式，尤其与群众打交道要注意方式方法，践行好党的宗旨和群众路线，不断增强自己的社会适应能力，用高情商助力事业和为人处世的"双丰收"。

例 4

2023 年高校毕业生 1158 万，这既是就业压力，也是发展的蓬勃活力。请谈谈你本人将如何更好地实现自己的人生价值？

【答题思路】

先审题干，抓关键词句逐一剖析："2023 年高校毕业生 1158 万"，表明就业人数庞大，形势严峻。"既是就业压力"，要转变观念，认清自身，找准位置，有工作岗位就要珍惜。"也是发展的蓬勃活力"，表明当今社会人才众多，要提升自己的本领。"谈谈你本人将如何更好地实现自己的人生价值。"这是问题的核心，一要树立为人民服务的思想；二要勤奋务实，爱岗敬业，干一行，爱一行；三要提升工作本领；四要处理好各种人际关系；五要有甘于吃苦、吃亏、吃气的奉献精神；六要遵纪守法，树立良好的职业形象。答题步骤为：一是亮明观点；二是分析就业形势；三是认清自己；四是做好自我，实现人生价值。

【参考答案】

1.亮明观点。我将认清形势，认清自己，争取找准位置，实现人生价值。

2. 分析就业形势。近年来，高校毕业生人数逐年增多，大学生就业压力越来越大，面临严峻的就业形势，大学生转变观念，不能"等、靠、要"，而是以积极的态度，不断提高竞争意识，增强综合竞争能力。

3. 认清自己。"尺有所短，寸有所长。"人人有优点，亦有缺点，要认清长处，发挥长处。要认清缺点，改正缺点，使自己少犯错误，克服不足，不断进步。认清自己，扬长避短，找到合适的工作岗位。

4. 做好自我，实现人生价值。"三百六十行，行行出状元。"不管身处什么样的岗位，都要踏踏实实干下去，努力实现自己的人生价值。一是要树立为人民服务的思想，践行好党的宗旨和群众路线，深入一线，扎根基层，听取群众心声，努力为群众办实事、办好事；二是要勤奋务实，爱岗敬业，怀有一颗积极向上的事业心，勤奋工作，干一行爱一行；三是要提升工作本领，坚持向书本学习，向领导、同事学习，向有经验的专业人士学习，提高自己的实践能力、创新能力和群众工作能力，增强工作本领，做精通业务的实干家；四是要处理好各种人际关系，尊重领导，团结同事，密切联系群众；五是要有甘于吃苦、吃亏、吃气的奉献精神，适应工作环境，任劳任怨，埋头苦干；六是要遵纪守法，树立良好的职业形象。

例 5

你是一名刚入职的大学生，如果工作一段时间之后，觉得基层工作就是简单机械的重复，产生了职业倦怠怎么办？你如何破解？

【答题思路】

快速审阅题干，抓关键词句逐一剖析："你是一名刚入职的大学生"，说明需要工作历练；"如果工作之后觉得基层工作就是简单机械的重复"，这说明对基层工作存在认知偏差；"产生了职业倦怠怎么办？"基层的确客观条件差，又苦又累，但是要明白只有肯吃苦，不怕累，才会有所收获，有所历练。"你如何破解？"一是表明态度；二是阐述基层工作的重要意义；三是分析存在问题的原因；四是提出对策；五是个人践行。

【参考答案】

1. 表明态度。作为一名刚入职的大学生，产生这种想法，说明对于基层工作的认知存在偏差，我将认真分析原因，进一步理解基层工作的重要意义，并采取多种措施，努力在基层有所作为。

2. 阐述意义。正如习近平总书记所说："我人生的第一步所学到的都是在梁家河"，基层对于年轻干部的成长成才有重要作用。好处一，增加基层工作活力，营造良好的工作氛围，推动基层发展。好处二，通过直面群众、服务群众，从而锻炼自己，提升能力。好处三，倾听群众的意见建议，有助于拉近干群距离，融洽干群关系。

3. 分析原因。认为基层工作就是简单机械的重复，是对基层工作认知存在偏差，原因是多方面。原因一，没有树立正确的事业观，没有真正深入基层；原因二，缺少对基层工作的了解，作为刚入职的大学生，领导安排的看似重复简单的工作是其他重要工作开展的基础；原因三，缺乏对基层群众的感情，没有真正深入群众；原因四，眼高手低，心浮气躁，自我感觉良好，没有意识到对自己是一种磨炼。

4. 提出对策。对此，我会积极改进：措施一，树立正确的职业观念。充分认识到基层工作对于党和国家的重要意义，牢固树立为人民服务的宗旨，努力提高思想认知。措施二，深入实践。多到田间地头了解情况，多到人民群众中"蹲蹲苗"，弥补自己经验的空白。措施三，深入群众。把基层当作课堂，把人民群众当作老师，甘当小学生，与群众做朋友，做人民群众的"贴心人"。措施四，在为民服务中锤炼自身本领。基层工作要直面各种问题，不怕苦，不怕累，主动担当，主动作为。措施五，积极向同事请教，帮助同事工作，向领导汇报，主动请求担任更多复杂工作，在工作中不断磨砺自己。

5. 个人践行。在今后的工作中，我将牢固树立为民服务的思想，坚持实践观点和群众观点，既要心入基层，又要深入群众，真正为基层群众做好事、做实事。

演 讲 题

演讲题是指在公众场所，以有声语言为主要手段，以体态语言为辅助手段，针对某个具体问题，态度鲜明、论证完整地发表自己的见解和主张，阐明道理或抒发情感，进行宣传鼓动的一种面试题型。

从广义上来说，每道面试题都是即兴演讲。从狭义的角度讲，根据题干涉及内容及表现形式，演讲题可细分为：主题演讲、命题演讲、看图演讲等。主题演讲是让考生围绕一个主题或一份材料，自拟题目进行主旨演讲。命题演讲是直接给定演讲题目，让考生展开演讲。看图演讲是让考生围绕图画主旨进行演讲。

演讲题的答题思路和具体作答步骤是：一是拟定题目。或开宗明义，或设问式，拟定准确、独特、新颖、简洁的题目。二是巧妙开头。或开门见山，或设置悬念，或引用名言，或引入故事，力争用最短的时间最简洁的语言，将听众的注意力和兴奋点吸引过来。三是搭建主体。可采用提出问题、分析问题、解决问题（或是什么——为什么——怎么做）的结构进行组织，运用讲道理、摆事实、举例子、列数字、作比较、正反对比等手法论证充实内容。四是结好尾。或深化主题，或画龙点睛，或令人警醒，或回味无穷，或加油鼓劲，或卒章显志。

演讲要巧用象征、排比、比喻、设问、对比等修辞方法，做到声情并茂，情理交融，生动感人。

例1

请以"批评"为题目，发表3分钟的即兴演讲。

【答题思路】

对于已经拟定题目的演讲题，可按照"报题目—开篇—正文—结尾"的步骤来作答。题干给定题目《批评》，开篇用"君子闻过则喜，小人闻过则怒"引出"批评"这一话题，继而阐述应该如何看待批评，然后从"接受批评""批评他人"和"自我批评"三方面全面论述，结尾总结分论点，"海燕式"呼吁号召让演讲更具鼓动性和感染力。

【参考答案】

尊敬的各位考官：

我演讲的题目是《批评》。

（引语）"君子闻过则喜，小人闻过则怒。"批评是一把双刃剑，对于心胸宽广、德行高尚的君子来说，是一种鞭策和督促，能够祛病除害，自我完善；而对于普通人来说，如果认识不当，则会害人害己。

（分论点一）那么我们应该如何看待批评呢？首先，接受批评，是一种高贵的品质。批评能够让我们看到自己的毛病，看到自己与优秀者的差距。聪明的人总是主动接受批评，善于静下心来反思自己，查找不足，改进过失，最终成就功业。

（分论点二）其次，批评他人，是一门学问和艺术。批评的目的，不是为了给自己出气，而是为了"惩前毖后，治病救人"，团结同志，促进工作。批评他人要注意方式方法，讲求科学性和艺术性，用他人可以接受的方式，同时需要注意的是，批评没有固定模式，要因人而异，因事而异，因情况而异。有时候"蜻蜓点水"的批评起不到应有的效果，而直击要害的尖锐批评则更有力量，更能让人深刻反思。

（分论点三）最后，自我批评，是一种富有人格魅力的领导方法。"子帅以正，孰敢不正？"毛泽东、周恩来等老一辈革命家，率先垂范，以严格的自我批评精神告诉同志们：犯错后要有一个正确的态度，要有自我批评的勇气。只有这样，才能改正错误，不断取得事业的成功。我们党之所以能够不断成长为一支成熟的、优秀的马克思主义政党，靠的就是批评和自我批评的优良作风。

（呼吁号召）投其所好，是害人的砒霜；批评监督，是救人的良药。让批评和自我批评来得更猛烈些吧！

例2

请以"觉悟"为题目，发表3分钟的即兴演讲。

【答题思路】

对于这个已经给定题目的演讲题，可按照"报题目——开篇——正文——结尾"的步骤来作答。题干给定题目《觉悟》，开篇运用顶针句式引出"觉悟"，强调其强大力量，然后按照内因和外因的辩证关系阐述"觉悟力量之大"的原因，最后结合亲身经历阐述"怎么做才可能使自己不断觉悟"。

【参考答案】

尊敬的各位考官：

我演讲的题目是《觉悟》。

（引语）有人说，"读万卷书不如行万里路，行万里路不如阅人无数，阅人无数却不如名师指路，名师指路则不如自己开悟。"

由此可见觉悟的强大力量。

（**剖析原因**）为什么觉悟具有如此大的力量呢？外因是事物发展的条件，而内因才是事物发展的根本。读万卷书、行万里路、阅人无数、名师指路这些归根到底还是外因，要想真正把这些智慧内化于心外化于行，还是要自己去思考和琢磨，联系实际状况，结合自身经验去归纳、概括、总结、提炼，才会转化成自己的东西，进而形成正确的世界观和科学的方法论指导自身实践，从而推动自身成长发展。

（**主要做法**）那么如何觉悟呢？我认为，首先，要有广泛的涉猎，充足的积累。多读书，多摄取，借助前人的经验，观察和认识世界。其次，要多体验，注重用心感受和体会。要善于从不同的视角和维度，以一种欣喜和好奇的心态去观察万事万物的特征和变化。最后要善于总结复盘，做一个有心人。要从所见所闻中提炼真知，总结规律，运用规律解决实际问题。另外，如果有幸能遇到良师点拨，觉悟的速度很有可能会加快。要达到觉悟的水平非一朝一夕之事，我们要保持开放的心态，不断学习，勤加思考，注意总结迁移，重视觉悟的力量，从中汲取源源不断的智慧。

（**结尾**）生命不仅在于活得长与短，更在于觉悟得早与晚。漫漫人生路，是一个思想灵魂不断觉悟的修炼历程。早一天觉悟，就会早一天成功，早一天幸福。

例3

习近平总书记指出："文化自信是一个国家、一个民族发展中最基本、最深沉、最持久的力量。"请以"文化自信"为主旨，自拟题目，发表 3 分钟的即兴演讲。

【答题思路】

迅速审题，抓关键词句："文化自信"，需要举例说明我们有哪些值得自信的文化精髓；"国家、民族发展""最基本、最深沉、最持久的力量"，说明文化自信对于国家和民族的发展具有重要意义。可以拟定题目为《增强文化自信，弘扬中华优秀传统文化》。首先，开头引用习近平总书记的话引入"文化自信"；其次，概括介绍中华优秀传统文化有哪些精髓；再次，分别论证文化自信对于国家、民族和个人的重要性；最后，分别从国家、社会和个人层面谈做法。

【参考答案】

各位考官好！今天我演讲的题目是《增强文化自信，弘扬中华优秀传统文化》。

（引入）习近平总书记指出："文化自信是一个国家、一个民族发展中最基本、最深沉、最持久的力量。"中华优秀传统文化博大精深，是中华文明生生不息的精神命脉与思想沃土。

（是什么）中华优秀传统文化中蕴含着丰富的哲学思想、人文关怀、道德理念、精神追求，至今闪耀着光耀千古的智慧光芒。诸如"自强不息，厚德载物"的精神品质，"修身齐家，治国平天下"的境界修养，"天下兴亡，匹夫有责"的责任担当，"革故鼎新，与时俱进"的创新思想，"经世致用，知行合一"的求实精神，"大道之行，天下为公"的社会理想，"为政以德，政者正也"的治国理念，"治不忘乱，居安思危"的忧患意识，"求同存异，和而不同"的和合理念，"己所不欲，勿施于人"的处世之道，"整体思维，辨证论治"的中医智慧，等等，一直是中华民族的思想精神源泉。

（**为什么**）对于国家来说，继承弘扬中华优秀传统文化，增强文化自信，能够为中国特色科学社会主义事业提供智慧。对于民族来说，继承中华民族的优秀传统、风俗习惯、特色文化能够丰富中华文化的多样性，传承民族精髓。对于个人来说，增强文化自信，不断丰富自身的文化底蕴，能够开启人生智慧，增强工作本领，实现自立自强。

（**怎么做**）我们要增强文化自信，弘扬我们的优秀文化，推动中华优秀传统文化创造性转化和创新性发展。国家层面，对内可以加大对区域、民族特色文化的挖掘和保护，对优秀传统文化进行继承和发扬，对外要通过多种形式讲好中国故事，向世界传递中国智慧，丰富世界文化的多样性，助推大同世界的实现。社会层面，媒体要担负起传播中华优秀传统文化的重任，向公众推介深刻的、多层次的、有厚度的优秀文化成果，抵制庸俗、低劣、腐朽的东西，不能满足于"速食"文化，不能沉迷于"心灵鸡汤"。个人层面，要学习中华优秀传统文化，深入学习《易经》《道德经》《黄帝内经》等经典论著，在日常生活中做中华优秀传统文化的宣传者、弘扬者、践行者。

例4

请以"感恩"为主要内容，自拟题目，发表3分钟的即兴演讲。

【**答题思路**】

本题无固定答案，要发散思维，自圆其说，并力求"出彩"。可以从不同的维度谈，若以较小的维度，可以谈谈什么是感恩，为什么要感恩，如何做到感恩等。若以较大的维度，可以谈谈感恩天、地、先贤、时代、父母、良师、朋友、群众、敌人，等等。无论是"小家碧玉"，还是"大气磅礴"，只要答得合理优美，就是一篇好的演讲。同时，要注意必须体现正确的世界观、人生观、价值观和审美观。

【参考答案】

各位考官好：

我演讲的题目是：《感恩万物》。

（引入）感恩是中华民族的传统美德，是一种良好的为人处世修养，生活中天天有值得感恩之时，处处有值得感恩之事。

（主体）感恩天，是天给我们了阳光、雨露和空气，给了我们生存的空间；感恩地，大地生育万物，为我们提供了各种赖以生存的自然资源；感恩先贤，创造了文字和文化，滋润了我们的精神世界，提升了我们的境界修养，教给我们生存的本领；感恩党领导的新时代，让我们拥有和平安定的幸福生活；感恩父母，赐予我们生命，养育教导我们，为我们遮风挡雨；感恩良师，培育我们的良知，教给我们智慧，激发我们前进的动力，让我们不断成长进步；感恩朋友，给予我们支持，陪伴我们成长，帮助我们成就事业；感恩群众，支持我们的工作，锻炼我们的能力，让我们从他们身上汲取智慧；感恩挫折，让我们磨砺心性，积蓄力量，不断积累成功的经验，向着更大的成功迈进；感恩敌人，没有敌人的打压，我们就不可能有跨越发展……

（呼吁号召）我们要常怀感恩之心，以博大的胸怀和积极的心态看待世间万物，从中学习并汲取前进的智慧和力量，同时要积极付出，在奉献社会、服务群众中实现人生价值！

串词类问题

串词类问题要求考生根据题干要求，对给定的词语展开联想，确立作文主题思想，确定时间、地点、人物，以及事件发生的原因、经过和结果等要素，或按照发现问题、分析问题、解决问题（或是什么——为什么——怎么做）的论述模式，将题目所给的词语自然而然地贯穿进去，同时确保故事情节或立意论述观点鲜明、主题突出、语言流畅。

串词类问题的答题思路：一是确定主题。根据题目给定的关键词，审清题意，确定好主题，也可以拟定一个好的题目。二是发散思维，联想成篇。以试题给定的关键词为基点，运用普遍联系的观点展开丰富的联想，将给定的词语进行思维发散，引申出若干个相关联的关键词，拓展成关键句，联系到社会实际或生活的具体场景中，由关键句扩展成段落，按照时间、地点、人物、事件（起因、经过、高潮、结尾）或按照发现问题、分析问题、解决问题（或是什么——为什么——怎么做）的作答思路，巧妙串联成生动故事或段落论述。

需要注意的是串词类问题，并非只有编故事一种体裁，串讲成说明文、议论文也可以。无论哪一种体裁，都要把握其规律性，灵活运用。抓住关键词，展开丰富的联想，运用发散思维由一个关键词联想到关键句，由关键句拓展成关键段，然后将这些若干个相互联系的关键段联系起来，最后形成密切联系的一篇"小短文"。论述不能像记流水账，思想内容要深刻，形式要优美。

例 1

请用"自律""质效""自信""健康""觉悟""批评"六个词串讲一个故事，词语顺序可以打乱。

【答题思路一】

根据题干抓住 6 个关键词展开联想，设想某个人物小李在公考学习过程中，因学习不"自律"，"质效"不高，连续两次失败后，导致"信心"不足，同时身心"健康"也受到影响，老师对其进行了"批评"教育，小李终于"觉悟"，经过一段时间的努力后成功上岸。

【参考答案一】

小李是一个刚毕业的大学生，面对激烈的市场竞争与就业压力，踏上了考公的道路，但小李在经历了两次考试失败后，在之后的备考期内一直很沮丧，"自信"心不足，一度想放弃，并且受情绪的影响身体"健康"状况有所下降。老师了解了情况后，对小李进行了"批评"教育，指出他"自律"意识不强，学习"质效"不高，并教导他要树立信心，改善学习方法。小李逐渐"觉悟"，并按照老师的规划努力学习，学习"质效"大幅度提高，最终取得了优秀的公考成绩，成功上岸。

【答题思路二】

从给定词语可以看出："自律""质效""自信""健康""觉悟"是积极正向的词语，而"批评"则是一个明显的转折性词语，由此联想到以批评为转折点，结合大学期间所见学生通病，辅以部分个人成长转变的经历，构造人物前后改变，由改变引发思考，揭示主题，升华立意。

【参考答案二】

我拟定的故事题目是:《自律方能自强》。

晓华是一名刚上大学的学生。自从上了大学,没有了家长老师的督促,他变得不"自律":整天除了上课就是宅在宿舍里,日常吃饭作息也不规律,浑浑噩噩,敷衍了事,就这样过了一年,他的"健康"状况急剧下降,做事也缺乏"质效",事事做不好,久而久之也就失去了往日的"自信"。

后来机缘巧合之下,一位道行高深的良师,因势利导,循循善诱地与他进行了沟通交流,对其生活现状和价值观念进行了"批评",良师告诉他:美好的生活要靠自己的努力去创造,别人不能代为完成,之所以事事不顺,症结在于不"自律"。

听了良师的话,他醍醐灌顶,猛然间"觉悟"。在痛定思痛之后开启了"自律"的生活,每天健身,读书,慢慢地精气神得以提振,思想头脑得以充实,身体逐渐"健康",做事日益有"质效","自信"也回来了,现在他立志要做得更好,在读书运动之余,也去主动承担很多力所能及的责任,接受和尝试新的挑战,变得越来越自立自强。

例2

请用生态文明、食品安全、粮食生产、科技制造、共同富裕、伟大复兴6个词组串讲一段话,次序可以打乱。

【答题思路】

根据"伟大复兴"这一关键词,结合党的二十大报告,可以联想到用"中国式现代化"推动伟大复兴,"中国式现代化"就是要实现全体人民"共同富裕"。"生态文明""食品安全""粮食生产""科技制造"都可以归到"五位一体"的总体布局中。

【参考答案】

党的二十大报告指出，要坚持以中国式现代化推进中华民族"伟大复兴"，这要求我们既要遵循世界各国现代化的共同特征，又要立足中国的国情，消除两极分化，缩小城乡差距，以实现全体人民"共同富裕"为目标，进一步统筹推进经济建设、政治建设、文化建设、社会建设、"生态文明"建设"五位一体"总体布局，实现各领域协调发展。

经济领域，要建设现代化产业体系，在基本产业方面，全力抓好"粮食生产"和"食品安全"工作，保障国家粮食安全和人民身体健康；在高精尖产业方面，要推动"科技制造"，完善科技创新体系。政治领域，发展全过程人民民主，保障人民当家作主。文化领域，要推进文化自信自强，铸就社会主义文化新辉煌。社会领域，要增进民生福祉，提高人民生活品质，实施更好的分配制度，坚持就业优先，健全社会保障制度，推进健康中国建设。生态领域，要推动绿色发展，促进人与自然和谐共生，促进经济社会和谐发展。

通过中国式现代化，进一步完善和落实"五位一体"总体布局，助推现代化强国建设，推进中华民族"伟大复兴"。

例 3

请用延安、上海、井冈山、西柏坡、"两个务必""三个务必"等六个词组串讲一段话，阐述党的奋斗历程。

【答题思路】

先审题干，抓关键词句："延安"可以联想到延安整风运动使我党达到了团结。"上海"可以联想到中共一大，中国共产党的成立。"井冈山"则可以联想到第一个革命根据地，开辟了中国革命的新道路。"西柏坡"则联想到七届二中全会，翻开中国历史崭新一页。"两个务必"体现了我党强烈的使命意识、忧患意识。党的二十大进一步提出了"三个务必"，对我党提出了新的要求。"阐述党的奋斗历程。"按照时间顺序排列，串讲党的奋斗历程。

【参考答案】

回顾党的百年历程，这一百年取得的一切成就，是中国共产党带领全国各族人民团结奋斗的结果。

党在不同的时期有不同的奋斗历程，取得了不同的成就。1921年，中共一大在"上海"举行，宣告中国共产党正式成立。1927年，中国共产党创建了"井冈山"革命根据地，为中国革命开辟了一条农村包围城市、武装夺取政权的正确道路。1941年，"延安"的整风运动，全党确立了实事求是的思想路线，使党达到了空前的团结。1949年3月，七届二中全会在"西柏坡"召开，毛泽东在会上提出了"两个务必"，即"务必使同志们继续地保持谦虚、谨慎、不骄、不躁的作风，务必使同志们继续地保持艰苦奋斗的作风。"从此，中国共产党带领中国人民迎来了从站起来、富起来到强起来的伟大飞跃。党的二十大的胜利召开，习近平总书记结合党情国情，进一步提出了"三个务必"，即"全党同志务必不忘初心、牢记使命，务必谦虚谨慎、艰苦奋斗，务必敢于斗争、善于斗争，坚定历史自信，增强历史主动，谱写新时代中国特色社会主义更加绚丽的华章。""三个务必"是我们党走好新赶考之路的现实要求，为实现中华民族伟大复兴指明了方向。

哲理思辨类问题

哲理思辨类问题是以智慧箴言、哲理故事、名言警句、生活哲理等为命题素材，考查考生的世界观、人生观、价值观和审美观，以及综合分析问题的素质能力。

哲理思辨类问题主要包括名言俗语类、哲理故事类。

主要答题步骤是：一是亮明观点。结合问题背景，剖析题干，揭示道理，表明观点，或肯定或否定，或支持或抵制，或赞同或反对，等等。二是论证观点。讲道理、摆事实、举例子、作比较，或正反对比，充分论证观点。三是联系实际谈解决措施。四是总结升华，可联系现实及自身谈如何践行。

例 1

实事求是是中国共产党的思想路线的核心。请你谈谈对实事求是的理解。

【答题思路】

分析关键词："实事求是"需要解释内涵；"中国共产党的思想路线的核心"是其重要地位；"请你谈谈对实事求是的理解"可以按照"是什么——为什么——怎么做"的逻辑作答。一是亮明观点，"实事求是"思想路线是我们的行动指南，我们要严格遵循；二是剖析实事求是的含义；三是正反论证实事求是的重要意义，联系中国共产党的奋斗历程，坚持实事求是则无往而不胜，如果不实事求是是会导致决策失误、事与愿违；四是联系实际谈做法。

【参考答案】

1. 亮明观点。 实事求是这一思想路线，是我们行动的指南，我们要严格遵循。

2. 论述含义。 "实事"是指客观事物，"求"是探求，"是"指规律性。实事求是就是一切从实际出发，探求事物的规律性，认识其本质，正确对待和处理事情。

3. 正反论证。 实事求是，是做好一切事情的根本。无论是制定政策还是落实工作，只有坚持实事求是，一切从实际出发，按规律办事，才能科学决策，才能做出经得起时间、实践和群众检验的实事。如，在中国共产党的革命史上，特别是遵义会议后，以毛泽东为核心的党中央坚持实事求是，一切从实际出发，从而领导中央红军取得了一个又一个胜利。与"实事求是"相反的，则是主观主义、形式主义、官僚主义、教条主义等，这些违背了实事求是的原则，必然会导致劳民伤财，事与愿违。例如，第五次反围剿失败就是因为主观臆断，脱离红军实际，使革命惨败，被迫放弃中央革命根据地，不得不走向上了长征的艰难道路。

4. 联系自身。 在今后的工作中，想问题、办事情都要坚持实事求是的思想路线，多听取他人的意见，抓住事物本质，说实话、办实事、求实效。特别是要深入基层，扎根基层，了解群众的所思、所想、所盼，掌握具体实情，直面问题，多做有益于人民的好事。

例2

有一位哲人曾经说过，凡是发生过的事，都是好事，没有坏事。请你谈谈对这句话的理解。

【答题思路】

审题干，抓关键词句逐一分析："凡是发生过的事"是指已经发生的不可回避的客观事实；"都是好事""没有坏事"可谈谈为什么都是好事，好坏方面各自的意义是什么。"谈理解"可按照"亮明观点——解释内涵——分析观点——落实观点"的答题思路展开。首先，表明态度，赞同；其次，解释观点，凡是发生过的事都是一笔财富，好的方面能获得经验，坏的方面能吸取教训，无论好坏都是成长进步的垫脚石；再次，分别从正反两方面论证好事和坏事；最后，联系实际谈做法，在日常学习工作生活中我要践行好这个观点。

【参考答案】

1. 亮明观点。"凡是发生过的事，都是好事，没有坏事。"我赞同这个观点。

2. 解释观点。凡是发生过的事，都是一笔宝贵的财富，对于好的方面能够从中获得经验，坏的方面能从中吸取教训，无论好与坏，我们都能从中获得智慧，都有利于今后的发展。

3. 论证好事。好事能让我们从中获得经验。发生的好事、成功的经历能提升我们的自信，增强前进的动力，总结出一套行之有效的方法论，为今后类似的工作提供抓手。

4. 论证坏事。坏事能让我们从中吸取教训，汲取前进动力。西伯侯姬昌遭遇拘禁，推演了《周易》；孔子传播思想遭遇世人不理解，在困顿窘迫之中完成了《春秋》。由此可见，挫折困顿能够由所谓的坏事变成好事，为坚忍不拔者的成功铺就了道路。

5. 践行观点。在日常生活中我会正确看待发生过的各种好事、坏事，坦然接受，从好事中获取经验为下次所用，从坏事中吸取教训想办法改进提升。走上工作岗位之后，面对可能发生的工作或人际等方面的各种困难挑战，都当成是成长锻炼的机会，积极应对，勇敢尝试，让发生过的一切都成为丰富和完善我们自身的动力之源。

例3

刘邦当皇帝后，问百官他与项羽的区别，百官纷纷夸赞他大仁大义。刘邦说，运筹帷幄我不如张良，安抚百姓我不如萧何，率军打仗我不如韩信，但我能合理地使用他们三位俊杰，所以能得天下。根据这段话，请谈谈你的启示。

【答题思路】

先审题，抓关键词句："问百官他与项羽的区别"，需要谈谈刘邦与项羽的优缺点；"运筹帷幄我不如张良，安抚百姓我不如萧何，率军打仗我不如韩信"，刘邦在面对百官的夸赞时仍能保持清醒，说明刘邦对自己有客观的认识；"我能合理地使用他们三位俊杰，所以能得天下"，说明刘邦能够知人善任。首先，亮明观点，阐述这段话的寓意；其次，分析项羽失败的原因；再次，分析刘邦成功的原因；最后，联系自身谈怎么做。

【参考答案】

1.亮明观点。根据这段话，我有两点启示，一是要认清自己，二是要善于借助外力。

2.分析项羽失败的原因。项羽恃才傲物，看不起刘邦，看不起手下将士，导致人才尽失，众叛亲离。刘邦礼贤下士，知人善任，赏罚分明，天下英才尽归其帐下，最终一战制胜。

3. 总结刘邦成功的原因。刘邦在百官的夸赞中，仍能清醒地认识到自己的不足，能够客观的分析自己的长处与短处。"自知者明，自胜者强。"正是他能够认清自己，才能充分发挥自己用人的长处，弥补自己在智勇上的不足，使盛极一时的项羽自刎乌江，功败垂成。正是刘邦能够知人善任，用人如器，各取所长，把大才小才用在合适的位置上，有着"天下之众，皆为我用"的信念，充分发挥下属的作用，才借助众人之力成就功业。

4. 谈个人践行。个人的本领再大也是有限的，要善于借助他人的智慧和力量。在以后的工作生活中，既要善于借助外力，向领导、同事和群众请教，同时也要认清自己，找准自己的定位，踏踏实实干好本职工作，为社会、为人民做出积极贡献。

例 4

有人说，莫以战术上勤奋掩饰战略上的懒惰。请你谈谈对这句话的见解。

【答题思路】

先审题干，抓关键词句："战术"是指具体工作方法，"战略"是指选择方向。做任何事情，要先做好战略，再抓战术，既要当战略家，又要做战术家，而不是相反。"谈谈对这句话的见解。"首先，亮明观点，表示赞同；其次，解释内涵；再次，通过举例子、讲道理、摆事实等论证观点；最后，谈个人践行。

【参考答案】

1. 亮明观点。这句话有道理，我表示赞同。

2. 解释内涵。战术是指具体工作方法，战略是指选择方向。这句话揭示了战略的重要性。如果一开始在战略上失误，没有选好方向，执行方面规划得再好，最后也可能面临各种问题，甚至惨败。

3. 分析论证。 方向不对，努力白费。马克思年轻时喜欢写诗，但后来发现写诗不适合他，他的长处不在这里，于是便毅然放弃了做诗人的打算，转而选择研究更擅长的社会科学，最终成为著名的政治家、哲学家。如果马克思坚持写诗，可能世界上会多一个"蹩脚"的诗人，而缺失一位伟大的政治家、哲学家。再如，上大学报考专业，专业方向选择对了，适合自己，则会一路顺风顺水；专业方向选择错了，未来会越走越费力，甚至再努力效用也不大。这启示我们，要重视战略选择，既要低头拉车，落实好行动，又要抬头看路，把好人生大方向。

4. 个人践行。 做任何事情，要先做好战略，再抓战术，既要当战略家，又要做战术家。对于个人来说，在人生事业的发展过程中，既要做好长远规划，又要选择科学的方法，用正确的战略和战术助推事业科学健康发展。

例5

1 的 365 次方等于 1；1.01 的 365 次方等于 37.8；0.99 的 365 次方等于 0.03。对此，你有什么启示？

【答题思路】

这是一道多维度的哲理思辨题。

先审题干，抓关键词句："1 的 365 次方等于 1"，1 代表每一天的努力，365 次方代表一年的 365 天，每天做到百分之百，在 365 天之后也不过是维持现状。"1.01 的 365 次方等于 37.8"，每天都比原来进步 0.01，365 天就会得到 37.8，远远大于 1。"0.99

的 365 次方等于 0.03"，每天退步 0.01，365 天之后得到 0.03，远远小于 1。根据题目中的数字变化，可以联想到人生的进退。"1 的 365 次方等于 1"，可以联想到那些每天平推平庸、中规中矩做事，结果一年到头没有长进的人或行为；"1.01 的 365 次方等于 37.8"，可以联想到那些每天不断精进、学习进步，经过一年时间取得巨大飞跃的人或行为；"0.99 的 365 次方等于 0.03"，可以联想到那些每天得过且过、不思进取，结果一年后倒退回 0.03 可以微乎不计的人或行为。"对此，你有什么启示？"首先要亮明观点，这句话内涵深刻，体现了量变与质变的辩证关系原理，值得我们深思借鉴和引以为戒；然后要分别阐述三个观点；最后总结观点，联系实际谈自身做法。

【参考答案】

1. 亮明观点。 这句话内涵深刻，体现了量变与质变的辩证关系原理，值得我们深思借鉴和引以为戒。

2. 论证观点一。 "1 的 365 次方等于 1"，1 代表每一天的努力，365 次方代表一年的 365 天，每天做到百分之百，在 365 天之后也不过是维持现状。由此我们可以联想到那些每天平推平庸、中规中矩做事，结果一年到头没有长进的人或行为，启示我们不要安于现状、止步于当下，要不断学习精进，保持日有所长，才不会随着时间推移而"泯然众人矣"。

3. 论证观点二。 "1.01 的 365 次方等于 37.8"，每天都比原来进步 0.01，365 天就会得到 37.8，远远大于 1。由此我们可以联想到那些每天学习进步，经过一年时间取得巨大飞跃的人或行为。每天进步一点点，虽然看起来并不起眼只有 0.01，持续一年，也会产生巨大的突破，形成质的飞跃，更何况持续更久。正如伟大音乐家贝多芬所说:"涓滴之水终可磨损大石,不是由于它的力量强大,而是由于昼夜不舍的滴坠。"

4. 论证观点三。 "0.99 的 365 次方等于 0.03",每天退步 0.01,365 天之后得到 0.03,远远小于 1。由此我们可以联想到那些每天得过且过、不思进取,结果一年后倒退回 0.03 可以忽略不计的人或行为。每天松懈一点,看似没什么大碍,可是久而久之就会发现,也许早已后退很多。正如古语云,"逆水行舟,不进则退"。

5. 综合提炼观点。 不仅个人如此,团队也是如此。就算其中一个人不尽全力工作,哪怕少用了 0.01 的努力,做出来的结果也可能不及格。反之,如果每一个人都多做 0.01,就能更好地提高工作效率,确保工作质量。

6. 个人践行。 "日日行,不怕千万里。常常做,不怕千万事。" 在今后的工作、学习和成长过程中,我要做那个每天进步而不是每天退步的人,坚持学习,持续前进,用滴水穿石的韧性助力成长和事业的大丰收。

例 6

今天亮丑,是为了明天出彩;今天护短,明天必然出丑。请你谈谈对这句话的理解。

【答题思路】

先审题干,抓关键词句逐一分析:"今天亮丑,是为了明天出彩",丑是自身之拙,人人都不愿被亮丑,但人人都会出丑,对待出丑的态度却成为个人发展的分水岭。面对批评要汲取教训,反思改正才能成就事业。"今天护短,明天必然出丑",护短是人之常情，如果一味护短，只能越护越短，要敢于自我批评、自我提升。"谈谈对这句话的理解。"首先，亮明观点。要勇于亮丑，勇于批评与自我批评。其次，论证观点。运用讲道理、摆事实、举例子、作比较或正反对比等多种论证方式充分论证观点。最后，总结升华观点，谈自身践行。

【参考答案】

1. 亮明观点。这句话启示我们要敢于亮丑，勇于接受批评，勇于自我批评。

2. 今天亮丑，是为了明天出彩。"天下无尽善尽美之事，世上无十全十美之人。"任何人不可能没有缺点和不足，可是人们都不愿被亮丑揭短。人人都会出丑，如何对待却成为个人发展的分水岭。面对他人指出的过错，有智慧的人总是主动接受批评，善于静下心来反思自己，查找不足，改进过失，最终成就功业。愚蠢的人总是抱残守缺，想方设法掩盖过失，结果使自己错上加错。出丑不可怕，怕出丑才可怕，要敢于承认过错，虚心地接受批评，只有不怕出丑，才能及时查找不足，改正错误，最终实现出彩。

3. 今天护短，明天必然出丑。护短是人的本性，人们往往对别人的缺点看得一清二楚，对自己的毛病却视而不见。然而，错就是错，短就是短，如果一味地护短，只能是越护越短。人生就是大舞台，不勇于改正今天的短处，明天的演出必然露出丑态。

4. 总结观点。成功的道路无不由荆棘铺就，耀眼光环背后不乏挫折的阴影，亮丑改丑往往是下一个成功的开始。在人生的道路上，只有抛弃陈腐空虚的面子观，多一点"厚脸皮"精神，及时吸取失败的教训，勇于自我揭短亮丑，虚心接受批评，深刻自我批评，不断改正自己的过失，才能走向成功。

5. 个人践行。 在今后的学习工作生活中，我将铭记这两句话的深刻内涵，不断改造自己，努力完善自己，做最好的自我。

例7

马克思的大女儿劳拉·燕妮曾经问历史学家维特克，你能用简洁而又明了的语言，把人类历史浓缩在一本小册子里面吗？维特克回答说，哪需要一本小册子？只需要四句德国谚语即可。

1. 上帝要谁灭亡，总是先让他疯狂。

2. 时间是筛子，最终会筛去一切渣滓。

3. 蜜蜂盗花，结果却使花开得更茂盛。

4. 天黑透了的时候，更能看得见星光。

请你选择其中一句话，谈谈你的看法。

【答题思路】

先选择一句谚语。例如，选择第三句谚语。迅速审阅题干，抓关键词句逐一分析："蜜蜂盗花"，看起来花儿受到了伤害，失去了"蜜"。"结果却使花开得更茂盛"，经过蜜蜂的传播授粉，使花的"家族"更加繁盛。这说明"得与失"不是绝对的，今天的"失去"或"付出"，也可能转化成明天的"得到"或"收获"。所以，要辩证看待生活中发生的各种困难和挑战，与其怨天尤人、自怨自艾，不如坦然接受、积极乐观地寻找新的发展契机，同时忍辱负重，知耻而后勇。如此，才能把"失"变成"得"。"谈谈你的看法。"首先，亮明观点；其次，解释观点；再次，运用讲道理、举例子等方式论证观点；最后谈个人践行。

【参考答案】

1. 亮明观点。 我选择第三句谚语："蜜蜂盗花，结果却使花开得更茂盛。"这句话蕴含着深刻的哲理，我表示赞同。

2. 解释观点。 "蜜蜂盗花"，看起来花儿受到了伤害，失去了"蜜"。"结果却使花开得更茂盛"，经过蜜蜂的传播授粉，使花的"家族"更加繁盛。

3. 论证观点。 这句话启示我们："得与失"不是绝对的，今天的"失去"或"付出"也可能转化成明天的"得到"或"收获"。人生的路途中，会有很多困难和挑战，我们要辩证看待生活中发生的各种困难和挑战，与其怨天尤人、自怨自艾，不如坦然接受、积极乐观地寻找新的发展契机，同时忍辱负重，知耻而后勇。如此，才能变"失去"为"得到"，变"挫折"为"硕果"。卡尔·马克思被世界各国资本家打压、驱逐，使他更加认清了资本主义的真面目。他以坚韧的毅力，花费40多年时间，查阅、研究了1500多部书籍，做了100多本读书笔记，深刻揭示了资本运行的基本原理，展现了资本的本质和力量，全面剖析了资本主义的社会经济形态，编著了经典论著《资本论》，对人类社会产生了广泛而深远的影响。

4. 践行观点。 在今后的工作和学习生活中，我将深刻领悟这句话蕴含的道理，善于将"坏蜜蜂"转化成"传授花粉的劳动力"，最终让自己"开得更茂盛"！

立场观点类问题

　　立场观点类问题是指不同主体针对某个现象、政策、道理，从不同角度，表明自己的态度，阐述自己观点的题目。

　　立场观点类问题，重在立场观点。人民性是马克思主义的本质属性，人民立场是中国共产党的根本政治立场。为此，公职人员要站稳人民立场，践行党的宗旨，贯彻党的群众路线，同人民群众保持血肉联系，自觉把以人民为中心的发展思想贯穿到工作生活之中。特别是要改掉以自我为中心的不良倾向，在做人做事上懂得以大局、以工作、以团结为重，心中须有服务人民的情怀，践行与人合作的团队精神。

　　立场观点类问题按内容不同可分为时政类和哲理类，按数量可分为单观点、双观点、多观点。

　　主要答题步骤如下：一是先亮明立场观点。或赞同、支持，或不赞同、反对，或利大于弊、弊大于利，或担忧、遗憾、痛心，或同情、理解，或值得我们深思，或值得提倡，等等。二是论证观点。通过摆事实、讲道理、作比较、列数字或正反对比等多层次、多角度、多维度论证观点。三是联系实际谈如何抓好落实或提出建设性意见。四是自身践行观点。

　　需要注意的是，一道题目有时候存在多个论点，可分清主次依次论述。

例1

年终岁末，某单位拟评选先进工作者。甲领导建议，民主评议，实行无记名投票；乙领导建议，重点看工作实绩，谁干好选谁；丙领导认为，要均衡各个科室，不能厚此薄彼。请问你支持哪个观点？

【答题思路】

这是一道从多个观点择优选择的立场观点类题目。

先一分为二地看问题，综合概括三种方式，都有其合理性和弊端，再亮明自己支持的观点，然后说明理由。不支持的观点，也要说明不支持的理由。最后在支持的观点的基础上，兼顾汲取另外两种方式的优点，"一分为三"地看待，才能形成评选岗位标兵的最佳方案。需要注意的是，每一个观点都有一定的合理性，支持的观点不可全盘肯定，不支持的观点，也不可全盘否定。"甲领导建议，民主评议，实行无记名投票"优点是民主，缺点是容易通过人际关系上位；"乙领导建议，重点看工作实绩，谁干好选谁"优点是有利于形成比学赶超的良好局面，缺点是容易使人际关系出现隔阂；"丙领导认为，要均衡各个科室，不能厚此薄彼"优点是有利于团结合作，缺点是容易挫伤积极性。"请问你支持哪个观点？"一是亮明观点，支持乙领导；二是分析甲领导建议的利弊；三是分析丙领导建议的利弊；四是分析乙领导建议的利弊；五是综合权衡，提出相关措施，在支持的观点的基础上，要兼顾汲取另外两种方式的优点。

【参考答案】

1. 亮明观点。三种观点各有其合理性，同时也都有局限性。但我更支持乙的观点。我认为，岗位标兵评选要注重更客观的硬指标，要看工作实绩，减少人为因素的干扰。

2. 分析民主评议的利弊。甲说采取民主评议的方式，我觉得这种做法有一定的合理性，这样既能够发挥民主，还能够做到公开透明，但是这种方式存在一些问题，有的人可能交际能力、沟通能力强一些，通过人际关系上位。

3. 分析均衡科室的利弊。丙说各科室要均衡，虽然有利于团结合作，但搞平均主义也有坏处，容易挫伤干事创业的积极性，丧失评选标兵的意义。

4. 分析看工作实绩的利弊。评选岗位标兵看工作实绩，更能服众，更有利于形成比学赶超的良好局面。需要注意的是，实行时间久了容易产生人际隔阂，不利于团结。

5. 综合观点。综合权衡，评选岗位标兵看工作实绩更好，但在实际操作中要同时汲取甲和丙两种评选方式的优点。优化评选标准，健全选拔程序，按照"德、能、勤、绩、廉"多个要素评选出岗位标兵，多措并举保证评选的科学性与公平性，更有利于整体工作和长远发展。

例 2

有人说，党员干部既要把自己当"官"，又不要把自己当"官"。请谈谈你的看法。

【答题思路】

这是一道双观点的题目。

迅速审题，抓关键字、词、句："官"，可以从字形入手解释"官"的深刻内涵；"党员干部要把自己当'官'"，意味着党员干部要处事公道，以身作则，率先垂范，发挥好模范带头作用；

"不要把自己当'官'",意味着党员干部要树立为民服务思想,坚持群众路线;"谈谈你的看法"要辩证看待。首先,亮明观点,这句话看似矛盾,实则对立统一;其次,解释论证关键字"官",这是本题的"亮点";再次,分别分析论证"把自己当官""不把自己当官"的内涵;最后,联系自身谈落实。

【参考答案】

1. 提出观点。这句话看似矛盾,实则对立统一,我赞成这个观点。

2. 解释关键字"官"。"官"的上半部分是一杆秤,它表示为"官"者办事要公正公平。下半部分有两个"口",上"口"代表领导,下"口"代表下属或群众。上下两"口"由一"竖"紧密相连,意思是说,下"口"向上反映情况、汇报工作,上"口"向下联系群众、传达意图。如此,从群众中来,到群众中去,上下同心同德,处事公道公平,才足以称得上"官"。可见,"官",是一个多么厚重的称谓啊!

3. 论证观点一。"把自己当官",就是说党员干部要处事公道,以身作则,率先垂范,发挥好模范带头作用。比如,处理群众矛盾,要公正公平,不徇私情;在重大灾害面前,要冲锋在前,深入一线;在新技术、新业态的引进上也要发挥带头作用,带领群众发家致富。

4. 论证观点二。"不要把自己当官",就是说党员干部是人民的公仆,要树立为民服务的思想,坚持群众路线,向群众学习,虚心听取群众的意见诉求,真心实意为人民服务。

5. 践行观点。假设今后走上领导岗位,我既要处事公道,以身作则,又要践行群众路线,想群众之所想,急群众之所急,解决群众的急难愁盼，为群众做好事、做实事，做一名让群众满意的好官。

例 3

2021 年 7 月 1 日，习近平总书记在庆祝中国共产党成立 100 周年大会上的重要讲话中，86 次提到"人民"。在习近平总书记心中，人民分量重若千钧。他在庆祝大会上强调，必须团结带领中国人民不断为美好生活而奋斗。江山就是人民、人民就是江山，打江山、守江山，守的是人民的心。中国共产党根基在人民、血脉在人民、力量在人民。中国共产党始终代表最广大人民根本利益，与人民休戚与共、生死相依，没有任何自己特殊的利益，从来不代表任何利益集团、任何权势团体、任何特权阶层的利益。

请你谈谈对"江山就是人民、人民就是江山"的理解。

【答题思路】

先审题，抓关键词句："86 次提到'人民'"，说明人民的重要性。"必须团结带领中国人民不断为美好生活而奋斗"，意思是要团结带领人民通过惠民生、暖民心举措，不断奋斗，实现"美好生活"的目标。"江山就是人民、人民就是江山，打江山、守江山，守的是人民的心"说明了江山与人民的辩证关系，"江山就是人民"体现了为人民服务的宗旨，"人民就是江山"体现了人民的决定性作用，要紧紧依靠人民。"中国共产党根基在人民、血脉在人民、力量在人民"体现人民的重要作用，要依靠人民力量。"中国共产党始终代表最广大人民根本利益，与人民休戚与共、生死相依，没有任何自己的特殊利益，从来不代表任何利益集团、任何权势团体、任何特权阶层的利益。"体现出中国共产党始终都是代表人民，为了人民，一直坚守初心使命。首先，亮明观点。习近平总书记的讲话为我们的工作指明了方向，我们要坚决拥护支持和践行。其次，解释"江山就是人民，人民就是江山"的内涵。再次，总结观点。最后，谈如何落实，并联系个人实际谈践行。

【参考答案】

1. 亮明观点。习近平总书记的这句话高瞻远瞩，内容深刻，深刻地指出了人民的重要性，为践行以人民为中心的思想指明了方向，我们要坚决拥护、支持和践行。

2. 江山就是人民，凸显了为民服务的思想。中国共产党始终代表着广大人民的根本利益。全心全意为人民服务是党的根本宗旨，更是党长期执政的法宝。从脱贫攻坚到乡村振兴，目的就是为了能够让人民共享发展的红利，最终取得全面建成小康社会的胜利，凸显了江山就是人民，为人民服务的思想。

3. 人民就是江山，传递出依靠人民的信念。中国共产党的根基在人民、血脉在人民，力量在人民。从抗日战争时期依靠人民的支持取得抗战胜利，到改革开放以来依靠人们的智慧探索社会主义市场经济制度，再到新时代吸取人民的意见取得伟大成就。人民对推动社会进步、实现民族富强起了决定性作用。

4. 总结观点。"江山就是人民，人民就是江山"体现了党的宗旨和群众观点，启示党员干部要以人民为中心，一切为了群众，一切依靠群众，从群众中来，到群众中去，吃苦在前，享乐在后，踏踏实实为人民服务。

5. 落实措施。为贯彻好以人民为中心的发展思想，一是要增强综合国力，大力发展制造业和实体经济，加强国防和军队现代化建设，大力实施科教兴国战略，只有国家强大了，人民才能走上幸福之路。二是扎实推进共同富裕，实施就业优先战略，改革收入分配制度，促进基本公共服务均等化，缩小城乡差距，强化社会主义核心价值观引领，促进人民物质和精神生活共同富裕；三是解决民生问题，通过完善基础设施建设和第三次分配，使弱势群体和困难群众不掉队。

6.个人践行。在以后的工作中，我要牢牢树立以"人民为中心"的思想，贯彻群众观点，落实群众路线，扎根基层，服务群众，想群众之所想，急群众之所急，切实为群众办好事、办实事。

例4

有人说，基层条件差，辛苦。有人说，基层是青年人的春天。请问你怎么看？

【答题思路】

这是一道双观点的题目。

精准审题，抓住关键词或关键句："基层条件差，辛苦"，反映了基层工作生活条件差，工作多且杂，较为艰辛。"基层是青年人的春天"，指的是青年人适合去基层历练，在基层大有可为。基层历练，一方面可以提高青年的工作能力，助力成长；另一方面，为青年提供广阔空间。从而推导出做法，既要克服条件差的问题，又要在基层开创自己的春天。"你怎么看？"先亮明观点，其次做出解释，然后通过举例子、讲道理等方式分别论证两个观点，最后提出对策。

【参考答案】

1.亮明观点。我认为题干中的两种观点都是正确的。基层条件差，工作辛苦是客观事实。然而苦和累只是表象，只要不怕吃苦、踏实肯干，我们必然有所历练，有所收获。

2. 论证观点一。基层条件差，工作辛苦是客观事实。一方面，基层的确办公条件不佳，基础设施不足。另一方面，基层工作忙、压力大，上面千条线，下面一根针，基层要直面群众的诉求，同时要执行上级部门的政策，工作琐碎且辛苦。

3. 论证观点二。基层是青年干部的春天。正如习近平总书记所说："我人生的第一步所学到的都是在梁家河。不要小看梁家河，这是有大学问的地方。"基层对青年人的成长有重大的作用。一方面基层可以锤炼工作能力。基层最贴近群众的生活，可以让青年干部多接触群众，在艰苦的条件下坚定自己的初心使命，在复杂的工作中培养解决问题的能力和素质。另一方面，青年人在基层大有可为。党和国家一直号召青年要到基层去，为此提供了许多岗位和机会，制定了相应的激励政策，青年在基层拥有较大的上升空间和广阔的发展空间。

4. 提出对策。为了让更多当代的青年扎根基层，奉献力量，可以从以下几方面做出努力：第一点，各级政府要关爱基层干部。工作上，给予优惠政策，畅通基层人才晋升渠道；物质上，加强基础设施建设，保障基层青年人的工作生活需要；精神上，给予鼓励支持，让青年人在基层有成就感、获得感。第二点，加大宣传力度。媒体要大力宣传基层工作的意义和重要性，在三微一端、短视频平台等渠道，广泛传播先进基层干部的事迹，以及党和国家对基层工作的相关政策，呼吁更多青年人投入到基层，扎根基层。第三点，青年人要提高思想认识和工作能力。要充分认识到基层对于党和国家工作的重要意义，主动到基层去。要克服基层条件艰苦、工作繁忙的难题，不断磨炼自己的心性，坚定理想信念，不怕吃苦受累，坚持学习，勇于实践，深入群众，解决实际问题，提高工作水平。

5. 践行观点。将来我走向基层工作岗位后，要树立为民服务的思想，锤炼吃苦耐劳的品质，密切联系群众，做到常敲百姓门，常听百姓言，常解百姓难。努力提升自己的工作本领，向书本学习，向广大人民群众学习，锻炼执行力、沟通力、协调力，为基层群众做好事，做实事。

例5

有人说，"沟通对人不对事，合作对事不对人。"请谈谈你的看法。

【答题思路】

这是一道双观点的题目。

先审题干，抓关键词句："沟通对人不对事"体现的是做人的原则和方法。沟通的主体是人，目的是以情感人，处好人际关系。要以人为本，团结为上。团队中相互帮助、宽容谅解。"合作对事不对人"体现的是做事的原则和方法。合作是为了事业，目的是以理服人，干好工作。要以工作为上，用人如器，各取所长，在团队中要包容个体的缺点。把个人矛盾放一边，以集体利益为重。"谈谈你的看法。"首先，亮明观点，这句话非常有道理，表示赞同；其次，分别论述如何做人做事；最后，联系自身，在工作中既要干好事业又要处好人际关系。

【参考答案】

1. 亮明观点。这句话非常有道理，我表示赞同。

2.沟通对人不对事。指的是在与人交往的时候，以人为本，团结为重，强调的是一种关心、帮助和提高。学会宽以待人，全面地去看待他人，相互帮助，形成团队合力。即便是做错了事也要给予宽容谅解，不能耿耿于怀，要给予关心、帮助，促进提高。

3.合作对事不对人。团队搞合作是为了推进工作、干好事业，要针对问题，分析原因，找到解决办法，而不去评判团队中的成员；每个人都有不同的性格特点、能力高低，要客观看待、包容谅解，做到用人如器，各取所长，打好"手中的牌"，不拘一格用人，以事业为中心；当发生争执时，把矛盾或隔阂放在一边，以事业为重。

4.个人践行。既要团结人，又要会干事，是贯穿人生的两项重要本领。在今后的工作中，我要遵守践行好这两句话的深厚内涵，既要干好事业又要处好各种复杂的人际关系，力争获得干事和处世双丰收。

例6

有人说，爱拼才会赢。也有人说，爱拼不一定赢。请谈谈你的理解。

【答题思路】

这是一道双观点的题目。

先审题干，抓关键词句逐一剖析："有人说，爱拼才会赢"，说明了拼搏、奋斗的重要性，重点强调"苦干"；"也有人说，爱拼不一定赢，"说明拼搏奋斗不是成功的充分条件，还要注意方式方法，要"巧干"；"请谈谈你的理解。"首先，亮明观点，两种说法都有道理，分别侧重取得成功的不同条件，要辩证看待；其次，分别运用摆事实、讲道理、举例子、正反对比等方式论证两种观点；再次，总结落实观点；最后，联系实际谈个人践行。

【参考答案】

1. 亮明观点。这两种说法都有道理，分别侧重取得成功的不同条件，我们要辩证看待。

2. 爱拼才会赢。这句话强调了拼搏、奋斗的重要性，强调要苦干。坚持拼搏奋斗，我们的航天英雄们取得航天事业的卓越成就；坚持拼搏奋斗，中国女排和女足们取得了比赛胜利，为国争光；坚持拼搏奋斗，科研人员们埋头苦干，奋战在科研一线，为我们国家的各项事业做出了重大贡献。由此可见，拼搏奋斗是取得成功的必要条件。

3. 爱拼不一定赢。这句话说明，想要成功，只凭一腔热血拼搏奋斗是不够的，还要善于巧干。就是要掌握正确的方式方法，综合运用创新思维、曲线思维、逆向思维、发散思维、系统思维、战略思维等多种思维"武器"，灵活机动地拼搏用力，才能不断增加成功的砝码。比如，围魏救赵的例子，就是运用曲线思维，曲径通幽，取得了战争的胜利。

4. 总结观点。这两句话启示我们，要想获得成功，既要"苦干"，又要"巧干"，才能成为职场的赢家。

5. 个人践行。今后，我将坚持"苦干" + "巧干"，力争在平凡的工作岗位上做出不平凡的业绩。

例7

$100\% * 100\% * 100\% * 100\% * 100\% = 100\%$;$90\% * 90\% *$

90% ＊90% ＊90% ＝59%。请谈谈你对这两组数学题的启示。

【答题思路】

先审题干，分析关键句："100% ＊100% ＊100% ＊100% ＊100% ＝100%"，对于个人来说，工作是环环相扣的，每个环节必须做到100%，五个环节之后的结果才是100%；对于团队来说，每个人做到100%，结果才是100%。而"90% ＊90% ＊90% ＊90% ＊90% ＝59%"，对于个人来说，如果每个环节都做到90%，五个环节之后就不及格；对于团队来说，团队中每个人只做到90%，做出来的结果也是不及格。"请谈谈你对这两组数学题的启示。"首先，亮明观点，要尽力把每件事做到极致。其次，讲道理、摆事实、举例子、作比较或正反对比，充分论证观点。再次，总结观点。最后，联系自身谈如何践行。

【参考答案】

1. 亮明观点。这句话内涵深刻，启示我们无论是个人还是团队工作，都要认真对待工作，全力以赴，努力把每件事做到极致，才会有圆满的结果。

2. 100% ＊100% ＊100% ＊100% ＊100% ＝100%。每一项工作都是由许多环节串联而成的，一环扣一环，每个环节都以上一个环节为基础，各个环节相互影响，相互制约，相互做乘法，产生最后结果，而并非简单的叠加。对于个人来说，工作是环环相扣的，每个环节必须做到100%，五个环节之后的结果才是100%；对于团队来说，每个人做到100%，结果才是100%。

3. 90% ＊90% ＊90% ＊90% ＊90% ＝59%。在整个工作过程结束后，5个工作环节都做到90%，最终得到59%，也就是不及格。"欲求其上，必求上上。"执行任务的时候，每一个环节都不能打折扣。如果我们因小瑕疵不影响大局就不去改进，满足于90%，最终的结果必然是糟糕的。

4.综合提炼观点。无论是一个人，还是一个团队，都按照100%的标准来要求，做到极致，才能得到圆满的结果。反之，其中一个人，一个环节打了折扣，做出来的结果也可能不及格。

5.个人践行。在日常的学习、工作和生活中，无论是我个人做事情，还是在团队中做事情，我都将在每一个环节、每一个细节检讨、反馈和修正，用100%的精力，按照100%的标准，100%地执行，力求达到100%的效果。

人际关系处理类问题

人际关系处理类问题主要考查考生在特定条件下，如何对待他人和自己，如何妥善处理人际分歧、矛盾或纠纷，如何建立良好协作关系的本领。

"事成于和睦，力生于团结。"面对多个层次不同的主体，要找准角色定位，因人因事而异，营造良好的人际环境。一要针对不同的主体，明确相应的处理原则。比如，服从领导，工作为上，团结为重，积极主动，原则性与灵活性相结合，群众无小事、枝叶总关情，等等。二要及时沟通，先自我反省，再与他人沟通，先肯定他人的优点，再委婉指出问题，最后鼓励支持提出解决问题的建议。三要分析原因，是心态不适？还是能力不够？或者方法不对？等等。四要做好工作，根据原因，化解矛盾，提出解决措施，包括心态调整、学习提升、交流请教等，最终要确保完成工作任务。五要总结反思。联系自己，总结经验，吸取教训，有则改之，无则加勉。

需要注意的是，对于劝解类答题，一般是劝解因工作失误或犯了错误被领导批评的同志。劝解旨在消除误会，化解矛盾，促进工作。如果一味地指责批评，如同火上浇油，容易适得其反。所以，劝解要注意方式方法，采用"情为先，理为上，法为天"或"肯定成绩消除抵触情绪—剖析问题根源—加油鼓劲"的思路办法，方能收到好的效果。

情绪失控，智商为零。处理人际关系，情绪管理是基础，情绪处理好了，才能顺利地沟通协调好各类人际主体。情绪处理不好，沟通协调将无从谈起。所以，在沟通协调人际关系之前，先要解决的不是沟通协调本身，而是稳定调整好自己和协调对象的情绪。

对个人来说，无论处于何种角色，都要严以律己，以身作则，发扬吃亏、吃苦、吃气的奉献精神。

下属与领导相处

领导是团队的引路人、主心骨、领头雁，肩负着抓班子带队伍、干事创业的重要使命。领导对下属要引导教导、关心帮助、激励同志们干实事。下属要尊重领导权威，适应领导风格，服从安排，及时请示汇报，认真接受批评教导。下属办理领导交办的问题，事先要向领导报告或汇报工作方案，事中要及时请示、请教，事后要总结汇报结果。下属要善于向领导提出恰当的意见建议，当领导出现工作失误时，要及时补台纠错。

例1

你刚刚到新单位工作，工作业务还不熟。周末，领导安排你完成一份重要的讲话稿，你写完后交给领导，领导却狠狠批评了你，你怎么办？

【答题思路】

先审题，抓关键词句逐一分析："刚刚到新单位工作，工作业务还不熟"，说明自身业务不熟，需要通过请教同事、查阅以前讲话稿等方式了解业务；通过走访加深与群众的沟通，了解实际情况，熟悉工作业务；"领导却狠狠批评了你"，要虚心接受领导批评教育，进一步熟悉领导的行事行文风格。"你怎么办？"按照接受批评、查找不足、及时改正、汇报领导、反思总结的步骤完善作答。

【参考答案】

1. 表明态度。 我将虚心接受领导批评，认真审视自己的不足，尽快完善工作。

2. 查找不足。 由于新到单位对于业务不熟，而且不了解领导的风格，才导致此次工作出现问题。我将通过电话联系有经验的同事询问领导的行文风格、了解熟悉业务、查阅相关的文件档案等方式，对讲话稿进行细致的检查，查找不妥之处。

3. 及时改进。 如果是讲话稿的内容不符合实际情况，我将通过走访、调研等方式加深与群众的沟通，了解实际情况，熟悉工作业务，使讲话稿更具针对性和操作性。如果是讲话稿不符合领导的行文风格，我将通过查阅以前的讲话稿、请教同事等将讲话稿修改完善，适应领导的行文风格。

4. 上报领导。 将修改后的讲话稿提交给领导审阅，听取领导的意见建议。若领导提出意见，我将继续修改讲话稿，直至领导满意为止。

5. 总结反思。 通过这次事件，我将深刻反思，适应领导的行事与行文风格，尽快熟悉业务，虚心接受批评并改正，通过不断地学习，努力提高工作能力，以便更好更快地完成今后的工作。

与同事相处

同事是干事创业的合作伙伴，要相互关心，相互理解，相互学习，相互支持，团结协作，推功揽过。

例2

周末，领导安排你和同事小张共同完成一项任务，小张是业务骨干但对加班有意见，消极应付，你怎么办？

【答题思路】

先审题干，抓关键词句逐一剖析："领导安排你和同事小张共同完成一项任务"，一方面要服从领导安排，接受领导交代的任务，另一方面要与同事团结协作，合力共为。"小张是业务骨干但对加班有意见，消极应付"，需要对小张动之以情、晓之以理、施之以方、助之以行，解开思想疙瘩，合力完成任务。"你怎么办？"第一，表明态度；第二，动之以情，晓之以理；第三，施之以方，提高效率；第四，助之以行，主动承担；第五，总结汇报。

【参考答案】

1. 表明态度。 我会本着"服从领导，团结为重"的原则，力争高效完成工作任务。

2. 动之以情，晓之以理。 主动与小张交流，先关心询问小张是否家里有重要的事情需要解决，为他提供力所能及的帮助。然后指出领导安排的工作，与其无法逃避，不如静下心来积极完成。

3. 施之以方，提高效率。 与小张共同统筹，集思广益，探索提高工作效率的办法，以便尽早完成工作任务。

4. 助之以行，主动承担。 与小张协商推进工作，在合理的区间内，对于双方都能做的工作，我主动多承担，以便小张能尽早完成回家处理私事。

5. 汇报领导，总结提升。将工作结果向领导汇报，并表扬小张的态度和能力。同时总结经验，汲取教训，不断提高我的工作与协作能力。

领导与下属相处

下属是干事创业的重要助手，领导对待下属要理解体谅，关心帮助，宽严相济，批评教育，激发活力，以身作则，促其成长进步。

例 3

你是某单位某科室的负责人，新招录的公务员小张对你不服气，且好高骛远，眼高手低，做事经常出差错，你怎么办？

【答题思路】

迅速审题，抓关键词、句："你是某单位某科室的负责人"，作为负责人对下属要关心帮助、主动沟通、找出问题并提出建议，对自己也要严格要求，以身作则，在工作态度和业务能力等方面发挥模范带头作用。"新招录的公务员小张对你不服气"，要包容理解小张想法，肯定小张优点；"好高骛远，眼高手低，做事经常出差错"，需要分析小张出现差错的原因，并提出相应措施，分享经验，帮助小张。"你怎么办？"一是表明态度。工作为上、团结为重、关心帮助、以身作则，妥善处理好上下级关系。二是主动沟通。关心同志，肯定优点。三是分析出差错的原因。四是提出建议，分享经验。五是以身作则。作为负责人，要带头工作，让自己服众，让下属服气。

【参考答案】

1. 表明态度。 作为负责人，我将本着"工作为上、团结为重、关心帮助、以身作则"的原则，妥善处理好我与小张的关系，干好我们的工作。

2. 关心肯定。 小张新招录进来，关心了解他的工作生活状况，听取他的心声，及时解决思想和工作生活中的困难。同时包容理解小张的想法，他之前肯定比较优秀，有值得学习、表扬的地方。

3. 分析原因。 及时指出小张存在的不足，分析问题，找到做事经常出差错原因，如对工作流程不熟悉，对实际情况不了解等，并提出改进措施。

4. 提出建议。 提出针对性的意见，如学习请教、注重调研等，做好传帮带的工作，把自己的工作经验和工作方法分享给小张，及时督促小张改进方法，少犯错误，帮助小张提升自己，提高能力。

5. 以身作则。 "火车跑得快，全靠车头带。"我要在业务能力、爱岗敬业、遵守纪律等方方面面做好表率，率先垂范，带头团结同事、带头做好工作、带头奉献社会，力争做出一流的业绩，让自己服众，让下属服气。

与群众相处

群众路线是我们党的生命线和根本工作路线。我们党能够永葆蓬勃生机和旺盛活力，很大程度上是靠践行全心全意为人民服务的根本宗旨，特别是靠创立并坚持群众路线来实现的。能不能做好群众工作是衡量一名党员干部素质水平的重要标准，做好群众工作也是一名党员干部的"看家本领"。做群众工作要以人民为中心，帅之以正，纳之以言，动之以情，晓之以理，申之以法，施之以方，助之以行。

例4

你是基层的一名党员干部，请谈谈如何做好群众工作？

【答题思路】

快速审阅题干，抓关键词："基层党员干部"是角色定位，"如何做好群众工作？"是答题内容。首先，亮明观点，群众路线是我们党的生命线和根本工作路线，善做群众工作、做好群众工作是党员干部的"看家本领"。然后，从自身、情感、道理、法治、行动等方面提出具体措施。最后，总结升华。

【参考答案】

群众路线是我们党的生命线和根本工作路线。我们党能够永葆蓬勃生机和旺盛活力，很大程度上是靠践行全心全意为人民服务的根本宗旨，特别是靠创立并坚持群众路线来实现的。所以，能不能做好群众工作，是衡量一位党员干部素质水平的重要标尺。善做群众工作、做好群众工作是党员干部的"看家本领"。

如何做好群众工作呢？总的来说，要树牢以人民为中心的思想，坚持"帅之以正，纳之以言，动之以情，晓之以理，申之以法，施之以方，助之以行"的工作方法。

1. 帅之以正。"政者，正也；子帅以正，孰敢不正？"党员干部担负着引领群众、宣传群众、组织群众、服务群众、造福群众的重要职责，在做人、学习、做事等各方面，都要修身正德，严以律己，以身作则，当标杆、作示范，发扬吃亏、吃苦、吃气的奉献精神。党员干部是群众的"主心骨"，群众给予充分的信任和期待，要牢记初心使命，要行大道明明德，从德才两个方面发挥模范带头作用，切实解决好群众关切的问题。

2. 纳之以言。众人是圣人，智慧在民间。毛泽东同志说："群众是真正的英雄，而我们自己则往往是幼稚可笑的，不了解这一点，就不能得到起码的知识。""只有做群众的学生，才能做群众的先生。"党员干部须放下架子，深入基层，深入实践，深入群众，拜群众为师，向群众学习，认真倾听群众的意见建议，汲取群众的智慧和力量，这样才能制定出科学合理的政策决策、规章制度，从而扎实推动党和人民的事业健康发展。相反，脱离群众，脱离实际，自以为是，必然会造成决策失误，危害党和人民的事业。

3. 动之以情。习近平同志指出："对于我们共产党人来说，老百姓是我们的衣食父母。要像爱自己的父母那样爱老百姓，为老百姓谋利益，带老百姓奔好日子。"没有人民群众的哺育，就没有党员干部的成长；没有人民群众的支持，党员干部就会一事无成。党员干部要善于和群众打成一片，以真心、真爱、真情了解群众诉求，理解群众的想法，站在群众的立场干工作，化解各种矛盾。

4. 晓之以理。群众工作是开导人的工作，讲道理则是开启人们心灵门户的钥匙。做群众工作要善讲道理，以理服人，以理育人。对于上级政策和规章制度等群众不明白或想不通的问题，要向群众说明情况，解释原因，征得群众的理解和支持。通过耐心细致、有针对性的工作，让群众积极主动地接受上级的决策决定。这样既能够保证党和国家各项方针政策的贯彻落实，又能够在面对面、心连心的沟通交流中增进感情，融洽党群干群关系。

5. 申之以法。 "法者，天下之公器。"法律是天下共同遵守的准绳，不分亲疏远近，善用法律，严格执法，才能实现公平正义。党员干部要懂法、用法、普法，凡是涉及法律法规的原则性问题，须采用法治思维的办法，既要维护法律法规的权威，又要向群众阐明法律法规和工作程序，理性地讲明违法犯罪的危害性，引导群众自觉守法、遇事找法、解决问题靠法。

6. 施之以方。 "授人以鱼，不如授人以渔。"无论是带领群众发家致富，还是处理各种矛盾纠纷，群众最需要的是方法指导。当群众遇到困难时，要善于指路子、出点子，帮助群众改进方式方法，提升解决问题的素质水平。

7. 助之以行。 我们党自成立之日起就把坚持人民利益高于一切鲜明地写在自己的旗帜上，始终把全心全意为人民服务作为根本宗旨，这是党员干部开展工作的出发点和落脚点。"百说不如一做。"党员干部须强化宗旨意识，以百姓心为心，坚持问题导向，采用恰当的方式引领发展方向，想群众之所想，急群众之所急，办群众之所需，多谋民生之利，多解民生之忧，扎实推动共同富裕和精神文明建设，不断增强群众的获得感、幸福感、安全感。

"衙斋卧听萧萧竹，疑是民间疾苦声。些小吾曹州县吏，一枝一叶总关情。"党员干部只有坚持好"一切为了群众，一切依靠群众，从群众中来，到群众中去"的群众路线，善于把党的正确主张变为群众的自觉行动，才能做出经得起实践检验、群众检验和历史检验的实事好事。

例 5

某县要建学校，征地 150 亩，大部分征收工作已经完成了，但是现在还存在三个问题：一是有一户 15 亩果树，觉得政府补贴不够，不签协议；二是有一栋少数民族建的建筑物，国土部门认定为违章建筑，不能给补偿，少数民族群体难以接受，无法推进拆迁工作；三是有一块地有 30 多处坟墓，都不愿迁走，不好办。你作为项目负责人，如何做？

【答题思路】

快速审阅题干，找出并分析关键句："某县要建学校还存在三个问题"需要分类施策，做通工作。"有一户 15 亩果树，觉得政府补贴不够，不签协议"要实地调研，如果补贴确实不够，可以向领导申请，如果补贴够，则与群众沟通劝说。"有一栋少数民族建的建筑物，国土部门认定为违章建筑，不能给补偿，少数民族群体难以接受，无法推进拆迁工作"要向群众讲明法律法规，讲明违章的原因，同时帮助重建，解决群众顾虑。"有一块地有 30 多处坟墓，都不愿迁走"理解群众心情，给出方案，帮助搬迁并给予补偿。"你作为项目负责人"一方面要帮助群众解决问题，另一方面要助推项目进行。"如何做？"一是表态，二是抓住问题的矛盾点，逐个击破，三是汇报领导，四是总结经验。

【参考答案】

1. 表明态度。"百年大计，教育为本"，建学校是造福子孙，落实国策的重要手段，尤其在农村地区，建设学校更是促进区域教育发展和教育扶贫脱困的重要途径，也是促进民族团结的有力保障。因此，作为项目负责人，我一定会本着"工作第一，灵活处理，维护团结"的原则力争保质保量地完成工作任务。

2. 了解情况，解决问题。分别登门拜访，了解情况诉求，并着重向他们说明建学校对我们的子孙后代的好处。

问题一：了解相关补贴政策和认定标准，然后，深入农户田间地头，了解果树的品种、产量、树龄、现况等。倘若由于果树已经挂果，价格上升，补贴确实不够，我会继续帮助他们申请适当提升补贴。倘若价格对等，我会与该农户坐下来，面对面沟通交流，向他耐心解释相关的补贴政策和认定标准，并解答他的疑惑。

问题二：向住建部门了解该建筑的违章情况和相关管理办法，进行实地勘察，了解该建筑的历史价值，文物价值和建筑时间等。一方面，与本地的少数民族干部一同上门劝说，告知其建筑判定为违章建筑的原因，详细讲解国家相关政策，希望该群体能够理解无论拆迁与否，本身属于违规建筑的性质是无法改变的。另一方面，进一步了解其诉求，承诺帮助该群体协调解决改建用地的问题。根据其诉求，积极协调国土部门规划建筑用地，进行重建，维护好民族团结。

问题三：先表示理解大家的心情，这件事确实让大家很为难，并向他们承诺尊重当地习俗和文化，会认真选址，合理补偿。同时，协调村领导与村民代表协商新墓地的安排，鼓励村民自主搬迁。如果因为各种原因无法自主处理，我会在照顾好亲属感受的同时协调做好迁移工作。

3. 撰写报告。将事情处理情况，撰写成报告上交给领导。

4. 总结提升。积累经验，接受教训，不断提升自己的工作能力。

部门之间相处

与其他部门相处，要顾大局识大体，主动沟通，相互尊重，相互信任，相互包容，相互协作，相互支持。

例6

你单位与多个部门合作，共同完成一个项目，但在项目推进过程中，遇到以下情况：A部门安排的人员推脱单位工作忙，经常不到现场；B部门安排的人员敷衍了事，经常出差错；C部门安排的人员工作积极，但经常抱怨其他部门不配合。你是该项目的负责人，请问如何推进工作？

【答题思路】

先审题干，抓关键词句逐一剖析："你单位与多个部门合作，共同完成一个项目"，需要处理好与多部门的关系，动之以情，晓之以理，力求形成合力，顺利推进项目；"但在项目推进过程中，遇到以下情况"，需要具体问题具体分析；"A部门安排的人员推脱单位工作忙，经常不到现场"，需要与其沟通协商，如果这名同志确实忙到顾不上这边的项目的程度，提议向领导请示换人，如果没到换人的程度，则动之以情，劝说这名同志积极到场参与工作；"B部门安排的人员敷衍了事，经常出差错"，需要进行沟通，询问是否认为工作分配不合理，或者不擅长，是否需要调换其他工作，同时要劝说其增强责任心；"C部门安排的人员工作积极，但经常抱怨其他部门不配合"，只要前面两个部门的问题解决后该部门问题自然也就迎刃而解；"你是该项目的负责人"，要明确身份定位，作为负责人要以身作则，善于补台补位；"请问如何推进工作？"第一，表明态度；第二，具体问题具体分析，分别处理；第三，以身作则，带头工作，补台补位；第四，汇报领导；第五，总结提升。

【参考答案】

1.表明态度。我会动之以情，晓之以理，具体情况具体分析，处理好与各部门的关系，顺利推进工作开展。

2. 分别处理

与 A 部门：进行沟通协商，如果这名同志确实忙到顾不上这边的项目的程度，提议向领导请示换人。如果没到换人的程度，则动之以情，劝说这名同志积极到场参与工作。

与 B 部门：进行沟通协商，询问是否认为工作分配不合理或不擅长，是否需要调换其他工作；同时要劝说其增强责任心，注意细节，一次性干好避免返工。

与 C 部门：对其支持配合表示感谢，说明前面两个问题已经解决，同时呼吁携手，合力完成好工作。

3. 以身作则。作为负责人，要以身作则，发挥带头作用，自己单位争取多承担工作，同时随时补台补位。

4. 汇报领导。向领导汇报工作结果，推功揽过，为未来与兄弟部门继续合作奠定感情基础。

5. 总结提升。今后的工作要做好统筹协调，妥善处理好与不同部门的关系，推进工作顺利开展。

与媒体记者相处

要热情接待，支持配合，接受监督，化弊为利。

例 7

你是一名镇政府工作人员，某民营企业污染土地，造成农民群众上访，记者闻讯赶来采访。领导安排你处理此事，你怎么办？

【答题思路】

快速审阅题干，抓关键词句："你是一名镇政府工作人员"是角色定位，需要代表政府协调解决各种矛盾和问题。"某民营企业污染土地"是问题根源，一方面污染土地，危害了群众利益，造成损失要进行赔偿，还要邀请国土、农业部门协助改良污染的土地；另一方面要邀请环保部门对污染企业进行治理整改，上除污设备，解决污染问题。"造成农民群众上访"，要安抚好群众情绪，承诺妥善解决问题。"记者闻讯赶来采访"，要接待好记者，积极正视并解决问题，同时与记者做好协商，既然做了整改，群众也满意了，尽量不报道或正面报道，以维护政府的公众形象，最大限度地降低负面影响；"领导安排你处理此事，你怎么办？"一是表明态度；二是安抚询问；三是接待记者；四是调查处理；五是消除影响；六是总结提升。

【参考答案】

1. 表明态度。我会本着"轻重缓急，统筹安排"的原则，联络环保部门共同处理好企业、群众、记者等多方关系，让各方满意，维护好政府形象。

2. 安抚询问。表明身份，安抚群众情绪，稳定现场秩序，邀请两名代表和相关村干部了解具体情况，倾听意见诉求，承诺尽快妥善处理此事。

3. 接待记者。热情接待记者，表示歉意，表明政府态度，会积极对待，如实反映情况，邀请记者全程跟踪调查、监督。

4. 调查处理。邀请环保部门进行实地走访勘测，调查污染产生原因、污染面积及严重程度等具体情况，帮助企业提出治理整改建议；邀请国土、农业部门对污染的土地提出污染土地改良措施；联合村干部，与企业商讨赔偿事宜，将调查情况和相应整改、土地改良、赔偿建议形成整改方案汇报领导审批后，督促监督企业落实整改方案，让群众满意。

5.消除影响。 与记者协商，既然及时改正了，就尽量不报道，即便报道，也请求记者报道整改的最后结果，作正面报道，如镇政府积极让排污企业上设备、改良污染土地、争取群众补偿，化解群众矛盾等，最大限度地消除不良影响，维护镇政府的良好形象。

6.总结提升。 将此次工作过程及处理结果形成报告，汇报给领导。同时总结经验，吸取教训，在今后的工作中要未雨绸缪，促进经济建设和保护环境协调发展。

与亲朋好友相处

亲朋好友是生活中的情感纽带，是处理生活问题的重要帮手。办理公务要以工作为重，同时兼顾友情，做到原则性与灵活性相结合，既能干好工作又能处好与亲朋好友的关系。

例8

某社区确定为疫情高风险区，上级决定对该社区实行封闭式管理，要求居民全部居家隔离。你负责这个社区的包保工作，恰好有一位亲戚非要外出一趟，希望你照顾，你怎么办？

【答题思路】

先审题，抓关键词句："疫情高风险区""实行封闭式管理""要求居民全部居家隔离"交代了工作产生的严峻背景；"你负责这个社区的包保工作"是工作职责；"有一位亲戚非要外出一趟，希望你照顾"，处理此类问题，要坚持原则性与灵活性相结合，安抚亲友情绪，表示理解，了解外出的原因，针对原因妥善进行解决。"你怎么办？"首先安抚情绪，表明立场，疫情严峻，原则上非必要一律不准外出；然后了解原因，分情况处理；最后，总结反思。

【参考答案】

我将本着"原则性与灵活性相结合"的原则，妥善处理此事。

1. 安抚情绪。 安抚亲友情绪，表示理解，每个人都不希望长期处于封闭环境。

2. 亮明立场。 向亲戚说明，疫情防控形势严峻，为了个人和群众的生命安全，非必要一律不准外出，这是党委政府的要求，也是原则问题。每个人都应遵守原则，配合隔离工作，做好疫情防控，为大局着想。

3. 了解原因。 与亲戚进行沟通交流了解其外出原因，分情况处理。

4. 妥善解决。 如果是防范意识不够，我会给他讲明此次疫情的危害性、严重性以及取得现在的防控效果的艰难性，请他服从大局；如果觉得长期隔离太闷，我会建议他通过学习做饭、居家跳舞健身等活动，丰富多彩生活；如果需要采购物资，我会询问并记录下来，安排其他工作人员代为采购；如果是因为家里有类似病人需要就医的急事，我会及时向领导汇报，等领导批准后，我会协助他履行好"特事特办"的程序后放行，并叮嘱他要遵守好疫情防控要求。

5. 总结反思。 在今后的工作中，要加强宣传，提高群众的疫情防范意识。同时在工作中兼顾原则性和灵活性，既要做好本职工作，又要处理好与亲友的关系。

与违规违法者相处

处理违规违法者，要坚持"法为天，理为先"的原则，刚柔相济，文明执法，柔性执法，同时做好思想教育工作。

例9

假如你是城管执法人员，你和同事在日常市容市貌巡查过程中多次警告某占道经营摊主离开无效后，依程序暂扣他的相关物品，要求其前往执法中队接受处罚。摊主到达后认领暂扣物品时却说物品中夹着的钱丢失，要求执法人员赔偿，拒绝缴纳罚款，并与同事发生肢体冲突，此时你怎么办？

【答题思路】

迅速审阅题干，抓关键词句逐一剖析："多次警告某占道经营摊主离开无效后，依程序暂扣物品"，需要对其做出行政处罚。执法人员和摊主的主要矛盾在于依程序暂扣的物品与摊主所说不一致，摊主说物品中夹着钱，这就要求双方提供证据，暂扣物品时要求当事人签字确认，并且执法全过程记录仪录像。"摊主拒绝缴纳罚款，与你的同事发生肢体冲突"，要规范执法，避免事态扩大，最大限度地获得摊主配合，保障执法效果。"你该怎么处理？"要本着"执法必严，违法必究，刚柔并济"的原则，妥善解决好此事。第一，表明立场；第二，安抚情绪；第三，准备证据，全过程记录；第四，提供证据，核实物品，确定物品中未夹金钱；第五，依法处罚，要求配合，说明后果，做出处罚，批评教育；第六，总结提升，吸取教训。

【参考答案】

1.表明立场。城市道路和环境代表着城市形象，必须严厉制止占道经营等行为。违规摊主的问题如果得不到解决，将会严重影响执法人员的公信力，影响单位形象。面对这种情况，我会本着"执法必严，违法必究，刚柔并济"的原则，协调同事与摊主的冲突，避免矛盾升级，最大限度地获得摊主配合，保障最终的执法效果。

2. 安抚情绪。拉开冲突双方，提醒同事，执法过程中要保持情绪稳定，由我与摊主进行接下来的沟通，请同事辅助进行执法工作。安抚摊主情绪，劝说他不要激动，并且把他邀请到休息室，倒上一杯热茶，坐下来进行交流，并且为同事的不冷静向其道歉，倾听其诉求，予以妥善处理。

3. 准备证据。打开执法记录仪全程录像，确认暂扣物品清单及摊主亲笔签名，调出执法记录仪内的录像，固定到暂扣物品的执法现场。

4. 核实物品。要求摊主提供暂扣物品夹着金钱的证据，了解该摊主被暂扣物品的名称、规格、数量等，核实与摊主领回的物品是否一致，并邀请摊主观看执法现场回放，确认暂扣物品没有夹带金钱。

5. 依法处罚。鉴于占道经营违法情况属实，进一步说明影响及法律后果，要求摊主配合执法。提醒摊主占道摆摊极易触犯刑事和民事法律规定，请其规范经营，强调如拒不配合执法行为，可能涉嫌暴力抗法。依法对摊主发出《行政处罚决定书》，要求其按时缴纳罚款，并进行批评教育，提醒反映问题要有理有据、注意方式，暂扣和罚款只是手段，目的在于杜绝占道经营的行为。

6. 总结提升。以后和同事开展执法工作，要文明、冷静执法，取得执法对象的配合；同时执法时要严肃严谨，尤其涉及暂扣物品时要仔细察看、认真核对，做好文书和执法记录仪记录，防止产生疏漏影响正常执法。

与多层次多个主体相处

具体到某一道面试试题，往往同时面对领导、同事、下属、群众、亲友、媒体记者及其他部门等多层次多个主体，要善于综合分析，系统研判，统筹把握，灵活相处，从而使自己在社会关系的海洋里达到"如鱼得水""游刃有余"的境界。

例 10

一天，你和领导一起去某村调研，有位群众向领导反映问题，情绪很激动，恰巧这项工作是由你负责的，你如何处理？

【答题思路】

这是一道处理与领导、与群众多层关系的题目。

快速审阅题干，抓关键词句："你和领导一起去某村调研"，要处理好与领导的关系；"有位群众向领导反映问题"，要处理好与群众的关系，同时向领导检讨担责，做好情况说明；"情绪很激动"，要安抚情绪，倾听诉求；"这项工作是由你负责"，要主动担责，做好改进和善后工作。"你如何处理？"第一，表明态度；第二，检讨担责，主动向领导表态，这件事由我负责，责任在我，我要处理好；第三，安抚群众情绪，了解具体情况，解决问题；第四，向领导汇报，并接受批评教育；第五，总结反思。

【参考答案】

1. 表明态度。我会本着"向领导负责，向群众负责"的态度妥善处理此事。

2. 检讨担责。我会主动向领导表态，这件事由我负责，处理不到位的地方责任在我，保证会把事情解决好。

3. 安抚情绪，解决问题。我会热情对待这名群众，耐心询问情况。通过询问情况，对于能够立即解决的事，立即解决；对于需要调查研究、深入了解的事，进一步调查研究，通过实地考察，走访村民和村干部，听取他们的想法建议，给予答复；如果问题复杂，可以召开座谈会，请相关专家参与研判，并听取领导的意见，合力解决。

4. 汇报结果。向领导汇报工作结果，再次检讨自己的失误和不足，虚心听取领导的批评意见。

5. 总结反思。在今后的工作中，我要努力提升工作水平，更加全面细致地部署工作，并监督好贯彻执行情况，预防类似事情的发生。同时要多倾听群众心声，想群众之所想，急群众之所急，更好地为群众服务。

应急应变类问题

　　水随形而方圆，人随势而变通。灵活应变，才能路路畅通。应急应变类问题主要考查考生以设定身份的立场和角度，面对突发事件，及时迅速做出正确反应，采取恰当方法和有效措施，妥善解决问题、化解矛盾的应急应变能力。解答应急应变类问题，要分清轻重缓急，妥善解决矛盾。无论哪种类型，都要"稳"字当头，做到心态稳，思路稳，稳局势，稳当事人。一方面，自身要保持心态稳定和头脑清醒；另一方面，要努力在第一时间稳定局势，控制事态发展，防止事件恶化。特别是要稳住当事人，做好解释沟通、安抚和劝说工作。大凡工作中出现了问题，在末尾都要进行总结反思，可着重强调：工作要善于未雨绸缪，防患于未然，以免亡羊补牢，避免劳民伤财。

　　应变应急类问题主要包括压力冲突类、工作难题类、公共危机类。

压力冲突类问题

　　压力冲突类问题是指处理工作中双方或多方的误会、争执或冲突。要本着"原则性与灵活性相结合"和"工作无小事，枝叶总关情"的原则进行。主要步骤是：一是安抚情绪，递上一杯热茶，送上一句问候，给予一个笑脸，引导群众冷静下来。二是详细了解具体情况，沟通交流，充分了解群众诉求，做好记录。三是具体问题具体分析，选用恰当的方法解决问题。四是做好善后处理。比如，工作人员和群众发生冲突时，要与同事委婉沟通或进行批评教育，然后汇报领导组织培训，提升服务意识及服务能力。五是总结反思，积累经验，汲取教训。

例1

某小区暖气管道出现故障，造成群众上访，你是信访局的一名工作人员，领导安排你负责处理，请问你怎么办？

【答题思路】

快速审阅题干，抓关键词句逐一剖析："某小区暖气管道出现故障，造成群众上访"，是造成上访的原因，也是需要解决的问题，要安抚群众，稳定群众情绪与社区秩序，记录群众诉求，保持与群众的联系，及时告知群众情况并听取意见建议；"信访局的一名工作人员"，作为信访局工作人员，要做好群众工作，联系督促相关部门解决群众问题；"领导安排你负责处理，请问你怎么办？"首先表明态度，然后按照安抚情绪、了解原因、形成方案、告知群众、解决问题、电话回访、总结汇报的步骤完善答案。

【参考答案】

我将本着"群众无小事，枝叶总关情"的原则，妥善处理好这一棘手问题，力争让群众满意，让领导放心。

1. 安抚情绪。我将热情接待，请群众到会议室，然后奉上一杯热茶，稳定群众情绪。

2. 了解原因。倾听群众诉求，认真做好记录，并承诺将协调住建局及热电厂尽快解决问题。同时留下群众联系方式，便于日后沟通。

3. 拟定方案。联系住建局及热电厂，请有关人员到现场进行勘察维修，确定好维修时间、维修措施，形成简洁明了的建议方案，并汇报领导审阅。

4. 告知群众。将维修方案告知群众，让群众知晓，可能需要一些时间，请群众谅解安心等待。

5. 解决问题。督促热电厂施工，确保把管道维修好，及时供热。

6. 电话回访。对群众进行电话回访，询问意见建议，做好效果反馈，提高群众满意度。

7. 总结报告。将此次的处理情况、群众反馈等汇总成报告，汇报给领导。并总结经验，汲取教训，为以后处理类似事件奠定基础。

例2

在垃圾分类问题处理上，社区工作人员和老大爷发生了冲突。冲突中，老大爷不小心受了伤。如果你是这名社区工作人员，你该怎么办？

【答题思路】

迅速审阅题干，抓关键词句逐一剖析："在垃圾分类问题处理上"，说明是在工作过程中，需要考虑工作的后续进行和群众影响；"社区工作人员和老大爷发生了冲突"，需要及时安抚老大爷情绪，制止冲突，询问老大爷的诉求情况，了解冲突原因，做好老大爷的思想工作；"在冲突中，老大爷不小心受了伤"，与工作人员有很大责任，要负责对老大爷进行医治，并做好后续慰问；"你该怎么处理？"要本着"以人为本，做好工作"的原则，妥善解决好此事。第一，表明态度，我将妥善解决；第二，对老大爷进行紧急施救；第三，作出检讨，汇报这一情况及后续应对措施，并继续开展工作；第四，处理问题，联系老大爷家人，说明情况，做好老大爷的诉求倾听和思想工作；第五，汇报领导，反馈群众诉求及建议，听取领导的意见建议；第六，做好老大爷的慰问工作，征求群众意见改进执行方案，做好后续宣传等；第七，总结反思。

【参考答案】

1. 表明态度。 我会本着"以人为本，做好工作"的原则，力争妥善解决好此事。

2. 紧急施救。 联系小区内卫生室对老大爷进行紧急救治。如果伤势严重，则拨打120，送医院救治。向其他群众做好解释说明，联合同事维持好现场秩序。

3. 汇报领导。 向领导检讨，并汇报事情原委及后续应对措施，并继续完成好社区垃圾分类处理工作。

4. 处理问题。 陪老大爷来到医院进行医治，联系其家属，请其赶来照顾，自己也做好相应陪护，向老大爷表示歉意，倾听老大爷的难处，做好沟通安抚并说明垃圾分类政策的意义、措施等具体情况，同时记录老大爷的诉求、意见、建议，进一步做通思想工作，争得他及家属的支持。

5. 反馈领导。 稳住事态后，将问题的处理情况向领导进行汇报，同时针对群众反馈的诉求，提出意见建议，听取领导意见建议。

6. 善后工作。 做好老大爷的慰问工作，将此次事件的处理过程向社区居民进行公开说明，消除消极影响，同时全面了解居民意见建议，结合领导指示进行分析整合，改进垃圾分类处理的执行方案。同时，加大对垃圾分类政策意义、具体做法等的宣传，引导居民增强垃圾分类意识，提高落实能力。

7. 总结反思。深入反思和自我检讨，在之后的工作中要注意工作方式方法，既要认真倾听群众诉求、妥善处理好与群众的关系，又要干好工作。

工作难题类问题

工作难题类问题是指我们在日常工作时，遇到了一些棘手问题，使得我们的工作开展遇到障碍，或者开展效果没有达到预期目的，这就需要考生发挥应变能力，采取更好的措施，解决难题，完成工作任务。主要答题步骤是：一是明确工作目的和意义。二是通过走访、调查、沟通，了解情况。三是分析问题产生的原因。四是对症下药，提出解决措施，推动工作落实。要注意简单问题立即办，不能立即办的要妥善解决好，复杂的问题请领导或行家帮助。五是后续跟进，巩固工作成果。六是总结经验，汲取教训，形成长效机制。

例3

你在外出差，你负责的业务，领导暂时安排给一位同事处理。其间出现了一项紧急突发事件，同事处理不当，出现了严重失误，你怎么办？

【答题思路】

快速审阅题干，抓关键词句逐一剖析："你在外出差，你负责的业务领导暂时安排给一位同事处理"，说明"我"在出差之前没有把工作交代好，出现问题应主动承认责任。"出现了一项紧急突发事件，同事处理不当，出现了严重失误"，需要与同事沟通协商，了解具体失误以及现状，争取能远程指导解决问题；如果远程不能处理，就立即赶回单位解决问题，最大限度地挽回损失。"你怎么办？"一是了解情况；二是解决问题；三是汇报领导；四是完成出差任务；五是总结反思。

【参考答案】

我将本着"工作为上"的原则，与同事做好沟通协调，力争妥善处理好此事。

1. 了解情况。通过电话与同事联系，询问了解事件进展、失误以及现状。

2. 解决问题。电话中与同事分享自己的处理经验，与同事沟通协调，合力解决问题，争取及时补漏，最大限度地挽回局面；如果远程处理不好，我将协调处理好出差事宜，立即赶回去，全力弥补失误，妥善解决好问题。

3. 汇报领导。处理完问题之后，向领导进行汇报，并深刻检讨，主动承认错误，虚心接受领导批评。

4. 完成出差任务。如果在出差中赶回来处理这件事，妥善解决好问题后，继续完成出差任务。

5. 总结反思。进行自我反思，今后遇到类似外出情况要提前做好工作的部署和交接，如工作的风险点、易失误点、重点难点等，避免类似情况再次发生。

例4

为推进产业振兴，增加群众收入，你帮扶的村计划改善种植结构，引进新的种植技术，可部分村民不认可，你怎么办？

【答题思路】

快速审阅题干，抓关键词句逐一剖析："为推进产业振兴，增加群众收入"是工作的目的和出发点，有重要意义与可行性，应采取措施获得群众支持；"改善种植结构，引进新的种植技术"是手段方法；"可部分村民不认可"是核心关键，要重点调查了解村民的疑惑与顾虑，并针对原因提出解决办法。"你怎么办？"一是表明态度，明确目的，力争妥善处理好此事；二是调查研究，了解群众不认可的原因；三是拟定建议方案汇报领导；四是通过参观学习、宣传好处、先进带动和专项培训等多种形式解决问题；五是总结提升。

注意：解决问题的措施是考官最关注和最想听的，是"出彩点"之所在，所以具体解决措施务必充实，具有实效性。

【参考答案】

1. 表明态度。此次引进技术是为了增加群众收入，改善群众生活，助力乡村振兴，因此应积极主动，认真负责，力争做好群众工作，推进新技术引进工作。

2. 调查研究。通过走访、调查、沟通等了解情况，可能是村民对新技术不了解、不信任，也可能是村民担心新技术学不会。

3. 拟定方案。针对村民的意见诉求分类施策，拟定建议方案向领导汇报，有针对性地解决村民的疑惑。

4. 解决问题。落实建议方案。措施一，参观学习。"百闻不如一见。"选出部分群众代表，带领他们到使用新种植技术的示范区参观、学习，了解掌握新种植技术的相关情况，提升村民们的认识，打消他们的疑虑。措施二，宣传发动。召开群众会议，宣传改善种植结构引进新技术的好处，能够增加收入，政府会给予一定补贴等。措施三，示范带动。发挥村干部、开明村民和新乡贤等的示范带动作用，率先改善和引进。措施四，专项培训。联系技术人员，定期让技术人员为村民开展实地的技术培训，提供技术支持。

5. 总结提升。在今后的工作中，要充分听取民意，考虑群众真实诉求，办群众之所需，切实做好群众服务。

公共危机类问题

公共危机类问题具体指一个事件突然发生，并对公众正常生活、工作及生命财产构成威胁，具有突发性、公共性、危害性三个特点。处理这类难题，要本着"生命至上，减少危害；统一领导，分级负责；社会动员，综合协同；科学应对，专业处置；信息沟通，舆论引导"的原则进行。主要步骤如下：一是及时汇报领导，汇报处理原则，分清轻重缓急，学会"弹钢琴"。二是启动应急预案，迅速联系相关部门成立工作小组，赶往现场分头处理，先救人，后救灾。三是组织救援，联合相关部门，做好安置工作。通常来说，120急救中心负责救治伤员，消防部门负责受伤群众的营救和安置、组织灭火并排查爆炸源，公安部门和现场的交警、保安负责及时疏散人群和车辆、拉警戒线、设置隔离带，疾控中心负责灾区的环境消毒、传染病防治，自己所在部门负责协调和协助。四是做好善后工作。比如，调查事故原因，追责问责，对受损群众进行赔偿、看望安抚，提出建议改善不合理规定，加强相关人员的培训，进行相关安全排查和宣传，完善相关设施，等等。五是向社会、媒体公布救援情况，防止恐慌和谣传。六是撰写报告，总结反思。

例5

某工厂突然发生爆炸事故，一些工人受了伤，你是应急管理局的一名干部，局长在外出发无法赶回，局长电话通知你具体负责处理，请问你怎么办？

【答题思路】

快速审阅题干，抓关键词句逐一分析："某工厂突然发生爆炸事故"，要先救急，及时灭火，配合消防部门排查爆炸源；"一些工人受了伤"，需要联系120进行救治；"你是应急管理局的一名干部，局长在外出发无法赶回，局长电话通知你具体负责处理"，要勇于担当，立即启动应急预案，做好相关部门的协调和相关工作的协助工作；"请问你怎么办？"首先要明确处理原则：先救人，后救灾。然后，启动应急预案，立即组织救援，进行善后处理，排查安全隐患，及时公布情况，做好总结反思。

【参考答案】

局长在外出发无法赶回，我将勇于担当，本着"先救人，后救灾"的原则，力争把事故影响降到最低，妥善处理好这件事，让群众满意，让局长放心。

1. 启动应急预案。 我会在第一时间奔赴一线了解情况，同时通知并协调120急救中心、消防、公安到达现场救援，多部门合力共同控制现场事态。

2. 组织救援。 及时联合 120 急救中心对事故现场的受伤人员实施救助；联合消防部门组织灭火，排查爆炸源；联合公安部门疏散人群、车辆、拉警戒线、设置隔离带，避免群众进入灾害现场，协调交警及时进行交通疏导，打通生命救援通道。

3. 善后处理。 控制住灾情现场后，请专业人士对事故原因进行调查，将事故原因及处理方案汇报给局长，局长批准后，对受到损失的民众给予赔偿，对事故责任者追责问责。

4. 排查隐患。 处理完毕后，对辖区工厂进行安全隐患专项排查和安全宣传，避免此类问题再发生。

5. 社会公布。 及时将救援情况、事故原因以及调查处理结果通过媒体向社会公布，以免造谣传谣。

6. 总结反思。 总结经验，汲取教训，进一步完善应急预案，提高自己应对紧急状况的能力。

例 6

某日，正值泰山汛期，有几名旅友因山洪暴发被困在山上，需要开展救援活动。你作为政府的工作人员，领导将此事交给你负责，你如何组织联合救援活动？

【答题思路】

先审题干，抓关键词分析："泰山汛期"，需要从长远角度做好防汛安全提醒及相关应急措施；"有几名旅友因山洪暴发被困在山上，需要开展救援活动"按时间顺序展开，在救援前，收集旅友信息，启动应急预案。在救援中，多部门配合，气象部门监测天气变化，消防部门进行紧急救援，医疗部门救死扶伤。救援结束后，要做好旅友的安置工作，向社会公布情况，总结此次救援工作，作为警示教育题材进行宣传；"你作为政府的工作人员，领导将此事交给你负责"，提示你的身份权限，要统筹安排、协同各方妥善完成此次救援。具体按照启动应急预案、安抚情绪、组织救援、善后处理、社会发布、宣传防灾、总结提升的步骤展开作答。

【参考答案】

各位考官，此次救援行动务必争分夺秒，在搜救过程中要秉着生命至上、统筹安排的原则，尽全力保障游客生命安全并做好善后事宜。

1. 启动应急预案。我将第一时间赶赴现场，联络景区管理处，让其通过监控视频查询旅友踪迹，联合消防、公安、气象等部门了解相关信息，如被困人数、具体位置、有无伤情、后续天气的变化等，细化救援的具体方案。

2. 安抚情绪。到达现场后，想办法通过广播、手机等通讯设备联系被困游客，表明身份，安抚其情绪，说明已经展开救援，请他们待在高处或固定漂浮物上保持体力、冷静等待。

3. 组织救援。一是交通部门、公安干警做好道路的疏通开辟。二是消防部门、救援队根据气象局提供的气象信息，携带好相应的漂浮绳、救生衣等，在保障自身安全的情况下，现场展开搜救，有需要的情况下，协调无人机为被困人员投放食物、保暖衣物等。三是医疗队伍做好医疗保障，令其靠近山坡待命，一旦被困人员救出后有受伤情况，可及时提供救助。四是气象局做好天气预报工作，及时关注天气变化，预防二次山洪。

4. 善后处理。在救援之后，对游客进行安抚送医，清理现场。为了避免类似状况再次发生，我会协调泰山景区在官网和景区显眼位置通过提示语等做好汛期安全提醒，强化信息公示，将本次山洪的相关消息公示到各大官网、公众号上，让大家注意安全，近期不要到该山区旅游，及时撤离已经前往的群众。同时要求泰山景区加强管理，增设警示牌，增加巡逻人员，做好旅游安全引导工作。

5. 社会发布。营救工作完成以后，通过网络或召开新闻发布会，如实向市民发布救灾情况，包括营救人数、伤亡人数、受灾人员安置工作等，并且回答公众关心的各种问题。

6. 宣传防灾。将此次事件汇编成案例，作为警示教育题材在景区、旅游网站进行宣传，告诫各位旅游爱好者不要在天气恶劣时登山游玩。通过宣传片、短视频等方式引导大家正确、理智探险旅游，提醒大家注意要按常规路线走、要携带充足的登山设备、要关注天气预报，了解地势，合理规划探险路线，保障生命安全。

7. 总结提升。将整个救援过程形成总结报告，向领导汇报。同时总结经验，汲取教训，进一步完善活动预案，为下一次预防或做好类似应急活动奠定基础。

舆情处理类问题

舆情是"舆论情况"的简称，是指在一定的社会空间内，围绕社会事件的发生、发展和变化，民众对相关人员或组织持有的社会态度。

处理舆情面对的是矛盾在舆情中发酵、网上或民间有传言等问题，重点做好媒体记者接待或网络舆情回应。责任主体针对突发事件，面对网络困境、群众质疑或媒体记者采访，要在第一时间组织力量调查事件真相，把真相公布于众，抢占舆论先机，妥善解决问题，化解各种矛盾，降低各种风险，消除负面影响，让群众满意。如果事件复杂，不能等到有完整结果后再进行公布，而要根据进展情况分时间段公布，以满足公众的知情权，发出正面声音，消除负面传言，引导网络舆情朝着正确的方向发展。主要作答步骤是：一是表明态度。感谢群众与媒体的关注与监督，表示歉意，配合好采访，邀请记者进行跟踪报道。二是协调多个部门，调查真相，提出建议方案，汇报领导，解决问题，化解矛盾。三是公开真相，消除不良影响。影响面大、牵连广、有必要公开澄清的事件，要主动邀请媒体记者实事求是地报道；如果事件影响较小，则与媒体协商，尽量不报道，即便报道也可请求记者作正面报道，维护好团队形象。四是总结反思，汲取教训，防止类似现象再次发生。

例1

某地区要新建一个水电站，但是当地群众认为建水电站存在安全隐患，会影响自己的生活，于是阻碍工人施工。有媒体闻讯后发布了大量负面报道。领导让你处理此事，你怎么办？

【答题思路】

先审题干，抓关键词句逐一剖析："某地区要新建一个水电站，但是当地群众认为建水电站存在安全隐患"，既要做好实地调研，又应征求好群众的意见；"会影响自己的生活，于是阻碍工人进行施工"，需要公开调研结果，消除群众疑虑，要做好群众思想工作，推动后续工作开展；"有媒体闻讯后发布了大量负面报道"，需要与媒体取得联系，召开新闻发布会，公开事实真相，消除负面影响；"你怎么办？"要统筹协调，重视民意，消除影响，妥善开展好工作。第一，表明态度；第二，了解民情；第三，拟定方案；第四，召开新闻发布会；第五，推进工作；第六，汇报总结。

【参考答案】

1.表明态度。 新建一个水电站，肯定是政府充分调研后作出的决策。我将统筹协调，重视民意，消除影响，妥善开展好工作。

2.了解民情。 走访群众和相关人员，了解事件发生原委，倾听群众意见建议，承诺将切实保护群众利益，请耐心等待处理结果，初步消除其对立情绪。

3.拟定方案。 联合水利部门和相关专家进行实地走访勘察，拿到详尽的技术数据，对建设水电站的可行性及风险性进行系统研判，提出应对措施。将调研结果形成建议方案向领导汇报，听取领导意见建议，修改完善方案。

4. 召开新闻发布会。召开新闻发布会，请各相关方共同参与，邀请知名媒体同步报道，做好群众工作。先让水利专家进行情况汇报，回答群众代表提问，消除群众疑虑；再向群众代表分析建设水电站对当地经济社会发展的意义，强调对就业的好处，以及相关的补贴等优惠政策。

5. 推进工作。开展水电站建设，做好过程中的监督，针对建设过程中出现的问题及时改进和解决，做好群众的思想工作，让群众满意。

6. 汇报总结。将工作处理过程和群众反馈等汇报给领导。同时总结经验，汲取教训，为今后做好此类工作奠定基础。

例 2

一名群众在网上发布了一段视频，披露你单位存在工作不作为的行为，由此引发网友热议，记者闻讯赶到你单位采访。领导安排你处理此事，你怎么办？

【答题思路】

迅速审题干，抓关键词句逐一剖析："一名群众在网上发布了一段视频，披露你单位存在不作为的行为"，是问题所在，可从三个层面分析处理：群众有什么问题需要解决？不作为情况是否属实？如果不作为情况不属实，要向记者和群众作出说明；如果违反了相关的政策法规，要向群众致歉并立即改正错误；如果确实存在不作为情况，要向群众表示歉意并赶紧为群众积极办理，同时承诺对渎职的员工进行批评教育和追责问责。"由此引发网友热议"，提示需要将事情的真相和原委向网友公开公示。"记者闻讯赶到你单位采访"，需要对记者表达歉意并热情接待，邀请记者全程跟踪调查处理过程。"领导安排你处理此事，你怎么办？"一是表明态度，会妥善处理这件事。二是对记者进行热情接待并邀请全程跟踪报道。三是调查事情的真相，分类施策，妥善处理。四是及时汇报给领导并建议开展作风整顿活动。五是公开真相，再次表示歉意并欢迎媒体和广大群众监督。六是总结反思。

【参考答案】

1. 表明态度。我将本着"尽职尽责，机动灵活"的原则，妥善解决问题，维护好单位形象。

2. 接待记者。我会把记者请进会客室，递上一杯热茶，向记者表示歉意，承诺会认真对待此事，并诚邀记者全程跟踪报道。

3. 调查处理。向涉事的群众、员工了解情况，有什么事需要解决？调查不作为情况是否属实？如果事情无法马上解决，要向群众说明还需要哪些手续和程序；如果违反了相关的政策法规，要向群众致歉并立即改正错误；如果确实存在不作为情况，要向群众表示歉意并赶紧为群众积极办理，承诺对渎职的员工进行批评教育和追责问责。

4. 汇报领导。将此次事件的调查结果、出现问题员工的渎职情况汇报给领导，并建议加强对员工的培训，提升其服务意识和能力。

5. 社会公开。感谢媒体朋友关注，请记者将事情的调查处理过程公布于众。如果问题不属实，要及时消除群众的误会。如果问题属实，要向这名群众表示歉意，欢迎大家继续监督之后的工作。

6. 总结提升。总结反思此次活动的教训，提高自己的应急应变处理能力，为下次做好类似工作奠定基础。更重要的是，防患于未然，避免类似事情再次发生。

例 3

单位领导安排你组织一个新闻发布会，有记者提出你单位有违规现象，导致现场混乱，你怎么处理？

【答题思路】

先审题干，抓关键词句进行逐一剖析："组织一个新闻发布会"新闻发布会对单位的形象塑造有着重要的影响，因此对于新闻发布会中存在的问题要妥善处理，使新闻发布会顺利完成，维护好单位形象。"记者提出你单位有违规现象"，违规现象是否存在仍需要进一步调查，不应把重心放在这个问题上，应在发布会后进行详细处理。在发布会上应表明单位态度，承诺会认真对待，邀请记者进行跟踪报道，并承诺会公开相关调查处理情况。"导致现场混乱"，请其他同事帮助，安抚好记者们的情绪，稳定好现场秩序，使新闻发布会顺利进行。"你怎么处理？"表明态度，会后向记者了解情况，分析原因。联系部门进行调查，如果不存在违规现象是记者对于政策或工作流程有误解，进行讲解，消除误会；如果存在违规现象，听取领导意见进行处理，并在调查处理后给出一个具体回应，向公众道歉并给出处理措施。作答步骤是：一是表明态度；二是稳定秩序；三是了解情况；四是调查解决；五是社会公开；六是总结提升。

【参考答案】

1. 表明态度。新闻发布会是塑造单位形象的重要途径，要保障顺利进行。在新闻发布会现场出现的问题，我会本着"尽职尽责，机动灵活"的原则，妥善处理好。

2. 稳定秩序。寻求其他同事的帮助，安抚该记者的情绪，承诺在发布会后会认真进行调查，邀请该记者跟踪报道，请记者朋友们耐心等待结果。稳定好发布会现场秩序，保证活动可以顺利进行。

3. 了解情况。会后尽快与该记者进行沟通，了解该记者认为我单位违规的原因。

4. 调查解决。联系相关部门进行调查，联系相关工作人员进行会谈，了解事情经过。经过调查，如果我们单位无论是工作政策本身还是工作流程上都符合相关规定，问题在于该记者理解有误，我会耐心沟通和讲解，消除该记者的误会，消除不良影响。如果存在违规现象，我会及时汇报领导，根据领导意见进行后续处理，代表单位向公众道歉，积极为群众办理好业务，对相关工作人员进行批评教育。

5. 社会公开。感谢记者朋友们关注与监督，请记者将事情的调查处理过程公布于众。如果违规现象不存在，要及时消除误会。如果违规现象存在，要向公众表示歉意，告知公众处理措施，最大限度消除负面影响。

6. 总结提升。此次事件解决后，做好总结，向领导进行汇报，提出相关建议，做好培训工作，确保工作人员严格按照规章制度做事。在今后的工作中我也要规范办事，提高自己的应急应变处理能力，维护好单位的形象。

情境模拟类问题

　　情境模拟类问题主要考查考生处理人际关系和应急应变问题的语言表达能力。通过设置与拟任岗位匹配的特定情境，让考生以第一人称，采用现场模拟的方式，进行答题。

　　总的答题思路是：首先，拉近距离。只有拉近距离，对方才愿意跟你进行接下来的谈话。拉近距离的最好方式是，肯定对方，自己对他的心情感同身受。其次，切入正题，提出建议。拉近距离是为了解决问题，拉近距离后，要尽快地回归主题，提出你对问题的看法与解决问题的方法。最后，达成一致。在征求对方意见、反复沟通后，达成解决问题的共识。

　　作答情境模拟类问题，要及时做好筹备工作，角色定位要准确，情境针对性要强，要善于倾听、准确理解他人观点和要求，然后根据沟通对象的特点和目的任务，选择有效的沟通方式，诚恳地交流沟通。沟通过程中，要通过肯定、感谢、歉意等谦虚的态度，简洁清晰地表达自己的观点，准确传达相关信息，赢得沟通对象的信任，使其容易理解、易于接受。

　　答题原则

　　一是精准定位。了解题意，准确定位自身及对方角色。如果对方是领导，在模拟时就要体现出对领导的服从与支持；如果对方是同事，就要体现出同事间的友爱和团结互助，以及共同完成工作任务的态度；如果对方是有相关利益诉求的群众，就要体现出服务意识和对群众的关爱；如果对方是违反相关规定的行政相对人，就要体现出执法的严肃性、柔性、文明性。需要注意的是，我们在和对方交谈时，需要关注对方的心理状态，对方是焦虑、委屈、愤怒，还是绝望，这都需要我们在模拟时表现出不同的感情状态。二是精准审题。在审题时需要精准定位到核心问题，需要我们通过题干关键词之间的关联找到问题的核心所在。比如，向领导承认错误时，就不能仅仅告诉领导"我"错在哪里，还应有改"过"方案；再如，安慰被领导批评的同事，仅仅情感上的安慰是不够的，还需要和同事一起分析被领导批评的原因以及提出解决相关问题的可行性建议。三是表现得体。模拟时要把自己融入题目情境中，在脑中构建场景，态度要诚恳，要合法、合理、合情，感染力要强，使考官身临其境。态度诚恳就是要求我们能够设身处地地考虑交流双方的角色及情感状态，需要对对方一些为难的地方、利益诉求等进行充分考虑。感染力则更多地体现在语言表达上，人与人的交流必然会涉及一些感情色彩，或严肃、或欢快、或悲伤、或歉疚等，要体现这些感情色彩，则需要一些语言技巧。要使得我们的回答具备较强的感染力，则需要我们语言内容上的感情色彩与形式上的感情色彩合二为一，这样才能用语言的魅力打动考官。

答题步骤

1. 开好场。先打招呼，再自我介绍。针对不同的对象、不同的场景，打招呼的方式不一样。比如，向领导汇报工作时打招呼，劝说同事时打招呼，以及向来窗口办事的群众打招呼，都会有所区别。另外，如果能够在打招呼时，适当地假设一些场景，会使得开场更加自然，这就相当于为整个交流模拟提供了一个大的背景。比如，向领导汇报工作可以在领导办公室；劝说同事可以在单位食堂或者下班途中；向亲戚解释说明相关政策则可以假设自己登门拜访，直接问候对方或者家人身体健康。有些题干设置的场合，模拟对象并不认识自己或对自己不熟悉，这时候需要向对方介绍自己的身份。向对方介绍自己一要积极主动，二要与场景相符。

2. 讲好主体。引入主体可以开门见山，也可以委婉地、含蓄地展开，要视具体情况而定，视每个人的语言表达方式而定。主体部分是为了解决题干中的核心矛盾，应围绕核心矛盾展开，按照"法为天，理为先，情为重"的原则，要纳之以言，动之以情，晓之以理，申之以法，施之以方，助之以行。在劝说对方接受我的想法、建议的时候，要设身处地为对方着想，激发对方自身的感情，从而达到沟通的效果。比如，劝说、安慰被领导批评的同事时，可以采用先表扬、再剖析问题、然后再鼓励的方式。在完成前面的引导之后，就要向对方摆事实、讲道理，理智地分析事件的起因、经过、结果，告之相关法律法规，让对方认识到自己的过错。在以情动人、以理服人之后，对方基本上接受了正确的观点，这时候就需要适时地帮助对方分析并提出合理、可行、有效的解决方案，为他接下来的行动指明方向，并积极提供帮助和支持。

3. 讲好结束语。这一部分是整个模拟交流的结尾，虽说主体答题部分已经结束了，但一个漂亮的结尾仍然可以为我们的答题增色。结尾方式多种多样，要具体问题具体分析。总结式结束语：这种结束语的方式适合与同事讨论某项工作计划、安慰被领导批评的同事，或者是向领导汇报工作的场景。这时可以采用总括交谈要点的方式来结束本次谈话。展望式结束语：展望美好前景进行结尾，适用于劝说同事类的题目。比如，劝说同事接受我的工作建议，劝说被领导批评的同事，劝说同事多与其他同事交流，将来会使自己在学习、工作和生活中获得更大的进步和快乐。警示式结束语：告诉对方其行为可能存在的潜在危害，对自己不利，警示其不要犯类似错误。比如，针对涉嫌违法的同志，进行警示警告，避免不当行为再次发生。感谢式结束语：向对方支持我方工作或提出的意见，再次表示感谢，欢迎继续监督我们的工作，希望提出更多宝贵意见。

情境模拟类问题主要有安抚劝说类、解释说明类、公众发言（或开场白）类。

安抚劝说类问题

安抚劝说，就是让考生用恰当的语言安抚或说服对方，解决所设情境中出现的问题。

例 1

你和同事小李到某村调研乡村振兴工作。调研期间，小李和村党支部张书记在产业振兴上发生了激烈争执。村书记认为，要想振兴乡村，上级部门应该多给扶持资金。而小李认为，要振兴乡村，村干部应该自力更生，提升自己的发展本领。你作为同事，请现场模拟劝解，使小李和村书记达成一致意见并及时化解他们的矛盾。

【答题思路】

快速审阅题干，抓关键词句逐一剖析："你和同事小李到某村调研乡村振兴工作"是问题背景，既然是调研就应形成报告。"小李和村党支部张书记在产业振兴上发生了激烈争执"是围绕"产业振兴"产生的意见分歧，小李和村书记的出发点都是好的，都是为了工作，需要做好双方劝解，及时化解矛盾。"村书记认为，要想振兴乡村，上级部门应该多给扶持资金"是从外因方面来考虑，有道理，有资金才可以发展相应的产业，要分析如何争取资金。"小李认为，要振兴乡村，村干部应该自力更生，提升自己的发展本领"，是从内因方面来分析说明，也有道理，只有发挥主体作用，才能够真正地长远发展，要分析村里应该怎么做。"你作为同事"是角色定位。"达成一致意见并及时化解他们的矛盾"，可以把两者想法都写进方案中，争取领导的支持。需要将以上思路转化为亲和的语言，动之以情，晓之以理，充分劝说，消除两者的思想疙瘩，推进工作顺利完成。"请现场模拟劝解"：一是开场白，表明两者都有道理，但是争执解决不了问题，应冷静处理；二是讲好主体，针对小李和村书记的观点分别给予回应；三是结束语，团结奋斗，展望乡村振兴的美好愿景。

【参考答案】

（**讲好开场白**）书记，小李，咱都冷静冷静，大家都是真心实意为了咱村里的发展，没必要因为意见不同影响和气，来，咱们坐下来心平气和地好好分析分析。

（**讲好主体**）书记认为振兴乡村，上级部门应该多给扶持资金，很有道理，有了政府资金的扶持，咱们不管是招商引资还是发展产业都会更加顺利，不过俗话说得好，"打铁还需自身硬"，外部扶持有了，咱们自身能力上不去、不能很好地利用外部资源也不行。小李认为振兴乡村，要靠村干部自力更生，提升自己的发展本领，也很有道理，自力更生、艰苦创业一直都是我们党的优良传统和根本立足点，但是俗话说"巧妇难为无米之炊"，要是能加上外部的资金扶持咱们确实能够提高发展速度。所以说，你们俩的观点实际上是互补的。咱们之后的乡村产业振兴工作既要积极主动向上级争取资金扶持，又要坚持自力更生、艰苦创业的优良传统，不断提高自身的本领。咱可以进一步研究，如何争取资金支持和提升发展本领，把想法写进方案汇报给领导争取更多支持帮扶。

（**讲好结束语**）好了，咱们团结一致，踔厉奋发，争取早日实现乡村振兴的美好愿景吧！

例2

小王参加同学聚会，看到别人都很优秀，心里很郁闷。小王认为是领导不重视自己，在之后的工作中，小王故意犯错误，甚至和领导闹事儿，领导因此批评了他，他感到很沮丧。作为小王的同事，你会怎么劝说他？请现场模拟。

【**答题思路**】

快速审阅题干，抓关键词句逐一分析："小王参加同学聚会，看到别人都很优秀，心里很郁闷"，针对沟通对象的这一情绪，在劝说时语气要委婉，具有鼓励意味，同时要帮助他正确看待他人的优秀。"小王认为是领导不重视自己，在之后的工作中，小王故意犯错误，甚至和领导闹事儿"，需要对小王做思想工作，积极阳光看待领导，按照正确的原则对待领导，严谨认真，用心对待工作。"领导因此批评了他，他感到很沮丧"，需要帮助小王正确看待和对待领导的批评，整理心情，重振精神。分析可得，小王的心态不是那么阳光积极，所以需要正面劝说：同学的优秀对他来说，既是学习的榜样，又是奋斗的动力，还是遇到困难时的有力帮手；领导的不重视可能是他自以为不重视，或者说因为他工作平推平庸，没有引起领导的注意，因此应该想办法改进工作，争取赢得领导的赏识；故意犯错甚至和领导闹事违背了与领导相处的原则，应当是尊重适应、服从安排、接受批评教导。"作为小王的同事，你会怎么劝说他？请现场模拟。"首先，开场，假设场景是工作间隙，使开场自然；其次，主体内容要注意把握问题的本质，从题干关键词句中要答案，动之以情，晓之以理，进行劝说；最后，通过激励并助之以行的方式结尾。

【参考答案】

（讲好开场白）小王，现在忙吗？最近看你情绪不是很好呢，咱们一块儿共事这么久，有什么事儿咱俩交流交流。

（讲好主体）我记得你前一阵儿和我说，你参加了同学聚会，看到别人都很优秀？我很羡慕你呢！你想，你的同学很优秀，为你树立了学习的标杆和榜样，让你有了不断奋进的动力，而且作为你的同学，那么有本事，当你遇到困难的时候，不就有了更多解决问题的渠道和帮手了吗？我真的很羡慕你呢！其实，光羡慕有什么用呢！靠人不如靠己。关键是靠自己奋斗。正是因为咱平时工作平推平庸，缺乏特色，才没有引起领导的注意。咱们应该想办法改进工作方法，提升工作能力，争取取得好的业绩，从而赢得领导的赏识。除了自己奋斗之外，我认为，还要和领导处好关系，尊重服从领导，虚心接受领导的批评教育，咱们才能更好地进步成长！

（讲好结束语）小王，之后要是再有思想疙瘩解不开，就和我说说，咱们互相开导。另外，今后咱俩成立一个互助小组，互相学习，互相督促，把空闲的时间利用起来，你看咋样？

解释说明类问题

解释说明，一般是指沟通主体有异议，考生要向沟通对象阐述原因，说明情况，从而让沟通对象排除异议。

例3

某天，一位老人怒气冲天地到镇政府要求见镇长，可镇长正在会议室向上级汇报工作。你是镇政府接待人员，你怎么办？请你现场模拟。

【答题思路】

快速审阅题干，抓关键词句逐一剖析："一位老人怒气冲天"，要安抚群众的情绪。"要求见镇长，镇长正在会议室向上级汇报工作"，要向群众说明情况，解释清楚。"你是镇政府接待人员，你怎么办？"要落实好接待职责，热情接待，用心聆听，认真记录，及时协调和解决问题。自己能够解决的问题立即办，自己解决不了的可以请同事帮助，解决不了的就向领导汇报。"你怎么办？"首先，讲好开场白，问好，自我介绍，安抚情绪；其次，讲好主体内容，进行解释、倾听诉求并积极解决问题；最后，讲好结尾。

【参考答案】

（讲好开场白）大爷您好！我是咱镇政府的接待人员，您先喝口茶缓缓，消消气，有什么事情咱们慢慢说。

（讲好主体）您要找镇长？真不好意思，镇长现在正在开会，暂时不方便接待您，您有什么事情可以先跟我说，我看看能不能帮到您。要是我就能把问题办了，我会立刻帮您办理；如果我的同事或其他人能办了，我会协调他们帮您办；要是确实都解决不了您的问题，请您在休息室耐心等待一段时间，等镇长开完会，我马上做好接洽，安排您与镇长见面，您看这样可以吗？

（讲好结束语） 总之，咱们一定会想办法妥善解决您的问题和诉求的。

例 4

某日，你单位参与行风热线，有群众反映你单位存在服务态度不好、办事效率不高的问题。领导让你负责回应，你会怎么说？请现场模拟。

【答题思路】

快速审阅题干，抓关键词句逐一分析："你单位参与行风热线"，说明了这是听取群众心声，改进工作的一项重要活动；"有群众反映问题"，对待群众的提问，要诚恳地接受群众的批评；"服务态度不好"，要通过问询查明具体情况，及时为群众解决问题，事后对当事人批评教育；"办事效率不高"，可以问询了解具体哪个环节存在效率不高的问题，并询问群众有什么意见建议；"领导让你负责回应，你会怎么说？"说明情境是面对面接待群众，要热情亲切。一是讲好"开场白"。问好和自我介绍，并引入情境。二是讲好"主体"。感谢群众关注，表达深切歉意，了解具体情况，重点从群众反映的两方面问题进行了解，同时询问群众意见建议，向群众承诺会进行人员培训和环节优化等方面的整改。三是讲好"结束语"。再次表示感谢，欢迎群众监督。

【参考答案】

（**讲好开场白**）这位群众，您好！感谢您的提问，我们诚恳地接受您的批评，对于单位存在的问题，我们会查明情况，解决问题，改进工作，让群众满意！

（**讲好主体**）请问您在什么时间，具体办的什么业务，具体跟我说说，我记录一下……那您的业务最终得到办理了吗？如果没有，我想想如何解决您的问题，让您满意……通过这次业务办理体验，您认为我们应该在哪些环节提高效率，您有什么意见建议吗？请尽管提出，我们好不断改进工作！之后，根据您的意见建议，我们单位将重新审视工作流程，进行整改优化，同时事后对相关工作人员进行批评教育，并开展一次全员培训，提升同志们的服务意识和服务能力，希望您能满意。

（**讲好结束语**）再次感谢您的提问，欢迎您继续对我们进行监督，也希望您给我们工作提出更多宝贵意见！

公众发言类问题

公众发言，就是考生依据题目所设场景和身份，在相对正式的场合下，运用恰当的表达方式，对某一群体阐述信息、表达观点或者解决问题。比如，开展一项活动做一个开场白，要先打招呼，做自我介绍，然后阐明活动开展的背景、意义、要求及落实措施，最后展望或期盼好的效果。

例5

某地发生 3.9 级地震，居民楼房遭到破坏，出现群众受伤。市政府启动应急预案，组织地震、应急管理、医疗、消防、公安、通信、水电等部门工作以及各社区、单位展开救灾防灾工作。假如你是记者，请做一个现场报道。

【答题思路】

先审题干，抓关键词句逐一剖析："某地发生3.9级地震"，要介绍地震发生的时间、地点、震级、震源深度等基本情况。"居民楼房遭到破坏，出现群众受伤"，简要介绍房屋、设施的破坏情况，以及群众伤情。"启动应急预案"，说明政府积极迅速作为。"地震、应急管理、医疗、消防、公安、通信、水电等部门工作以及各社区、单位展开救灾防灾工作"，要对上述相关部门单位开展的救灾防灾工作进行简短阐述。"假如你是记者，请做一个现场报道。"首先要开好场，先打招呼，再进行自我介绍、告知自己所处位置。其次讲好主体，可结合公共危机类问题，就地震后现场情况和救援工作的开展进行描述。最后讲好结束语，对事件影响做出分析，公布救援情况，防止谣传和恐慌。

【参考答案】

（**讲好开场白**）各位观众朋友，大家好，我是XX电视台的记者XXX，我现在所在的地区是此次地震的震中XX地区。

（**讲好主体**）据地震局公布的数据，X月X日深夜3点，在XX地区发生3.9级地震，震源深度10千米，附近多地有震感。我身后就是XX地点，从现场可以看到，当地老旧居民楼房遭到不同程度的损坏，较多墙体外墙掉落甚至出现裂缝，部分群众受伤，截至目前，未接到人员死亡的报告。一些路口聚集了不少下楼躲避的市民，路上车辆明显增加造成部分路段拥堵。同时，可以看到现场多名领导调度指挥，各部门人员也在迅速开展救援工作。据了解，地震发生后，抗震救灾防灾指挥部、市应急管理局立即启动应急预案，迅速联合多部门成立工作小组，短时间内将医疗、消防、公安等队伍集结完毕，合理安排各方力量就近参加救援工作，现场多种救援力量正按职责分工做好各项工作。医疗部门正在对受伤群众进行救治；消防部门已经派出了10辆消防车，进行巡查并紧急营救受困群众；公安部门、交警部门正在妥善安置现场居民，做好科学疏散和维持秩序的工作；通信、水电等部门正抓紧时间检修，保障正常通讯和水电供应；各社区、单位工作人员及多支社会救援力量正在搭建应急帐篷，筹措、输送应急物资，为此次救援工作提供了坚实的后备保障。

（讲好结束语）经专业人员现场勘察，目前共有96处房屋受损、20人轻微伤，地震局通过数据监测等手段密切关注余震状况。我们也将积极对接相关部门，密切关注现场，及时为您报道救灾防灾进展。

例6

你被组织安排到某村挂职锻炼，担任村主任助理。村里的干部群众都不认识你，村委会召开见面会，村干部和群众代表参加，你如何发言？请现场模拟。

【答题思路】

快速审阅题干，抓关键词句逐一剖析："你被组织安排到某村挂职锻炼，担任村主任助理"，要认清自己的角色定位，村主任助理就是要协助村干部做好工作，明确目标一方面为了锻炼提升自己，另一方面为群众做好服务；"村里的干部群众都不认识你",要做好自我介绍,表明自己的态度,会积极向干部群众学习,请干部群众监督我的工作,并阐述自己会怎么做,争取干部群众的满意;"村干部和群众代表参加,你如何发言?"要体现出对群众的关爱和服务意识。首先,讲好开场白,进行自我介绍;然后,阐述"我"以后如何开展工作;最后,讲好结束语,展望未来。

【参考答案】

各位村干部、群众代表:

（**讲好开场白**）大家好,我是新来的村主任助理,大家可以叫我小张,我先简单作个自我介绍。我大学毕业之后,就进入了机关单位,然后响应党委政府的号召,来到咱们村,为群众做些事情。

（**讲好主体**）我来咱们村锻炼,不仅希望能够提升自己,更是希望能够协助村委会做好工作,更好地为群众服务。我没有基层工作经验,希望各位村干部和同志们对我多多指教,也请大家监督我的工作。俗话说:"众人是圣人,智慧在民间。"今后,我会主动向干部群众学习,深入到老乡们家中,与大家说说心里话,了解咱们的诉求,听取咱们的呼声,与大家处好关系,大家有什么问题也可以来找我,咱们商量着来,我一定会尽最大努力想大家之所想,急大家之所急,帮助大家解决问题,希望老乡们对咱的工作多多支持。

（**讲好结束语**）我相信,通过我们的共同努力,我们村的各项工作将会更上一层楼,谢谢大家!

组织活动类问题

　　组织活动类问题主要考查考生围绕工作目标和工作任务，科学安排时间，合理布局地点或地址，对人、财、物等各种资源进行最佳配置，协调各方面人际关系，选择恰当的方式方法，确保保质保量完成工作任务的能力。可细分为调研类、宣传类、会议类、培训类、接待类、活动策划类、专项整治类、筹划建立类。各种类型存在共同点，又具有差异性。

　　答题步骤基本相似，可概括如下：开头要表明态度，我将认真负责，精心筹划，周密部署，力争保质保量地完成好任务。**第一步，明确目的。**弄清活动的目的、意义和任务。**第二步，拟定方案。**联络相关同事或联合相关部门，成立工作小组，调查研究，集思广益，拟定初步方案（包括时间、地点、人物、对象、内容、方式方法，经费预算等），上报领导批准后方可实施。拟定方案是后续开展工作的基础，是活动开展的总体架构，相关的人际关系和复杂问题的处理都要从拟定方案考虑好，同时要注意报领导批准方可实施。**第三步，充分准备。**按照拟定的工作方案做好时间、地点、人物、方式方法、资金、邀请专家、印刷相关材料等各项筹备工作。**第四步，组织实施。**这是答案的主体部分，重点针对题干提出的核心内容和拟定方案中的具体措施作详细阐述。**第五步，汇报领导。**完成工作后，根据实际情况将过程、成效、群众反馈和建议等整合汇总成报告，呈报领导。**第六步，总

结提升。对活动成效进行评估，总结经验，汲取教训，为下次更好地组织此类活动奠定坚实的基础。

除了共性特点之外，每个类型又有不同的特色，分述举例如下：

调研类问题

调查研究是谋事之基、成事之道。没有调查，就没有发言权，更没有决策权。调查研究是获得真知灼见的源头活水，调查研究的过程就是领导干部提高认识能力、判断能力和工作能力的过程。重视调查研究是我们党在各个历史时期做好工作的重要传家宝，也是做好各项工作的基本功。回望党的历史，重视调查研究，坚持一切从实际出发，党和人民事业就蒸蒸日上；忽视调查研究，主观认识脱离客观实际，就会遭受挫折。

调查研究就是针对特定的调研对象，通过发放调查问卷、实地走访、召开座谈会、电话抽查访问、请教行家、大数据调查等多种调研方式，发现问题，剖析原因，提出可行性建议，形成务实有效的调研报告。

"衡量调查研究搞得好不好，不是看调查研究的规模有多大、时间有多长，也不是光看调研报告写得怎么样，关键要看调查研究的实效，看调研成果的运用，看能不能把问题解决好。"提出有独到见解的可行性建议，是调研的目的和核心，撰写报告部分要着重并简要回答。比如，为了防洪，调研修建水库，报告中要说明水库选址、建设时间、资金预算、承建方式等核心内容。

例1

为了更好地开展乡村振兴工作，镇长安排你到辖区各村开展调研。你如何开展这项活动？

【答题思路】

快速审阅题干，抓关键词句逐一分析："为了更好地开展乡村振兴工作"是工作目的；"镇长安排你到辖区各村开展调研"是具体工作任务。"你如何开展这项活动？"首先表明态度，然后按照明确目的、拟定方案、充分准备、开展调研、撰写报告、总结提升的框架完善作答。

【参考答案】

我将认真负责，精心筹划，力争保质保量地完成好这项调研任务。

1.明确目的。此次调研的目的是对辖区各村情况进行深入了解，提出对策，拟定乡村振兴方案，有的放矢地推动乡村振兴工作。

2.拟定方案。成立工作组，确定调研时间、范围、内容、方式方法，并据此设计调研表格，拟定初步方案，上报领导审批。

3.充分准备。分三个小组，每组一个负责人，一个组负责三个村，打印好工作表格、明确具体调研任务及要求，下发给各调研小组。

4.开展调研。通过实地走访和召开座谈会的形式，向各村村委会、扶贫村干部了解本村经济状况，包括经济来源、年总收入，人均收入等指标，并了解实施阶段可能会出现的一些问题以及处理方法；通过问卷调查，了解各户家庭就业情况、人口构成，意见诉求等；走访学校、医院、活动中心等场所，了解乡村文化教育发展、医疗卫生情况和业余文化生活等情况。

5.撰写报告。整理汇总三个组收集的资料，将此次调研的基本情况及提出的乡村振兴建议，如技术振兴、就业振兴、财政补贴等，拟成乡村振兴方案，上报领导。

6. 总结提升。对此次调研成效进行评估，总结经验，汲取教训，为下次类似调研活动奠定基础。

宣传类问题

宣传类问题旨在广而告之，增强知晓度。通过广播、拉条幅、发放宣传单、张贴公告栏、网络、视频播放、主办讲座、参观学习、趣味活动等多种方式，增强宣传效果。宣传结束后，征集意见建议了解宣传成效，整理材料发布于媒体，巩固强化宣传效果。

例 2

某地樱桃质量非常好，领导让你安排一次樱桃展销会，你如何举办？

【答题思路】

快速审阅题干，抓关键词句逐一剖析："樱桃质量非常好"，表明产品好，可作为卖点宣传。"领导让你安排一次樱桃展销会"，是活动形式，可从三个方面进行：一是在消费者集中的某大城市举办展销活动，邀请专业人士现场讲解和消费者品尝，并畅谈品尝感受；二是在樱桃园种植园举办展销活动，请经销商及消费者现场亲自采摘、品尝参观，采访品尝效果；三是在网上举办展销会，将线下活动通过照片、视频、文字等搬到网上同步宣传推介。"你如何举办？"首先表明态度，然后明确目的、拟定方案、做好筹备、组织展销、提升效果，最后总结报告。

【参考答案】

我将秉持认真负责的态度，集思广益，统筹安排，灵活多样，力争保质保量完成好此次展销活动。

1. 明确目的。此次活动的目的是提高樱桃知名度，扩大樱桃销售，增加樱桃种植户的收入。

2. 拟定方案。事前充分调研，了解消费者消费倾向，借鉴参考成功案例，拟定初步方案，包括时间、地点、邀请人员、活动内容、资金预算等，并报请领导审阅，根据领导的意见进一步完善方案。

3. 做好筹备。通过网络宣传告知消费者展销会举办时间、地点、内容，布置樱桃园、某城市两个活动场地，制定宣传手册等。

4. 组织展销。从以下几个方面进行：一是在消费者集中的某大城市举办展销活动，邀请专业人士现场讲解和消费者品尝，并畅谈品尝感受；二是在樱桃园种植园举办展销活动，邀请经销商及消费者现场亲自采摘、品尝参观，采访品尝效果；三是在网上举办展销会，将线下活动的照片、视频、文字等上传网络，同步宣传推介。

5. 提升效果。在活动的过程中，及时听取经销商及消费者的反馈意见，改善活动质效，提升展销活动的实效性。

6. 总结汇报。活动后，将活动过程以及改进意见形成报告汇报给领导。同时总结经验，汲取教训，为下次活动打下坚实基础。

会议类问题

会议类问题要明确会议主题，确定开会的时间、地点、参加人员、主要内容、领导讲话、主持人等，组织好会议，会后将会议精神形成书面资料下发，或通过将视频材料上传官网等方式，做好会议精神的贯彻落实。如果开座谈会，要提前通知开会人员准备好讲话稿。

例3

你所在的镇政府拟举办安全生产专题会议，领导让你负责组织，你怎么办？

【答题思路】

快速审阅题干，抓关键词句逐一剖析："镇政府"，下辖农业、工业、商贸等多个产业部门及村（社区），可以确定参加会议的人员有村（社区）干部、企业负责人以及商贸负责人。"安全生产专题会议"，是此次会议的内容，可先安排镇政府领导讲述安全生产的重要性；其次选择3－5名村（社区）干部、企业负责人、商业负责人代表分享安全生产的经验做法；最后播放安全事故警示片，普及安全知识。"你怎么办？"一是明确目的；二是拟定方案；三是充分准备；四是组织会议；五是传达落实；六是总结汇报。

【参考答案】

我将本着认真负责的态度，主动协调各部门人员，统筹安排，积极组织此次会议。

1. 明确目的。 此次会议的目的是保障安全生产，保护群众的人身财产安全。

2. 拟定方案。 通过查阅相关资料，集思广益，确定参会的人员为村（社区）干部、企业负责人、商业负责人以及相关领导，确定会议举办的时间、地点、人员、会议内容等，拟定一个初步方案，汇报给领导进行审批。

3. 充分准备。 及时下发通知，请相关参会发言人准备好发言稿，同时准备好相关的宣传资料。

4. 组织会议。会前，布置会场，检查相关设备，确保设备能够正常使用，并做好疫情防控工作。会中，一是由领导讲述安全生产的重要性，并提要求；二是请3－5名村（社区）干部、企业负责人、商业负责人代表分享安全生产的经验做法；三是播放安全事故的录像，做好安全警示，普及安全生产知识；四是与相关责任人签订安全生产责任书。安排秘书人员做好会议记录。

5. 传达落实。会后，将会议精神和经验形成文件下发各部门，相关视频资料上传官网巩固会议效果。

6. 总结汇报。将此次会议的过程、记录的相关经验、做法、反馈意见等汇总成报告，汇报给领导。通过此次活动，总结经验，汲取教训，为下一次更好的组织活动积累经验。

培训类问题

培训类问题重点要阐述培训的内容、方式和效果，特别是突出针对性和实效性。要提前摸底调研，了解学员的需求和具体情况，对于不同类型的培训对象要采取不同的培训方式，因材施教。同时，要精选培训教师和培训教材，提升培训效果。培训结束后，要通过理论考试、谈心得体会、举办演讲比赛等多种方式，检验、强化培训效果，并收集意见建议以便之后改进提升。

例4

某单位组织全体人员学习党的二十大精神，领导让你负责组织这次学习活动，你如何组织？

【答题思路】

快速审阅题干，抓关键词句逐一剖析："单位组织全体人员"

点出参加人员，因此要做好前期宣传，积极动员。"学习党的二十大精神"是培训内容，通过邀请党校讲师、宣传部讲师团进行讲解，领会党的二十大精神，并在培训后进行考核，巩固培训成果。"你如何组织？"首先表明态度，然后按照明确目的、拟定方案、充分准备、组织培训、巩固效果、撰写报告、总结提升的框架完成作答。

【参考答案】

我将认真负责，精心筹划，周密部署，力争保质保量地完成好任务。

1.明确目的。 本次学习活动的目的在于在单位内传达、贯彻和落实党的二十大会议精神。

2.拟定方案。 参照上级有关要求，根据领导的意见建议，拟定初步方案。包括活动的时间（时长）、地点、参加活动人员、内容、方式方法、经费预算等，上报领导批准后方可实施。

3.筹备工作。 邀请党校讲师、宣传部讲师团等解读党的二十大精神，准备相关宣传、学习资料，把拟定方案通过单位网站或微信推送传达给同志们，让他们知悉活动的相关信息，从而安排出每天的学习时间，做好准备。

4.组织培训。 培训前，通过单位工作群发放通知、拉条幅、贴海报等形式向单位内同事宣传学习贯彻党的二十大精神的重要意义，以及相关培训安排；培训过程中，请讲师通过演示文稿、视频、图文等形式解读党的二十大精神。

5.巩固效果。 培训后，通过撰写心得体会、演讲比赛以及考试等多种方式深化和检验学习效果。同时，做好录像工作，上传网站或自媒体，以供后续学习，形成长效机制。

6. 撰写报告。活动结束后，将活动过程、效果反馈、改进意见等整合汇总成报告，呈报领导。

7. 总结提升。对活动的成效进行评估，总结经验，汲取教训，为下次更好地组织活动奠定坚实的基础。

接待类问题

接待类问题要提前与联络员或负责人联络沟通，弄清接待人数及身份、来访目的、车辆路线、餐饮住宿等，做好疫情防控和安保工作。做好接待善后工作，如举办欢送会、合影留念等。

例5

党的二十大精神宣讲团要到你县开展宣讲工作，领导安排你负责接待，请问你如何做？

【答题思路】

快速审阅题干，抓关键词句逐一剖析："党的二十大精神宣讲团"是接待对象，"要到你县开展宣讲工作"说明活动的目的是宣传和贯彻党的二十大精神；"领导安排你负责接待"是"我"的工作任务，作答要突出接待活动的特点。"你如何做？"一是表明态度；二是明确目的；三是拟定方案；四是充分准备；五是组织实施；六是总结汇报。

【参考答案】

1. 表明态度。我会认真负责，统筹安排，保证这次活动的顺利开展。

2. 明确目的。此次活动的目的是做好接待工作，服务好党的二十大精神宣讲团。

3. 拟定方案。联系宣讲团联络员，确定到达的时间、本次活动的日程、人数等情况，安排好车辆、安保、防疫，拟定初步方案，上交给领导进行审批。

4. 充分准备。确定宣讲团成员的身份，选定合适人员迎接，安排好车辆与宾馆；了解宣讲团的日程安排、活动内容，安排摄像人员，做好物资经费预算和活动应急预案；确定安保、疫情防控等后勤保障工作。

5. 组织接待。根据到达时间、地点，做好热情迎接、饮食安全、防疫安全等工作；活动过程中积极配合做好宣讲工作，安排好摄影摄像、安保等；活动结束后，安排车辆将来宾安全送回，并将此次宣讲活动传达的精神形成文件资料下发各单位，以供后续学习和贯彻落实。

6. 总结汇报。将此次宣讲活动的主旨内容进行汇总，做好党的二十大精神的贯彻落实，并将此次接待的情况汇报给领导。总结此次接待活动的经验，汲取教训，为下次做好接待工作奠定基础。

策划活动类问题

策划活动类问题是指没有既定主题、既定形式的活动，或是让考生制订一个活动方案，或是让考生开展一次竞赛活动等。通常情况下，策划活动类问题涉及范围较广，形式及主题较为灵活，主要有演讲比赛、运动会、联欢会、读书会等。这类题目的设问方式一般为"如何开展""如何组织""如何让活动更有新意"，等等。考生需要注意的是，这种日常活动没有固定的内容或形式，考生在答题时，一定要根据具体的活动主题，确定活动内容和活动形式。

例 6

为了庆祝建党一百周年，你单位拟举办一次文艺晚会，领导让负责，请问你如何组织？

【答题思路】

快速审阅题干，抓关键词句逐一剖析："庆祝建党一百周年"是活动内容；"举办一次文艺晚会"，是活动形式；"领导让负责"，要紧紧围绕建党一百周年这个特定主题进行，倾听领导和同志们的意见，拟定晚会的举办方案；"你如何组织？"一是明确目的意义；二是拟定方案；三是做好前期筹备；四是举办晚会；五宣传推广；六是总结提升。

【参考答案】

我将秉持认真负责的态度，集思广益，统筹安排，力争保质保量完成任务。

1. 明确目的。此次活动的目的是庆祝建党一百周年，了解党史，深化感悟建党精神。

2. 拟定方案。征集领导和同志们的意见建议，借鉴参考以往成功经验，形成初步方案，包括时间、地点、活动方式、节目名单、演唱者、资金预算等，并报请领导审阅，根据领导的意见进一步完善工作方案。

3. 充分准备。进行会场布置，购买增加庆祝气氛的物品，如气球、条幅、庆祝礼物；精选节目主持人、舞台演员等相关人员；选择有经验的同事，组建队伍，为晚会的安全巡逻、防疫工作、紧急救助等方面做足准备。通过社区公告栏、微信群下发活动通知，告之活动时间、主题、内容、参与方式。

4. 举办晚会。通过颂唱经典红歌，诵读诗篇传播红色文化。

比如，唱《没有共产党就没有新中国》等经典红歌，朗诵《永远跟党走》等感恩祖国为主题的动人诗篇。通过舞台剧表演重温经典场景。聚焦于党史、有历史意义的重点事件，让同志们感受共产党波澜壮阔的历史，感受国家的发展和繁荣。邀请抗战老兵，讲述革命故事，学习老兵艰苦奋斗精神。与此同时，可现场互动。

5. 宣传推广。活动结束后，可以将相关视频资料发布到网站进行宣传，扩大教育面。

6. 总结提升。撰写报告，汇报领导。同时总结经验，汲取教训，为下次活动打下坚实基础。

专项整治类问题

专项整治类问题通常指由政府主管部门或多个部门，在一定时间段，针对某个行业突出的问题，从重从快进行行政检查、集中教育、执法处罚的行动。包括网络整治、扫黑除恶、安全检查、环保督察，等等。主要答题步骤是：与相关部门沟通协商，成立工作小组，展开调研，拟定工作方案，先自查自纠、警示教育，然后问责惩处，同时做好监督，最后验收评价。在组织实施的环节中要着重体现：动员大会，自查自纠，集中教育，依法查处，处罚问责，成果巩固等。简而言之，就是先"整"后"治"。

例 7

某市拟开展文化市场专项整顿活动，由文化、宣传、公安等部门联合行动，领导安排你牵头负责，你如何组织？请谈谈你的想法。

【答题思路】

快速审阅题干，抓关键词句逐一剖析："开展文化市场专项整顿活动"，需要明确活动的目的意义，旨在规范文化市场经营秩序，查处违法违规行为，净化文化市场环境；"由文化、宣传、公安等部门联合行动"，需要与相关部门沟通协商，成立工作小组，展开调研，拟定工作方案；"如何组织？"首先表明态度，然后按照明确整顿目的、拟定方案、充分准备、警示教育、集中整治、巩固效果、总结提升的步骤完善作答。

【参考答案】

我将认真负责，积极协调各部门，分工协作，开展好文化市场专项整顿活动。

1. 明确目的。此次整治活动是为了整顿文化市场环境，规范文化市场经营秩序，查处淫秽色情、暴力恐怖迷信等违规违法经营行为，扫除文化垃圾，营造健康向上的社会文化环境。

2. 拟定方案。邀请文化、宣传和公安部门联合办公，分成文化组、宣传组、整治组、监督组4个小组，共同研究整顿活动的内容、流程、人员、时间、地点、范围等各个要素，拟定初步方案上交给领导审批。

3. 充分准备。根据活动方案做好各项准备，如制定宣传手册，调研市场中存在的问题、违规违法行为集中的地方。

4. 警示教育。由文化部门和宣传部门组成的宣传组，利用网站、公众号推送文化市场整顿通知及要求，在人流密集的地方，通过拉横幅的方式告知群众此次整顿活动，让相关商户自查自纠，及时纠错。

5. 集中整治。由文化和公安部门组成的整治组加大巡逻力度，检查文化经营场所，记录业户经营状况，及时发现文化市场中网上网下存在的问题，鼓励群众进行举报。对明令禁止的淫秽色情、暴力恐怖迷信产品等加大执法力度，进行重点整治。对于情节严重的，及时给予处罚。

6. 巩固效果。 整治结束后，由文化部门组成的监督组随时抽查，进行效果评估。宣传部门将此次活动的视频上传到网络，进一步扩大宣传教育效果。

7. 总结提升。 将此次专项整治活动，形成总结报告，汇报给领导。同时，总结经验，汲取教训，形成统筹协调、联防协作、群防群治的工作机制，为下次开展类似专项整治活动奠定基础。

筹划建设类问题

筹划建设类问题是指通过筹措计划，选择好建设地址或虚拟平台，管好用好资金，科学合理地规划建立某种事物。如，学校、养老院、办公大楼、网站、微信公众号等。主要步骤是：调研需求，征集意见（包括自然资源、规划部门、住建部门、环保部门、服务对象、周边居民等），集思广益，确定最佳建设地址、资金筹措方式和建设队伍，拟定方案，组织建设，评估验收，总结报告等。这类活动往往需要大量资金，资金来源可通过财政拨款、企业赞助、社会捐赠等多种渠道。建设项目要采取公开招投标方式进行，资金使用要确保阳光透明，接受群众监督，发挥最大效益。

例 8

为方便群众学习，某县城区拟建设 3 家阅读小屋。领导安排你负责办理，你怎么做？

【答题思路】

这是一道既建好阅读小屋又要管好阅读小屋的综合题。

先审题干，抓关键词句逐一剖析："为方便群众学习"，需要把阅读小屋建在群众方便学习的位置，同时购置群众需求的图书；"拟建设阅读小屋"，需要着重考虑选址、资金来源、招聘施工队伍、做好监管、确保安全、后期管理和内部物资购置等事宜，同时考虑图书筹备、图书质量及吸引力、专人管理等事宜；"领导安排你负责办理"，要全面负责，综合谋划；"你怎么做？"首先表明态度，然后按照明确目的、拟定方案、做好筹备、组织实施、效果验收和总结报告的步骤展开。

【参考答案】

1. 表明态度。我会本着"认真负责，统筹安排"的原则，力争高质高效地完成好这项工作任务。

2. 明确目的。建设阅读小屋，主要是为了满足群众学习需求。

3. 拟定方案。成立工作小组，做好调查研究，征求住建部门、国土部门、文化部门等的意见，充分听取社区居民意见诉求，明确建设时段、选址、资金筹措、施工队伍、图书购置、图书管理员招聘等，通过财政拨款、企业赞助和单位自筹等渠道筹集资金，拟定初步方案，上报领导审批。

4. 做好筹备。按照方案，做好各种筹备工作。

5. 组织实施。通过招投标确定优秀的施工队伍，督促施工队开工建设，确保安全施工；同时邀请质检工作人员做好监督工作，确保工程质量；实行财务公开，确保资金使用透明、合理、科学；通过文化部门赞助、自行购买、群众捐助等方式，解决图书问题；通过社区招聘，安排专人管理图书。

6. 效果验收。建设完毕后，请专业人士检查验收，发挥阅读小屋的作用，同时不断听取群众意见建议，提升阅读小屋的服务水平，让群众满意。

7.总结报告。将施工过程、资金使用、建设成效、阅读效果等汇总形成报告，汇报给领导。总结经验，汲取教训，为下次筹划类似工作奠定基础。

社会现象类问题

社会现象类问题是指涉及政治、经济、文化、社会、教育、科技、医疗、生态等领域的时事热点。可分为积极类、消极类和利弊混杂类。

积极类社会现象

主要答题步骤是：一是给予肯定；二是阐明积极意义或好处；三是分析原因；四是提出推进措施；五是联系实际谈个人践行。需要注意的是：大凡好政策、好人物、好做法等一切有利于文明进步的人和事，联系个人时要当好宣传员、弘扬者和践行者。相反，消极错误的言行，个人要自觉抵制、劝阻他人。

例1

2023年2月17日，一处环卫工人爱心小屋在街头亮相，"累了你就歇歇脚！"据了解，这处爱心小屋是由闲置的核酸采样亭改造的，为城市美容师们献上了一份礼物，请谈谈你的看法。

【答题思路】

先审题干，抓关键词句逐一剖析："环卫工人爱心小屋"，说明小屋目前适用范围有限，仅能供环卫工人使用，未来可以扩大范围；"由闲置的核酸采样亭改造的"，说明让核酸小屋发挥余热，可以最大程度利用闲置资源，减少人力物力财力资源浪费；

"为城市美容师们献上了一份礼物"，体现了人文关怀，传递爱的温度，利于建设和谐文明社会；"请谈谈你的看法。"要结合实际谈看法，目前环卫工人小屋刚刚投入使用，各种配套不完善，需要我们思考可能存在哪些问题，并针对问题提出对策。因此确定答题思路：一是亮明观点，表示支持；二是分析积极意义；三是分析存在问题；四是针对问题提出对策；五是结合自身谈实践。

【参考答案】

1. 亮明观点。核酸小屋"再就业"，成为环卫工人的避风港，是一项温暖人心的好举措，值得支持和鼓励。

2. 积极意义。好处一，核酸小屋发挥余热，可以最大程度利用闲置资源，减少人力物力财力浪费；好处二，环卫工人起早贪黑风吹日晒，工作非常辛苦，为他们提供场所休息展现了人文关怀，传递了爱的温度，有利于和谐文明社会建设。

3. 存在问题。问题一，环卫工人不知道，不敢进；问题二，利用率低，房间上锁无法使用；问题三，缺少道路指示标志，难以找到爱心小屋；问题四，变成杂物间被占用；问题五，设施不健全，房间空置；问题六，适用范围较小，利用率低，可以适当扩充。

4. 应对措施。措施一，加强宣传，利用三微一端、抖音等百姓喜闻乐见的方式宣传引导，同时将爱心小屋打造成"文明城市创建""垃圾分类"等内容的宣传服务阵地；措施二，开放使用，清理占用杂物，张贴公益广告和使用须知，杜绝占用；措施三，加设指引路标和温馨提示；措施四，开展志愿服务，专人引导进入休息；措施五，提高服务质量，完善设施，如桌椅，餐具，饮水机，微波炉，医疗急救药箱等，体现实用性和功能性；措施六，拓宽适用范围，老人、孩童、孕妇等群体皆可使用。

5.个人践行。主动加入爱心小屋志愿服务团队，提供力所能及的帮助，为建设和谐文明社会贡献自己的力量。

例2

2023年，淄博烧烤火出圈，请谈谈对你市高质量发展有什么启示？

【答题思路】

快速审阅题干，抓关键词句逐一剖析："淄博烧烤火出圈"，这是一种现象级的爆火，应该深挖爆火原因，淄博烧烤火出圈，不只是表面的烧烤，而借烧烤之名，展现了当地政通人和的社会环境。"请谈谈对你市高质量发展有什么启示？"我们应该立足实际，对于好的做法学习借鉴，出现的问题引以为戒，加以规避。一是亮明观点；二是分析原因；三是谈启示做法；四是总结落实。

【参考答案】

1.亮明观点。淄博烧烤的爆火出圈，为其他城市发展文旅产业以及各项事业的健康发展注入了信心和动力，我们应该加以学习和借鉴。

2.分析原因。淄博烧烤火出圈的原因是多方面的。原因一，政府服务和管理到位。淄博市政府提供优质服务，完善城市治理，做好交通、饮食、住宿、安全等方面的保障。原因二，宣传推广好。从网红打卡到文旅干部亲自下场直播，淄博市利用新兴媒体平台做足了宣传。原因三，善于创新，打造地方特色。全国有很多个"烧烤圣地"，而淄博却打造出了烤炉小饼加蘸料的灵魂吃法。原因四，人文关怀好。淄博人民把游客的需求当作一切的出发点和落脚点，这吸引大量游客来感受烟火气和人文气息。

3. 启示做法。淄博烧烤的爆火出圈，对于我们当地各项事业发展具有以下启示：启示一，强化管理和服务。设置前往各个景点的公交专线，可根据游客需要提供游玩、住宿、吃饭、交通一条龙服务，相关部门不定期进行食品安全检查、安保人员巡逻、察看出租车是否宰客等活动。强化公共服务与保障，让游客感受到我们这座城市的便捷、温暖和舒心。启示二，巧用流量进行推广宣传。俗话说"酒香也怕巷子深。"淄博烧烤再好吃，如果没有借助自媒体平台、网红大 V、文旅干部等宣传也不会被大家所知晓。比如，泰安市可以当地的标志性景点泰山为切入口，深挖其历史、人文、美食等资源，借助互联网传播，吸引更多的游客前来旅游。启示三，抓住特色，打造品牌。在同质化严重的旅游市场，能吸引游客眼球的必定是特色性的产品。我们应立足当地实际，抓住当地特色，善于创新，比如有些地方发展的樱桃园、肥桃镇。启示四，优化产业结构。淄博借"烧烤"知名火出圈，而非高科技或新兴产业。我们当地在发展时应充分调动各种生产要素，推动一二三产业协同发展，实现三产融合，能够推出更多健康、环保、可持续性的产业。启示五，持续优化营商环境，推动当地各项事业健康长远发展。可出台好的营商政策，吸引外商前来投资创业，吸引人才前来就业，营造良好的市场环境。

4. 总结落实。只要我们立足于本地实际，勇于创新，完善软硬件配套设施，善于营销，持续优化营商环境，定能够推动我市各项事业高质量发展。

消极类社会现象

主要答题步骤是：一是给予否定；二是阐明其危害，如，危害身心健康、增加家庭负担、影响社会风气、不利于国家和民族未来发展等；三是溯本追源，分析问题产生的原因，如，责任主体缺乏社会责任感、监管部门监管不力、社会舆论引导不力、教育部门教育管理不力、个体对危害认识不足抵制不力等；四是多措并举，根据原因提出对策，可以从责任主体、监管部门、教育部门、社会舆论、个人等方面提出；五是联系实际，谈个人践行。

例3

2023年春晚小品《坑》，上演了一则关于"躺平式"干部的"官场现形记"。近年来，机关单位中有些"躺平式"干部，不愿意承担责任，对上级的要求不认真落实，对同事的态度不冷不热，对于群众渴望解决的问题也不闻不问。对于"躺平式"干部，谈谈你的看法。

【答题思路】

先审题干，抓关键词句逐一分析："躺平式"干部，说明是一种不良现象，要阐述其危害，分析产生原因，提出对策。"谈谈你的看法。"一是亮明观点；二是分析危害；三是分析原因；四是提出对策；五是谈个人践行。

【参考答案】

1. **亮明观点。** 干部，干字当头；公仆，公字为本。干部干部，"干"是第一位的。"躺平式"干部严重损害了党和国家的形象，侵蚀了群众的获得感和幸福感，我们要坚决抵制。

2. **主要危害。** 公职队伍"躺平"现象主要有以下危害：危害一，不利于干部自身的成长与发展。干部选择"躺平"会使得个人会丧失斗志，对人生事业的发展迷失方向，最终碌碌无为，沦为尸位素餐的"寄生虫"。危害二，不利于干部队伍的建设与发展。"躺平式"干部的不作为，久而久之可能会形成"破窗效应"，致使他人纷纷效仿，从而带坏了工作作风，不利于干部队伍的建设与发展。危害三，贻误党和国家事业发展，损害民生福祉，伤害群众百姓的心。

3. 产生原因。"躺平式"干部产生的原因是多方面的：原因一，个人理想信念缺失。部分公职人员存在"混吃等死""养老"等错误的职业观念。原因二，工作任务繁重。部分岗位工作任务繁重，人员不足或分工不清晰，在面对上级和群众各种任务和需求时，有些公职人员工作繁忙，无法按时保质保量完成任务，从而选择"躺平"。一些干部压力大难以承受，就本着"多干多错，少干少错、不干不错"的心态来开展工作，甚至直接避事避责。原因三，用人单位忽视思想政治建设。一些机关单位，思想阵地建设缺失，只抓业务不抓思想建设。原因四，激励机制不科学。有些单位评价机制不健全，干好干坏一个样，积极主动和被动一个样，加班加点和到点回家一个样，出现"论资排辈"等问题，极大地打击了党员干部干事的积极性，致使很多干部只愿干好本职，或者直接选择"躺平"。原因五，纪检监察部门对"躺平式"干部的监督缺乏有效措施，监管不力。

4. 提出对策。为改变干部"躺平"现象，纠治"躺平式"干部，需要各方发力：对策一，广大干部要自觉树立正确的职业观。强化为民服务的公仆意识，树立正确的人生观、价值观，在基层岗位上找到自己的价值。对策二，单位要加强思想建设。用人单位要加强党员干部思想建设，加强党员干部党性修养建设，多种形式筑牢干部思想根基。对策三，建立健全激励机制。健全干部评价机制，通过选拔干部标准的制定、突出贡献干部晋升机制探索等方式，识别、选准、用好干部。坚持"提拔干部要优先提拔一线的，经过艰苦复杂岗位考验的干部"的原则，坚决对"躺平者"说不，坚定为担当者叫好，选拔出"闯将""干将"，以正向激励打破干多干少、干好干坏一个样的怪圈。对策四，严格落实监督惩治。各级组织、纪检部门要联合起来，对于不思进取、不愿作为的"躺平式"干部，要充分运用监督的武器，根据准确界定的职责范围，把"板子"打到具体人身上。对有"躺平"苗头的干部，可采用谈话、函询诫勉谈话等方式及时咬耳扯袖，做到早发现、早提醒、早纠正，防止小问题演变成大问题。对于恶意"躺平"的干部该调整的及时调整，该问责的坚决问责，以严格监督执纪倒逼党员干部转作风改作风，真正形成"躺平者下""躺平者汰"的用人导向和从政环境。

5. 个人践行。 大道至简，实干为要。新征程是充满光荣和梦想的远征，没有捷径，唯有实干。如果被录用走向工作岗位后，我将积极担当作为，为党和人民履职尽责，坚决对"躺平"说"不"，力争做一名优秀的公职人员。

例4

某小区一名住户搞装修，擅自将承重墙打通准备开健身房，结果导致相邻楼层相继出现裂缝，多户居民被小区物业连夜紧急疏散。如此"野蛮装修"，请谈谈你的看法。

【答题思路】

审题干，抓关键词句逐一分析："一名住户搞装修，擅自将承重墙打通准备开健身房"说明住户缺乏相应公共安全知识，肆意妄为；装修公司不正规，任由住户安排；同时还反映出物业公司的不作为，没有及时发现问题。"结果导致相邻楼层相继出现裂缝"成为危房，严重危害社会公众安全，同时还造成了大量经济损失。"居民被小区物业连夜紧急疏散"使住户有家不能回，严重影响其他住户的日常生活。"请谈谈你的看法。"一是亮明观点；二是阐述危害；三是分析原因；四是提出对策；五谈个人践行。

【参考答案】

1. 亮明观点。"野蛮装修"不仅违反法律法规，而且存在巨大安全隐患，必须要严厉禁止，防止类似事件发生。

2. 主要危害。危害一，整栋楼都成了危房，严重危害公共安全。危害二，多户业主可能面临房屋无法使用、贷款无法还清等困境，要想获得合理的赔偿，还需要经过漫长的诉讼过程，而且要承担一系列开支。危害三，住户和装修公司将面临刑事处罚、行政处罚和巨额民事赔偿，可能因此倾家荡产、名声扫地。

3. 分析原因。原因一，房主自私自利，缺乏责任意识、公共安全意识，对于违规装修的危害认识严重不足。原因二，装修公司无视法律法规，唯利是图，只要雇主给钱，他们就会按照雇主的要求进行改装，不考虑后果，同时工人缺乏相应的素质与技能。原因三，物业的监管不完善，审核装修方案时不认真，没有及时发现问题，放任大型机器进入住宅。原因四，监管缺失，没有形成法律威慑力。原因五，群众安全意识薄弱，没有及时制止。

4. 提出对策。措施一，业主要增强公共安全意识、责任意识，不得随意改变建筑物的结构。措施二，装修公司要增强社会责任感，加强相关的培训和教育，提高施工工人的安全意识和技能。措施三，物业公司要及时监督。加强对住户装修活动的指导和监督，及时发现并制止类似违规行为，保障公众的安全和利益。措施四，加强建筑监管，加大惩治力度。相关的监管部门应该对房屋建筑进行全面的检查和监管，对违法装修的做法加大惩处力度，加强对私拆承重墙的法律威慑。措施五，加强社会宣传和教育。通过各种渠道普及建筑安全知识，增强公众的安全意识和责任意识，避免类似事件的再次发生。

5. 个人践行。我将引以为戒，在社会生活中，守公德，严私德，做好正面宣传，做一个维护公共安全的好公民。

利弊混杂类社会现象

要一分为二辩证看，分析利弊全面看，化弊为利正确看，合理规划向前看，特别是对于新生事物要肯定积极面，避免消极面。可按如下步骤作答：一是亮明观点，要辩证看待；二是分析好处；三是分析坏处；四是化弊为利，发挥好处，规避坏处；五是联系实际，谈个人践行。

例5

"三门干部"指干部出了家门进校门，出了校门进机关门。工作有干劲，但老百姓说这样的干部不接地气，与群众无话可说。你怎么看？

【答题思路】

先审题干，抓关键词句逐一剖析："'三门干部'指干部出了家门进校门，出了校门进机关门"，说明三门干部脱离实践，脱离群众，对基层认知不足；"工作有干劲"是其优点；"但老百姓说这样的干部不接地气，与群众无话可说"，说明老百姓对这样的干部不满意。"你怎么看？"首先，亮明观点，"三门干部"的产生有其现实背景，虽然本身也很有干劲，但是距离"人民心中"的好干部还有距离；其次，分析"三门干部"存在的问题及原因；再次，根据原因提出解决措施；最后，谈个人践行。

【参考答案】

1. 亮明观点。治国安邦，重在基层；管党兴党，重在基础。基层是党的执政之基、力量之源。领导干部只有深入群众，才能摸透实情，才能精准决策，更好地为群众服务。显然，"三门干部"有其存在的现实背景，距离"人民心中"的好干部还有距离，应改进思想，转变方法，主动作为，提高实际工作能力。

2. 存在问题。"三门干部"从小到大，规规矩矩上学，毕了业就进入机关工作，虽然有干劲，但因缺乏基层实践与群众工作经验，容易"纸上谈兵"，脱离实际，形成形式主义、官僚主义作风。

3. 产生原因。"三门干部"产生的原因有：原因一，个人社会阅历不够，角色转变困难；原因二，家庭、学校在其成长过程中过于重视书本知识和学业成绩，忽视其实践能力和群众工作能力的培养；原因三，机关机制不健全，缺乏实践教育和群众教育。

4. 解决措施。针对三门干部存在的缺陷，应从四个方面入手，培养实践能力，践行群众路线。措施一，"三门干部"要转变思想观念。树立为人民服务的意识，明确角色定位，践行群众路线，多向群众、实践学习。措施二，家庭要重视实践教育。家长对孩子的教育不能只重视书本，不能只看学业成绩，要引导孩子积极参加植树活动、志愿者服务等多种形式的社会实践活动。措施三，学校要抓好实践教育。各级教育部门不仅要抓学习成绩，还要设置专门的实践课程，让学生参与丰富的课外实践活动，使其在实践锻炼中磨炼真本领，防止把学生培养成"书呆子"。措施四，机关单位要重视实践锻炼。党委部门应完善干部下基层的管理机制，健全干部实践管理考核制度，定期组织党员干部走进农村、走进工厂、走进群众，为基层解决实际问题，做好群众工作。

5. 个人践行。实践出真知，磨炼长才干。作为我个人要树牢实践观点，践行群众路线，坚持"从群众中来，到群众中去"，拜群众为师，向群众学习，深入基层，深入实践，通过学思践悟提升自己的综合素养，增强解决实际问题干实事的本领。

例6

当前，网红经济发展迅速，网红暴富被很多青年人追崇。有人担忧，网红将带坏一代青年人，网红经济不能强国，只有掌握实体制造业，我们才有长远的未来。请谈谈你的看法。

【答题思路】

先审题干，抓关键词句逐一剖析："网红经济发展迅速"，网红经济是互联网应用的结果，发展迅速是必然的，这句话有道理。"网红暴富"，没有付出巨额劳动却获取巨额财富，是一种不良现象。"被很多青年人追崇"，说明青年人存在以金钱为中心的思想，要及时采取措施转变其错误的价值取向。"网红将带坏一代青年人"，网红暴富对于青年人来说是一种诱惑，久而久之会扭曲年轻人的就业观，任其发展，将影响青年人和国家未来发展。"网红经济不能强国，只有掌握实体制造业，我们才有长远的未来"，指出了发展实体经济的重要性，是国家立足之本、强国之本。"请谈谈你的看法。"第一，亮明观点；第二，分析网红暴富的危害；第三，分析产生不良现象的原因；第四，化弊为利，提出对策；第五，联系实际谈个人践行。

【参考答案】

1. 亮明观点。网红经济是互联网发展的产物，这一新生现象要给予肯定，但是对于"青年人追崇网红暴富"这一现象，要采取措施予以纠正，要引导青年人投身于实体制造业，为国家的长远未来做贡献。

2. 分析危害。网红暴富会带来严重危害。危害一，将青年人的价值观引向歧途，给青年人种下不愿学习、拒绝奋斗，走捷径的思想，影响国家的发展；危害二，败坏社会风气，导致拜金主义、流量至上的价值导向，伤害公序良俗；危害三，众多青年人向网红领域聚集，不利于实体经济的发展。

3. 产生原因。产生以上危害的原因：原因一，一些网红本身修养不高，品行不佳，价值导向不好，为了博眼球赚流量不择手段；原因二，有关部门监管宽、松、软、虚；原因三，部分青年人缺乏正确的世界观、人生观、价值观和就业观，盲目追求金钱。

4. 提出对策。我们应该多措并举，纠正这一不良状况。措施一，完善相关法律法规，规范网红行业，倒逼其形成行业自律，促进良性发展；措施二，平台要加强对网红群体的教育和约束；措施三，监管部门加大对网红经济的监督打击，取缔不良网红，税务部门加大税收查处力度；措施四，网红个人要增强道德意识和法律意识，传播正能量；措施五，国家宣传部门和社会舆论要把握正确导向，引导青年人投身科技制造业，多做实际贡献；措施六，国家要加大对实体经济和制造业的扶持，助力未来长远发展。

5. 个人践行。对于个人来说，要积极宣传实体经济的意义，不盲目追从网红，自觉抵制网红暴富等不良现象。

政策理解类问题

政策是各级党委、政府等特定主体为实现某一目标而采取的行动方案。对于政策理解类问题，特别是改善人民生活、推动社会发展的社会热点问题，要根据关键字、词、句全面分析，既要看到积极意义也要看到不足。主要答题步骤是：一是亮明观点，表示支持，同时要一分为二地指出存在的问题；二是论述政策实施的意义，如改善人民生活条件和环境、改良社会风气、树立国家形象和促进未来发展等；三是分析存在的问题，如群众认识不足、政策宣传和落地不够、体制不够完善、监管不够有力等及产生的原因；四是提出改进和推进措施，通常从各级政府、社会舆论、监管部门、教育部门、个人等方面思考提出；五是联系实际，谈个人践行。

注意"问题""原因"与"对策"的分析，需要先从"根源"上说起，如不良市场现象的根源在企业主体，先回答最主要的根源，再分析市场监管、宣传不到位、消费者认知不足等其他方面。

例1

多年来，党政机关及事业单位年度考核内容一般分"德、能、勤、绩、廉"五个方面，请谈谈你的见解。

【答题思路】

先审题干，抓关键词句逐一剖析："党政机关及事业单位年度考核内容一般分'德、能、勤、绩、廉'五个方面",要综合评价这一考核,予以肯定,然后逐一分析这五个考核指标,同时也要提出完善建议;"请谈谈你的见解。"首先,亮明观点,赞同支持这一考核评价标准;其次,分别论述这五个考核指标;再次,提出完善建议;最后,联系个人谈践行。

【参考答案】

1.亮明观点。对于公职人员"德、能、勤、绩、廉"这一考核标准,我表示支持和赞同。

2.分别论述

德。"德者,才之帅也",是做人之本。公职人员要具备高尚的德行,才能诚心敬意把人民放在心中,心怀大局,着眼长远,以让人民更幸福,国家更强盛为自己的毕生追求;反之,如果德性缺失,不光不配做公职人员,反而会给集体和国家利益造成更大损失。

能。作为公职人员,要具备为民服务、干事创业、解决实际问题等本领,这需要保持终身学习的谦逊态度,向领导学习,向同事学习,向群众学习,向书本学习,在工作实践中学习,以学促干,以干促学,同时保持开拓创新能力,不断创新工作方式方法,更好地改进工作,做好服务。

勤。勤是公职人员应当具备的一种兢兢业业的态度,这要求他们爱岗敬业,具有吃苦、吃亏、吃气的觉悟,能够适应不同的工作环境,埋头苦干,以更好地为群众服务和改进工作推动公职事业发展为己任,牢记责任,勇于担当。

绩。作为工作人员,不光说,更要真抓实干,真出实绩,解决群众的急难愁盼,解决工作问题难题,为党和政府分忧,做勤政务实的实干家。反之，只说不做或者弄虚作假，不出实绩，是做不好工作，不配为人民公仆的。

廉。公职人员作为百姓人民心目中的"官"，要承担起职责，既要公道公平，一心干好工作，又要清正廉洁，知足知止，做好人民的表率。自觉抵制各种诱惑，守严私德，清白做事做人，不辜负人民的信任。

3.完善建议。任何制度都不是完美的，这一考核标准还有一些完善之处：一要注意减少人为主观干扰，增加客观性打分的比重；二是对于获得不同级别荣誉的同志可以按照等级适当加分，突出工作实绩；三是对于违规违纪、损害形象的行为应予以减分。

4.个人践行。在今后的工作中，我要严格以"德、能、勤、绩、廉"五条标准来要求和完善自己，明大德，守公德，严私德，清清白白做人，干干净净做事，为群众做好事实事，无愧于党和人民。

例2

2023年3月12日，中央网信办下发了《关于开展"清朗·从严整治'自媒体'乱象"专项行动的通知》，将聚焦"自媒体"乱象开展两个月的专项整治活动，请谈谈你的看法。

【答题思路】

先审题干，抓关键词句逐一剖析："开展'清朗·从严整治'自媒体'乱象'专项行动"，要列举"自媒体"乱象的危害，谈谈"专项行动"的主要意义；针对"通知"，要亮明观点；"开展两个月的专项整治活动"，要谈谈主要措施；请谈谈你的看法：一是亮明观点；二是阐述"自媒体"乱象的危害；三是开展整治活动的意义；四是谈主要落实措施；五是提升整治效果；六是个人践行。

【参考答案】

1.亮明观点。 中央网信办专项整治自媒体乱象，我认为非常及时，并积极支持，坚决拥护。

2.主要危害。 近些年来，一些社交、短视频、网络直播等自媒体平台，造谣传谣、假冒仿冒、违规营利，干扰了人们正常生活，扰乱了网络秩序，败坏了社会风气。

3.整治意义。 针对自媒体出现的突出问题，聚焦社交、短视频、网络直播等类型重点平台，中央网信办依法整治，坚决打击，从严处置，将有助于营造清朗网络空间，构建良好网络生态。

4.落实措施。 措施一，务必从严，务必坚决。要做到有则清之、毫不手软，无则防范、尽早尽力。措施二，从清理不良信息入手。只有坚决从源头上治理各类谣言信息、有害信息和虚假信息，才能让健康有益的信息更加充盈起来。措施三，全面整治"自媒体"违规营利行为。从严整治一些"自媒体"蹭炒热点吸粉引流、造热点博流量、利用弱势群体进行流量变现等行为。特别是那些为了博取流量，对老年人、未成年人、残障人士进行的哄骗、利诱等不法行为，打击必须坚决、整治必须严厉。坚决斩断"自媒体"不当发展的流量链、利益链，才能更好铲除"自媒体"乱象滋生的土壤。措施四，多方合力、久久为功。要压实网站平台主体责任，加强账号名称信息审核、专业资质认证、信息内容审核等常态化管理。要加强与公安等部门会商研判，将网站平台排查梳理上报的"自媒体"违法犯罪线索，及时通报公安机关，让网络犯罪行为难逃法律的严惩。措施五，发动群众，全民支持。良好的"自媒体"发展方向、健康的互联网发展秩序，人人所需、人人有责，大家要携起手来、共同努力，必定能让互联网空间更加天朗气清、风清气正。

5. 提升效果。经过两个月的整治后，要采取网络调查、实地采访、来信来访等多种形式检验整治效果，进一步查缺补漏，提升整治效果。

6. 个人践行。在现实生活中，我将积极宣传好整治行动的重要意义，自觉抵制不法自媒体的违规行为，对于违法犯罪行为勇于检举。

例3

习近平总书记指出，高质量发展是全面建设社会主义现代化国家的首要任务。请立足本地，谈谈如何实现高质量发展？

【答题思路】

先审题干，抓关键词句逐一分析："习近平总书记指出，高质量发展是全面建设社会主义现代化国家的首要任务"，习近平总书记的讲话指明了高质量发展的重要性，要解释高质量发展的内涵并论述其重要意义。"请立足本地，谈谈如何实现高质量发展？"可从推进产业结构升级、推进绿色低碳发展、加强科技创新、深化改革创新、提升干部本领等方面提出措施。作答步骤：一是亮明观点；二是解释高质量发展的内涵；三是论述重要意义；四是立足本地提出措施；五是展望未来。

【参考答案】

1. 亮明观点。习近平总书记阐述了高质量发展的重要性，要深刻领悟，切实做好各项工作，立足本地实际，实现高质量发展。

2. 解释内涵。高质量发展，就是能够很好满足人民日益增长的美好生活需要的发展，是体现新发展理念的发展，是创新成为第一动力、协调成为内生特点、绿色成为普遍形态、开放成为必由之路、共享成为根本目的的发展。

3. 积极意义。好处一，高质量发展可以促进资源配置的有效性，提高经济的效率，激活发展的活力。好处二，高质量发展注重经济发展与环境保护相结合，从而推动社会的可持续发展。好处三，高质量发展通过提高科技水平、推广新产业、增加就业机会等手段来增加收入。好处四，高质量发展通过提高教育水平、保障基本公共服务等手段来解决社会公平问题，提高社会福利水平。

4. 提出措施。推动本地实现高质量发展，要立足实际，精准定位：措施一，要有高质量的产业支撑。要把推进新型工业化强市建设作为经济工作的总引擎，大力发展现代服务业，突出"乡村振兴"，大力推进农业农村现代化。措施二，要有高质量的生态底蕴。绿色是高质量发展的鲜明底色。要协同推进降碳、减污、扩绿、增长，努力走出具有地方特色的生态优先、绿色发展之路，把生态效益更好转化为经济效益和社会效益。措施三，要有高质量的动力保障。高质量发展必须强化创新驱动发展、加快释放改革开放红利，扩大开放拓展空间，强力推进数字赋能，激发高质量发展的动力活力。措施四，要有高质量的能力本领。要提升学习能力，坚持系统观念，树牢"有解思维"，自觉树立更高标准和更严要求，事事勇于创一流，事事敢于争第一，在推动高质量发展上展现更大担当和作为。

5. 展望未来。我们坚信，只要按照习近平总书记的要求，立足实际，全面、准确、完整地落实好新发展理念，本地的各项事业必将迈上新的台阶。

例4

为了落实党的二十大精神，优化营商环境，领导让你写个倡议书，你认为重点是什么？

【答题思路】

先审题干，抓关键词句逐一分析："为了落实党的二十大精神，优化营商环境"，是写倡议书的目的和主旨。"领导让你写个倡议书"，倡议书就是提出倡议，要写明倡议书的题目、背景、原因、目的意义、具体内容。"你认为重点是什么？"可从标题、目的意义、存在问题、倡议内容等方面阐述。作答要开宗明义，直入主题，列举重点，不可面面俱到。

【参考答案】

重点1，拟定标题。为倡议书拟定标题"筑巢引凤，推动高质量发展"。

重点2，目的意义。党的二十大报告中提出"营造市场化、法治化、国际化一流营商环境"，是针对我国经济社会面临的发展瓶颈精准发力，为全国优化营商环境指明了方向。好处一，有利于营造公平高效、诚实守信、民主法治的经营氛围；好处二，有利于吸引外商投资，激发市场主体的活力和社会创造力，促进经济健康发展；好处三，有利于人才引进，为经济发展带来活力以及先进技术；好处四，有利于增加更多就业岗位，吸引更多的劳动力；好处五，有利于产业发展，完善产业结构，优化延长产业链，加快建设现代化经济体系，促进经济繁荣发展。

重点3，存在问题。目前我们的营商环境存在一些问题：问题一，营商环境相关政策体系尚不完善，激励政策存在不灵活、落实不到位等情况；问题二，政府人员服务意识不强，服务能力不高；问题三，相关法律法规不健全，有些企业钻法律和制度的空子，存在违背诚信经营的行为。

重点4，倡议内容。这是优化营商环境的具体举措，也是倡议书的重中之重。为优化营商环境，助力经济高质量发展，我们真诚发出如下倡议：措施一，完善顶层设计和制度安排。强化"放管服"改革，优化办事流程，推进"最多跑一次""一枚印章管审批"等政策。措施二，建设服务型政府，提升服务质量。政府人员要当好"店小二"，优化办事流程，不断提升服务质量。措施三，借助科技赋能，构建信息共享平台，消除"信息壁垒"和"信息孤岛"，提升政务服务能力和水平；措施四，加强对公职人员的培训，提高服务意识和能力，让企业愿意来投资，让人才愿意来创业；措施五，加强法治保障，惩治违背诚信经营的不良行为，营造公平有序的环境；措施六，创新驱动发展。选派科技特派员，为企业培育创新型人才，帮助企业培育内生动力；推进新旧动能转换，发展战略性新兴产业，促进重大科技创新成果转化。

结尾号召（回答时可省略）。让我们行动起来，与时俱进，持续改善营商环境，筑巢引凤谋高质量发展，助推我国经济再上新台阶！

例5

党的二十大报告指出，全面构建亲清政商关系，促进非公有制经济健康发展和非公有制经济人士健康成长。请谈谈如何构建"亲""清"的政商关系？

【答题思路】

先审题干，抓关键词句逐一分析："党的二十大报告指出，全面构建亲清政商关系，促进非公有制经济健康发展和非公有制经济人士健康成长"，体现了党中央对非公有制经济的重视，应积极响应并落实好。"亲清政商关系"，"亲"字强调的是领导干部要主动服务企业，对企业家要多关注、多引导，在企业遇到困难和问题时有所作为，帮助企业解决实际困难。"清"字强调政府与企业之间的关系要清清白白。"请谈谈如何构建'亲''清'的政商关系？"可以从完善相关法律政策、增强服务意识、提高工作效率、加大监督力度等方面进行论述。一是亮明观点；二是解释内涵；三是分析意义；四是提出措施（答题重点放在措施上）；五是谈个人践行。

【参考答案】

1.亮明观点。 这句话体现了党中央对非公有制经济的重视，深刻阐明了构建新型政商关系的原则和方向，应贯彻落实好，构建亲清政商关系。

2.解释内涵。 "亲""清"政商关系是指政府与企业之间的关系，其中"亲"是指政府要积极为企业服务，帮助解决实际困难，支持企业发展，让企业亲近政府；"清"是指政府与企业之间的关系要清白、纯洁，不能有贪心私心，不能以权谋私，不能搞权钱交易。处理好政商关系要认准"亲""清"二字，"亲"则两利，"清"则相安。

3.积极意义。 党中央号召构建"亲""清"政商关系，有其重要的现实价值意义。好处一，净化政治生态。"亲""清"新型政商关系，重塑透明、公平、公正的政商关系，将有助于清除官商勾结、权钱交易的生成土壤，营造健康的政治生态。好处二，优化营商环境。新型政商关系中"亲"强调勤政、干实事，"清"

强调坚守纪律，二者相辅相成，共同推动构建阳光健康的营商环境。好处三，营造良好社会风气。亲清政商关系发扬平等的服务精神，有助于形成公平竞争的社会风气，同时亲清政商关系给领导干部如何跟企业打交道划出了红线，也有助于营造清正廉洁的社会风气。

4. 提出措施。 推动构建"亲""清"政商关系，可以从以下四个方面努力：措施一，完善相关法律政策。自觉运用法治思维和法治方式行使权力，规范政商交往行为。措施二，增强服务意识。引导党员干部敢于担当、全力作为，改进服务方式，帮助企业解决实际困难。措施三，提高工作效率。推动"放管服"改革，优化办事流程，提升服务水平。措施四，加强监管力度。明确各单位各部门在政商关系中的职责任务，严查党员干部在政商交往中"勾肩搭背""亲清不分"的现象，对不担当、不作为、失职渎职的干部要严肃批评和处理。

5. 个人践行。 如果我有幸成为一名公职人员，将树牢服务理念，严格要求自己，当好"店小二"，为当地经济发展做出积极贡献。

例 6

2023 年第 6 期《求是》杂志刊发的习近平总书记重要文章《加快建设农业强国，推进农业农村现代化》中，总书记形象而深刻地指出，各地推动产业振兴，要把"土特产"这 3 个字琢磨透。请谈谈你的理解。

【答题思路】

先审题干，抓关键词句逐一分析："总书记形象而深刻地指出"，说明意义重大，要高度重视并抓好研究落实。"各地推动产业振兴"，乡村要振兴，产业兴旺是重点，要通过产业振兴助力乡村发展。"土特产"的"土"讲的是基于一方水土，开发乡土资源。"特"讲的是突出地域特点，体现当地风情。"产"讲的是真正建成产业、形成集群。"琢磨清楚"，说明既要正视存在的问题，又要抓好落实。"请谈谈你的理解。"一是亮明观点；二是解释"土特产"的内涵；三是分析存在的问题；四是提出措施；五是展望未来。

【参考答案】

1.亮明观点。总书记提出的这个问题为推动产业振兴提供了思路和方向指引，我们要高度重视，认真研究并落实好。

2.解释内涵。"土特产"看似普通，实则内涵丰富。"土"讲的是基于一方水土，开发乡土资源。"特"讲的是突出地域特点，体现当地风情。"产"讲的是真正建成产业、形成集群。"土"可稳固产业根基，"特"能发挥竞争优势，"产"又为发展持续助力，三个字内涵丰厚，密切联系，道出了农村产业振兴的要旨。

3.存在问题。"土特产"的提出，针对的是农村产业发展存在的问题。问题一，不少地方因违背自然规律而教训惨重，如规划果蔬种植仅考虑土壤条件而忽视气候等综合因素。问题二，乡村休闲旅游业存在同质化现象，缺乏小众化、精准化、中高端产品。问题三，农业产业链长而不韧，存在品牌意识有而不强、标准化程度低下等难题。

4.落实措施。根据总书记的要求,我认为应采取以下措施。措施一,立足"乡土"资源,提升发展品位。"一方水土养一方人。"我们要立足本土,利用好当地风俗、风情、风味,深挖"土"的资源，探索适合自身发展的产业。措施二，突出地域"特色"，发展优势产业。要找准着力点，跳出本地看本地，发展樱桃村、肥桃镇等特色产业，充分发挥特色产业的经济价值、生态价值、社会价值，实现差异化竞争。措施三，构建"产业"集群，用好发展能人。延伸农业产业链，发挥产业融合发展的乘数效应，提高农业综合效益。引进懂管理、会经营、有特长的专业人才，助力构建和延长农产品加工链、产业链，开发农业多种功能，增加农产品的附加值，增强市场竞争力和可持续发展能力。

5. 展望未来。 只要立足本"土"，体现"特"域，形成"产"业，就能照亮农民的致富路，让"土特产"成为乡村振兴的"大引擎"。

例 7

近年来，各级政府纷纷推进"放管服"改革，请谈谈你的看法。

【答题思路】

先审题干，抓关键词逐一分析："放管服"，"放"即简政放权，降低准入门槛。"管"即创新监管，促进公平竞争。"服"即高效服务，营造便利环境。"各级政府纷纷推进"体现了以人民为中心的发展理念，值得我们点赞。要明确改革的重要性，在推进"放管服"改革过程中既要正视存在的问题，又要抓好落实。"请谈谈你的看法。"一是亮明观点；二是解释内涵；三是阐述意义；四是分析问题；五是推动落实。

【参考答案】

1. 亮明观点。 推进"放管服"改革是党的十八大后深化行政体制改革、推动政府职能转变的一项重大举措，是一场刀刃向内的政府自我革命，旨在重塑政府和市场的关系，使市场在资源配置中起决定性作用，更好发挥政府作用，我们应该响应并积极支持。

2. 解释内涵。"放管服"，就是简政放权、放管结合、优化服务的简称。"放"即简政放权，精简流程，扩大企业自主权，降低准入门槛。"管"即创新监管，促进公平竞争。"服"即高效服务，营造便利环境。

3. 重要意义。推进"放管服"改革，对于促进我国经济社会健康发展具有重要意义。好处一，有效激发了市场主体活力和发展内生动力。通过减少行政权力的不当干预，优化行政权力的作用方式，为市场主体减负，提升市场活跃度，发挥了市场的决定性作用，激发市场创造力。好处二，深刻推动了政府与市场关系的优化调整。政简易管，政繁易腐。"简政放权"，通过削减不合理、不必要的行政干预为市场主体松绑减负，通过挖掘、释放市场潜力来增强内生发展动力；"放管结合""优化服务"以公正监管促进公平竞争，形成科学合理的政府与市场关系。好处三，有力促进了政府职能转变和现代政府治理体系构建。从根本上重塑了政府的思维方式与行为方式，有力破除了"官本位"思维及其衍生的权力寻租、形式主义等各类问题，这对于现代化政府治理体系的构建将产生积极而深远的影响。好处四，方便了企业和群众，提升了群众的满意度。比如"一网通办""跨省通办""一站式服务""一次性办理""最多跑一次"等举措，深受企业和群众欢迎。

4. 分析问题。政府存在放权不到位、监管缺失疏漏等问题，市场主体存在准入易监管难等问题，公共服务还有不少薄弱环节，转变政府职能、提高效能还有很大空间。

5. 推动落实。措施一，强化法治建设。科学制定行政许可实施规范，更新审查机制，营造公开透明、公平公正的法治环境，把市场主体的活力激发出来。措施二，坚持制度简约。大道至简，政简易从。不论是放是管还是服，都要抓住"简约"这一要领。要把该放的权放给市场和社会，腾出更多力量来加强事中事后监管、提供公共服务。监管也要体现"简约"，贯彻到监管理念、规则和执法当中。措施三，强化服务意识，优化政府服务效能。合理规划网上和窗口办事环节，建设互联网＋政务服务体系，利用政务公众号、政务 APP 等使服务更智能精准。措施四，鼓励大胆创新。各地发展基础和条件不同，需要破解的难题、改革的侧重点也不一样，要从实际出发，积极开展差异化探索，推出更多带有本地特色的创新举措，充分调动和发挥地方推进改革发展的积极性、主动性和创造性。

精神品质类问题

精神品质是指一个人或团队所展现出来的认知、思想、品行和行为。优秀的精神品质，引领人们追求真善美，形成正确的积极向上的世界观、人生观、价值观、权力观、事业观、政绩观、审美观，产生服务社会、服务人民的正能量。所以，优秀的精神品质，是公职人员干事创业的"根"和"魂"。相反，低劣的品质，会给公职人员本人和事业带来危害，被人们深恶痛绝。

对于精神品质类问题，主要答题步骤是：一是亮明观点，总体概括，值得学习、弘扬和践行。二是讲道理、摆事实、作比较，论证优秀人物或团队的精神品质。一般来说，优秀的精神品质主要有报效祖国的爱国精神、独立自主的拼搏精神、大公无私的奉献精神、艰苦奋斗的拼搏精神、攻坚克难的创新精神、坚忍不拔的奋斗精神、持之以恒的执着精神等。三是通过社会宣传、学校家庭教育、个人等层面全方位落实观点，广而推之。社会层面要弘扬宣传，树立榜样，形成风尚；教育层面要从小培树，引领优秀精神品质和先进人物事迹进教材、进学校；个人层面要做宣传者、弘扬者和践行者。

需要注意的是：大凡好政策、好人物、好做法等一切有利于文明进步的人和事，联系个人时要当好宣传员、弘扬者和践行者。相反，消极错误的言行，个人要自觉抵制、劝阻他人。对于屡教不改且危害社会的违法犯罪行为要勇于披露检举。

例 1

共和国勋章获得者袁隆平院士的一生，兢兢业业、恪尽职守、攻坚克难，一直奋斗在水稻育种一线，为了国家和人民奉献一生。请结合实际，谈一谈袁隆平院士的事迹带给你的人生启示。

【答题思路】

先审题干，抓关键词句逐一剖析："兢兢业业、恪尽职守"一生致力于杂交水稻研究，体现了袁隆平院士艰苦奋斗的敬业精神；"攻坚克难""一直奋斗在水稻育种一线"体现了执着如一的创新精神；"为了国家和人民奉献一生"体现了大公无私的奉献精神。"请结合实际，谈一谈袁隆平院士的事迹带给你的人生启示。"首先，亮明观点，袁隆平院士的精神品质值得我们学习、发扬和践行；其次，分别论述其精神品质；最后，从政府、教育和个人层面，谈如何发扬践行。

【参考答案】

1. 亮明观点。 袁隆平院士怀着"禾下乘凉梦"，研究水稻半世纪，为解决粮食问题作出卓越贡献；耄耋之年仍躬耕田间，只为"把饭碗端在自己手里"。他那艰苦奋斗的敬业精神、执着如一的创新精神以及大公无私的奉献精神，值得我们学习、发扬和践行。

2. 艰苦奋斗的敬业精神。 袁隆平院士名满天下，依然专注于田畴，在实验田里劳作，在烈日下、在稻田里不分昼夜地忙碌着，兢兢业业、恪尽职守，彰显了艰苦奋斗的敬业精神。

3. 执着如一的创新精神。 袁隆平院士几十年如一日潜心于水稻育种研究，历尽挫折，勇于实践，无惧挑战，攻下无数科技难题，诠释了执着如一的创新精神。

4. 大公无私的奉献精神。 袁隆平院士将一生光阴投注在杂交水稻事业上，真诚把杂交水稻技术分享给每一个需要的人，彰显大公无私的奉献精神。

5. 宣传发扬。政府层面要大力弘扬和宣传，传达正能量，形成积极向上的舆论导向，形成良好风尚。教育层面要纳入教材，培养学生高尚的精神品质和道德情操。

6. 个人践行。"喜看稻菽千重浪，最是风流袁隆平！"今后，我要将袁隆平院士作为我的人生楷模，将其精神品质内化于心，外化于行，成为建设社会主义事业的有用之才。

例 2

从 1970 年中国发射第一颗人造地球卫星"东方红一号"，到现在，中国人探索太空的脚步，从近地走向深空，从无人走向有人，从月球走向火星，在航天大国迈向航天强国的道路上，中国航天人勇攀高峰、自立自强，用一个个坚实的脚印，把梦想化作现实。环宇问天，探月逐梦，五星红旗一次次闪耀太空，中国航天必将行稳致远。"北斗人"踔厉奋发，"探火人"笃行不怠……航天人，好样的！

请论述一下航天精神。

【答题思路】

先审题干，抓关键词句逐一剖析："中国人探索太空的脚步，从近地走向深空，从无人走向有人，从月球走向火星"，体现了党和国家面对发达国家的技术封锁，在战略上采取独立自主的奋斗精神是英明正确的；"五星红旗一次次闪耀太空，中国航天必将行稳致远"，体现了航天人忠于祖国、忠于人民的爱国主义精神；"一个个坚实的脚印，把梦想化作现实"，体现了航天人追求卓越的创新精神；"'北斗人'踔厉奋发"和"'探火人'笃行不怠"，体现了航天人持之以恒的执着精神；同时我国航天事业的发展离不开航天人大公无私的奉献精神。"请论述一下航天精神。"首先，总体概括航天精神，值得我们学习弘扬；其次，分别论述航天精神；最后，谈谈社会、教育和个人如何弘扬践行。

【参考答案】

1.亮明观点。航天精神是独立自主的奋斗精神，是忠于祖国的爱国主义精神，是追求卓越的创新精神，是持之以恒的执着精神，是大公无私的奉献精神，值得我们学习、弘扬和践行。

2.独立自主的奋斗精神。中国航天事业是从零开始的，是在国外实施"技术封锁"下独立自主发展起来的。从最基础的航天技术到载人航天，从空间站到核心舱，完全是中国依靠自己的力量独立完成的，中国航天开创了无数个第一，获得了一大批具有自主知识产权的核心技术和生产性关键技术，诠释了独立自主的奋斗精神。

3.忠于祖国的爱国主义精神。无数航天人放弃国外诱人的经济待遇，投身于祖国的航天事业，在工作中砥砺奋进、创先争优，以实际行动和优异成绩诠释爱国主义，为实现中华民族伟大复兴贡献自己的智慧和力量。

4.追求卓越的创新精神。航天工程是规模庞大、系统复杂、技术难度高、充满挑战的科学项目。在历次航天飞行中，我们不仅有出类拔萃的航天员，而且创造了精益求精的科技产品作后盾。激光雷达、宇航服面窗、温控设施、航天食品……向世界传递出追求卓越的创新精神。

5.持之以恒的执着精神。从东方红一号的发射，到现在空间站的建立，中国人从来都没有停止过对太空的探索。无数航天人夜以继日地奋斗，其中不知遇到多少常人难以想象的艰难坎坷，但他们从来没有放弃，反而越挫越勇，让我国航天水平稳步上升。

6. 大公无私的奉献精神。在20世纪经济条件极其艰苦的状况下，数以万计的航天人抛家舍业，隐姓埋名，深入不毛之地白手起家，将自己的一生奉献在荒无人烟的戈壁滩里，奉献在枯燥乏味的黄沙大漠里，奉献在人烟稀少的大凉山腹地。航天人默默耕耘，兢兢业业，镌写着不平凡的人生，共同谱写出了航天事业的辉煌成绩。

7. 弘扬践行航天精神。我们要在社会上、学校里大力宣传和弘扬伟大的航天精神，引导广大人民增强爱国主义情感、民族自豪感和自信心，形成良好的社会风尚。作为个人，要把航天精神化作今后工作中的动力，在工作岗位上自立自强，深入群众，爱岗敬业，追求卓越，力争在平凡的岗位上做出不平凡的业绩。

例3

2023年3月13日十四届全国人大一次会议闭幕后，国务院总理李强在回应关于民营经济发展问题时表示，当年江浙等地发展个体私营经济、发展乡镇企业时，创造了"四千精神"，即走遍千山万水、说尽千言万语、想尽千方百计、吃尽千辛万苦。请你谈谈"四千精神"。

【答题思路】

先审题干，抓关键词句逐一剖析："国务院总理李强在回应关于民营经济发展问题时表示，当年江浙等地发展个体私营经济、发展乡镇企业时，创造了'四千精神'"，说明"四千精神"意义重大，需要发扬光大；"走遍千山万水、说尽千言万语、想尽千方百计、吃尽千辛万苦"，要深入挖掘其内涵。请你谈谈"四千精神"。首先，亮明观点；其次，分别阐述"四千精神"的内涵；再次，总结观点；最后，弘扬践行"四千精神"。

【参考答案】

1. 亮明观点。"四千精神"蕴藏着深厚的智慧，是一个人乃至一个国家发展的重要精神力量，值得发扬光大。

2. 走遍千山万水。江浙人开办的民营企业，外出闯荡，走遍全国各地。他们长年累月在外，单枪匹马，四处奔波，在遇到困难的时候，从来没有轻言放弃，没有被企业发展过程中遇到的困难所打倒，创造了浙江民营企业的奇迹。

3. 说尽千言万语。用心沟通是解决问题的良方。工作和生活当中，每天都会与不同的人打交道。尤其是作为未来的一名公职人员。我们更是天天都要和不同的领导、同事、群众打交道，在打交道的过程中，我们会产生一些摩擦，产生一些不愉快，会受到一些委屈，会不被他人理解，在这个时候，我们一定要牢牢记住一点，就是遇到一定多沟通，通过沟通找到彼此的差异点，找到彼此的共通点，消除彼此之间的误会，最终一定能够找到解决问题的良方。

4. 想尽千方百计。遇到难题，要积极开动脑筋想办法，不达目的誓不罢休。人类之所以能够成为世界的主宰最根本的一点就是我们遇到问题时会思考并想办法来解决。工作中也会遇到很多的难题，而且困难是层出不穷的，在这个时候我们一定不能够逃避，而是要发挥我们的聪明才智，从问题出发，通过调查研究以及和他人探讨等方式来积极地想办法解决问题，一个办法不行就再想一个，总会找到解决问题的金钥匙。

5. 吃尽千辛万苦。吃得了生活的苦，才能享受成功的甜。很多人都希望自己的生活是甜的，但是殊不知生活就是一杯苦咖啡，只有苦尽才能甘来。现在很多的年轻人一旦受点委屈就躺平、逃避、选择家里蹲，不仅让父母寒心，更为社会添堵。作为新时代的青年，我们一定要继承和发扬我们吃尽千辛万苦的精神，在工作中主动的分担一些繁重的任务，不要计较自己多干了多少，而要看看自己吃苦最终得到的进步和提升有多大；在生活中我们要坚决摒弃铺张浪费、盲目攀比的风气，要养成勤俭节约的好习惯，不要一味地注重外在，更要注重修内功。

6. 总结观点。凭着"四千精神"，江浙等地发展个体私营经济、发展乡镇企业，创造了经济奇迹，这是成功之道，在全国各个行业乃至个人奋斗都具有广泛的推广价值。

7. 弘扬践行。在社会层面，要推而广之，弘扬"四千精神"；在教育层面，要进教材，进课堂，从学生抓起；在个人层面，作为新时代的青年，要发扬"四千精神"，将其融入工作生活中，为社会人民做出积极的贡献。

统筹安排类问题

统筹安排就是通盘谋划，科学地安排时间、地点、人、财、物等各方面要素，按照实际情况作出最优部署，高效能地完成工作任务。统筹安排类问题是指在一定的时间内安排了若干项事务，每项事务在时间节点和时间跨度上存在一定的矛盾冲突，要求考生科学协调、合理安排，按时有序、保质保量地完成所有工作任务。统筹安排类问题主要考查考生对时间、事件、人员、资金的统筹把握能力。

主要答题步骤：先明确目标，坚持"轻重缓急，统筹安排，先公后私，科学组织"的原则，学会"弹钢琴"，把各项事务逐一完成好。

一般来说，排在第一位的是时间紧急、重要的事情，排在第二位的是时间紧急、次要的事情，排在第三位的是时间不紧急、重要的事情，排在第四位的是时间不紧急、次要的事情。对于指定时间要做的事情要按指定的具体时间安排。对于拟定方案、演讲稿、讲话稿等需要向领导请示、修改完善的事情，注意除了集中一段完整时间之外，可以见缝插针，利用碎片化时间完成。凡事须留有余地，呈送领导审阅材料，要注意给领导留出一定的思考审阅时间。对于电话通知之类短时间完成的事情可根据题干要求，见缝插针，机智灵活地利用碎片时间完成。

例 1

你是某机关办公室工作人员，如果今天有 5 项任务需要你完成，你准备如何处理？

A. 领导让你拟定学习党的二十大精神的活动方案，今天下午 5 点前必须完成。

B. 上午 10 点－12 点，市委组织部来你单位对领导班子和领导干部进行年度品绩量化考核。

C. 通知机关中层以上干部参加领导班子和领导干部考核工作。

D. 上午 9 点 50 分，正好有名群众来上访，要向单位"一把手"反映问题，而"一把手"要全程参与考核工作，没有见面时间。

E. 上午 9 点左右，你一位要好的同学打电话，说是刚从外地赶过来，希望和你见上一面。

【答题思路】

本题综合性较强，既要做好时间管理，又要处理好单位内部、上级部门、群众、亲友等多重人事关系。

先审题干，对关键词句逐一剖析：

A. 拟定学习党的二十大精神的活动方案。撰写活动方案，上班之后，10 点之前，可先集中一段时间，然后利用多个碎片时间不断润色完成。

B. 上午 10 点－12 点，进行年度品绩量化考核。对于指定时间进行的事务要按照指定时间安排。

C. 通知机关中层以上干部参加考核工作，最为紧急首先做。

D. 正好有名群众来上访。"一把手"要全程参与考核工作，没有见面时间，要做好群众接待工作，向群众解释清楚，尽量帮领导解决好群众反映的问题。

E. 对于同学见面，处理亲友关系。要注意先公后私，需用业余时间。表示欢迎，约好时间叙旧。

"你准备如何处理?"按照"轻重缓急，先公后私"的原则，统筹安排，科学组织，依次排序。

【参考答案】

我将按照"轻重缓急，先公后私，统筹安排，科学组织"的原则，学会"弹钢琴"，力争将5项任务保质保量地完成好。

1. 上班后首先向机关相关干部下达参加干部考核工作的通知。之后查阅往年学习党的会议精神相关活动方案，立足党的二十大精神，搭建框架体系形成初稿。

2. 上午9点接到好友来电，首先热情表达欢迎，然后说明工作时间实在无法抽身，可安排其他好友陪同，逛逛附近的景点，妥善安排好友的住宿，协商约定晚上吃饭叙旧。

3. 上午9点50分，接到群众上访，替领导做好接待工作。向群众说明领导要参与重要会议，暂时没有接待时间，并表示自己会做好传达。然后，充分了解群众诉求，如果我能处理就立马处理，处理不了就做好记录晚点向领导汇报，同时留下群众联系方式，另约时间安排群众与领导见面。

4. 上午10-12点进行年度品绩量化考核。如果需要我参加我就参会，如果不需要我参加，我将继续完善活动方案。

5. 等下午上班的时候，把活动方案初稿交给领导审阅，根据领导意见进一步修改完善，保证下午5点前把材料写好，让领导满意。

6. 晚上约见好友吃饭叙旧。

例2

你是某单位一名科长，一天要完成如下工作，请问你如何安排?

1.10 点至 12 点到包保社区进行疫情防控值班。

2.领导安排你拟定一份讲话稿，下午 4 点钟领导开会用。

3.6 点 – 10 点钟，在小区做核酸检测。

4.你科室包保的困难群众，需要走访。

5.下午 5 点钟，你要参加一个演讲比赛。

【答题思路】

先审题干，对关键词句逐一剖析:

1.对于指定时间要做的事情要按照指定时间安排，10 点至 12 点的值班要按时进行。

2.拟定一份讲话稿，对于讲话稿，需要首先完成提纲框架，然后向领导请示审阅，最后修改完善，所以首先要通过查阅、请教、请示等方式集中一段时间完成初稿，然后给领导留出一定思考审阅时间，利用其他事情的空隙和碎片化时间润色、修改、完善。

3.在小区做核酸检测，在上班之前就要做好，所以放在首位处理。

4.对于走访群众这种既不紧急又没有时间要求的可以放在最后进行。

5.参加一个演讲比赛，指定时间要做的事情要按照指定时间安排，按时参加。对于演讲稿可以按照讲话稿的步骤完成，也可以集中完成。

"请问你如何安排?"应本着"轻重缓急，统筹安排"的原则，学会"弹钢琴"，依次完成好这 5 件事。

【参考答案】

我会本着"轻重缓急、统筹安排"的原则，学会"弹钢琴"，把这 5 件事妥善安排好。

1.6 点到上班之前，完成核酸检测。

2.上班后立即展开讲话稿的撰写工作，通过查阅以往资料、请教同事、请示领导等，拟出提纲框架，写到 9：30，报给领导审阅，下午上班时询问领导意见进行修改完善，保证 4 点之前完成讲话稿。

3.10 点到 12 点进行疫情防控值班，值班过程中可插空思考改进演讲稿。

4.下午 4 点前根据领导意见完善好讲话稿。

5.下午 5 点钟，参加演讲比赛。

6.演讲比赛后，走访困难群众。

例 3

你负责单位的财务工作，手上只有经费 24 万元，临近春节单位有很多事情需要办理：

1.改善办公条件，需要装修费 5 万元。

2.慰问困难职工，需要 1 万元。

3.冬季是栽植树木的最佳时节，单位绿化需要 2 万元。

4.单位水管冻坏了，维修费用约 1 万元。

5.单位建设花费 20 万元，工人要领报酬回家过年。

领导让你拟定资金安排方案，你如何办？

【答题思路】

先审题干，对关键词句逐一剖析：

1.改善办公条件。对于工作不会造成特别大的影响，既不紧急也不是很重要，所以可以放在最后打算。

2.慰问困难职工，是对工作人员的关心、关爱，所以应支出1万元。

3.冬季是栽植树木的最佳时节，不能错过，所以要抓准时机，须支出2万元。

4.水管关乎单位的日常生活，最为紧急，应最先解决，须支出1万元。

5.坚守以人为本的原则，让工人领报酬回家过年，应支出20万元。

最后，对各项事情进行排序，处理各项事情需29万元，只有24万元经费，对于经费不够的问题，要在年后筹措资金，解决问题。

"你如何办？"我将本着"轻重缓急、以人为本、统筹安排"的原则，学会"弹钢琴"，力争妥善完成好这5件事。

【参考答案】

经过计算，处理各项事情需29万元，但手头只有24万元经费。因此，我将本着"轻重缓急、以人为本、统筹安排"的原则，学会"弹钢琴"，力争把这5件事妥善安排好。

1.解决最紧急的问题，支出1万元维修单位的水管。

2.要体现对单位职工的关心关爱，支出1万元慰问困难职工。

3.体现以人为本原则，支出20万元让工人领报酬回家过年。

4.抓准时机，把握好最佳时节，支出2万元进行单位绿化。

5.对于改善办公条件这件既不紧急又不很重要的事情，可以在年后筹措好资金后再进一步解决。

漫　画　题

　　漫画题是以漫画为载体进行命题的题目。漫画一般从政治事件、社会生活中取材，采用比拟、夸张、比喻、象征等手法，或歌颂，或讽刺，或批评某些人和事，具有较强的社会性和艺术性。

　　作答漫画题，一般采取如下步骤：一是审好题，找出漫画中的图形、文字等关键要素，进行剖析，拟定准确、简洁、生动的标题，标题既要体现漫画主题又要有高度和深度。常见题目模式有《莫让……毁了……》《……现象要不得》《……当休矣》《莫以……论……》《……而不是……》《……就是……》，等等。二是多元发散思维，联系时政热点和社会现实，描述漫画内容，揭示其背后的实质问题或寓意。要聚焦问题核心，不可停留于漫画表象。三是讲道理，摆事实，作比较，分析背景、原因、危害、意义、利弊，论证提出的观点看法和主题思想。歌颂类的要指出意义，讽刺类的要指出危害。四是分析产生问题的原因。五是提出落实办法或解决问题的对策。六是主题升华或联系实际。对于歌颂类的要学习、弘扬、落实；讽刺类的要引以为戒，进行劝阻，宣传正确的思想、政策，并对危害社会危害群众的不良现象给予抵制、披露和检举；启示类的要悟透精髓实质，辨明是非、真假、美丑、善恶，树立好正确的世界观、人生观和价值观。

例 1

观察漫画，请谈谈你的看法。

【答题思路】

分析画面，抓关键要素进行剖析："手机游戏"骑在未成年人身上、勒住未成年人脖子，手里握着赚满钱的钱袋子，意味着企业为了牟利不择手段，而未成年人则沉迷于手机不能自拔。综合这些要素，反映了未成年人沉迷于手机游戏的不良现象。可按如下步骤依次作答：一是拟定题目：《莫让手机游戏毁了下一代》；二是描述漫画并揭示主旨；三是阐述未成年人沉迷于手机游戏的主要危害；四是从企业、监管部门、教育、个人等方面剖析问题原因；五是在剖析原因的基础上，提出解决问题的对策；六是联系实际，谈个人践行。

【参考答案】

1. 拟定题目。 通过分析漫画中的关键元素，我给这幅漫画拟定的题目是：《莫让手机游戏毁了下一代》。

2. 描述漫画。 漫画描述的是未成年人沉迷于"手机游戏"，被手里握着"钱袋子"的商家勒住了脖子，揭示了当前未成年人沉迷于"手机游戏"的不良现象。

3. 主要危害。这一不良现象会产生严重的危害：危害一，损害未成年人的身心健康；危害二，摧残祖国的"花朵"，危害整个国家和民族未来；危害三，增加家庭经济负担；危害四，影响社会风气。

4. 分析原因。之所以会产生这一不良现象，是多种因素共同作用的结果。原因一，个别网络企业缺乏社会责任感，唯利是图，为了牟利而不择手段。原因二，监管部门监管宽、松、软、虚，让不良企业有机可乘。原因三，学校、家庭教育监管失责，没有及时进行引导管理。原因四，未成年人的自律意识不强，对存在的危害等认识不足、抵制不力。

5. 提出对策。纠正这一不良现象，要多措并举。措施一，企业主体要增强社会责任感，着眼于国家和民族未来，为未成年人提供健康向上的产品，从源头上防止未成年人沉迷于游戏；措施二，国家监管部门要长牙带刺，有棱有角，加大对网络游戏的监管，开通举报渠道，鼓励群众举报检举，对不法企业进行追责问责；措施三，教育部门要加强教育引导，学校、家庭教育要帮助未成年人树立正确的世界观、人生观、价值观和审美观，帮助他们丰富课余生活，营造健康的育人环境；措施四，未成年人要提高自律意识，远离游戏陷阱。

6. 个人践行。在未来的工作中，我会积极宣传沉迷"手机游戏"的危害，碰见类似现象及时进行劝阻。

例2

观察下面的漫画，请谈谈你的看法。

【答题思路】

分析画面，抓关键要素：一堆各式各样、充斥着各类添加剂的垃圾食品，正诱惑吸引着左边的小孩，小孩面对这些垃圾食品，伸着舌头一脸馋相，而且因此瘦骨嶙峋。综合这些要素，反映了少年儿童痴迷于吃垃圾食品的不良现象。可按如下步骤依次作答：一是拟定题目：《莫让垃圾食品毁了祖国的未来》；二是描述漫画并揭示主旨；三是阐述垃圾食品的危害；四是分析产生这一不良现象的原因；五是根据问题提出解决对策；六是联系实际谈个人践行。

【参考答案】

1.拟定题目。通过分析漫画中的关键元素，我给漫画拟定的题目是：《莫让垃圾食品毁了祖国的未来》。

2.描述漫画。一堆各式各样、充斥着各类添加剂的垃圾食品，正诱惑吸引着左边的小孩，小孩面对这些垃圾食品，伸着舌头一脸馋相，而且因此瘦骨嶙峋。这幅漫画反映了少年儿童痴迷于吃垃圾食品的不良现象。

3. 主要危害。这一不良现象会产生多种危害：危害一，影响少年儿童的健康成长；危害二，影响国家和民族的未来；危害三，长期食用垃圾食品，容易使少年儿童患病，加重家庭经济负担；危害四，企业为逐利而大力生产垃圾食品，形成不良饮食导向。

4. 分析原因。产生这一现象的原因有：原因一，不良企业只为满足消费者的口味，不讲究营养，不注重孩子的身心健康，唯利是图；原因二，市场监管宽、松、软、虚，没有把好食品安全关；原因三，不良科技工作者迎合资本市场，制造了危害健康的有害添加剂；原因四，社会舆论引导不力，广告宣传造成不良导向；原因五，学校、家庭教育监管失责，没有及时进行引导管理；原因六，少年儿童的自律意识不强，只满足于口味需求，管不住嘴巴，抵制不住诱惑，对垃圾食品的危害认识不足。

5. 提出对策。多措并举，纠正这一不良现象。措施一，企业主体要增强社会责任感，着眼于国家和民族未来，为少年儿童提供优质食品，在源头上把好食品安全关；措施二，市场监管部门要长牙带刺，有棱有角，加大对食品安全的监管，开通举报渠道，对不良企业和商贩依法惩处，以儆效尤；措施三，科技工作者要增强社会责任感，以促进孩子们的茁壮成长为工作目标，研制无害食品；措施四，社会舆论要加强正确引导，引领孩子们多吃五谷杂粮，蔬菜蛋奶，少吃零食；措施五，学校、家庭要形成合力，加强对少年儿童食品安全的管理；措施六，少年儿童要提高自律意识，远离垃圾食品。

6.个人践行。在未来的工作中，我会积极宣传垃圾食品的危害，对痴迷垃圾食品的少年儿童给予引导教育，抵制垃圾食品，勇于举报不良企业和商贩。

例3

观察漫画，谈谈你的看法。

【答题思路】

分析画面，抓关键要素进行剖析：这是个形象生动的会意字，由三部分组成。上边是个"人"字；下方左边是个"口"字；下方右边是个"卩"字，在古代就是节约的"节"。"节"的水龙头在哗哗流水，使"命"受损。从整个字来看，"节"字出现"漏洞"则会损害"人口"的生命。综合这些要素，警示我们浪费水就是在损害人类的生命。可按如下步骤依次作答：一是拟定题目：《浪费水就是损害人类生命》；二是描述漫画并揭示主旨；

三是分析浪费水的危害；四是从工农业生产和生活方面阐述浪费水的表现及原因；五是根据问题提出解决对策；六是联系实际谈个人践行。

【参考答案】

1. 拟定题目。 我给这幅漫画拟定的题目是《浪费水就是损害人类生命》。

2. 描述漫画。 这是个形象生动的会意字，由三部分组成。上边是个"人"字；下方左边是个"口"字；下方右边是个"卩"字，在古代就是节约的"节"。"节"的水龙头在哗哗流水，使"命"受损。从整个字来看，"节"字出现"漏洞"则会损害"人口"的生命。综合这些要素，警示我们浪费水就是在损害人类的生命。

3. 主要危害。 水是生命之源，万物之本。水既是生命活动赖以持续的物质基础，也是人类社会生存和发展的必要条件。而浪费水资源会造成很多危害：危害一，导致水价上涨，增加生活负担；危害二，农作物缺少灌溉不能成活，引发旱灾；危害三，导致整个生态系统崩溃，威胁人类的生存与发展。

4. 主要原因。 浪费水的表现及原因有：原因一，农业方面，用水不合理，存在大水漫灌、过度开采地下水等低效方式，在浪费水资源的同时也导致了土地的盐碱化；原因二，工业方面，部分企业的工业废水直接排放，缺少除污设备，水污染严重，水资源重复利用率比较低；原因三，生活方面，部分群众的节水用水的意识有待加强。这些问题造成当前整个世界的水资源短缺，严重危及人们的生存。

5. 对应措施。 我们应多措并举，保护水资源。措施一，农业上要提高水资源的利用率，采用更加先进科学高效的灌溉方式；措施二，工业上要不断进行产业升级和新旧动能转换，实现无污染、高质量的发展，对于确实存在污染的企业要及时上除污设备，争取排出的废水是无污染的；措施三，政府要加大资金技术投入，研发更加高效的节水用具；措施四，社会舆论要加大对节水用水的宣传；措施五，水资源主管部门要开通举报渠道，对肆意浪费水的行为给予相应处罚；措施六，群众要提高节水意识，从日常点滴中节约用水，科学用水。

6. 个人践行。对于个人来说，在工作生活中要以身作则，节约、合理用水，主动宣传，提升群众节水意识，为保护水资源做出贡献。

例 4

请给漫画拟定一个题目，谈谈你的看法。

【答题思路】

首先，分析漫画中的关键元素：两只手，手中抓握着标有

"粮"字的饭碗，饭碗里是农田、农民、农村、粮仓。综合这些要素，反映了粮食安全问题。一是拟定题目：《饭碗要牢牢端在自己手中》或《端稳自己的饭碗》；二是描述漫画；三是分析"为什么饭碗要牢牢抓在自己手中"，即粮食安全的重要意义；四是阐述"把饭碗牢牢抓在自己手中"的具体措施，即如何保障粮食安全；五是联系实际谈个人践行。

【参考答案】

1. 拟定题目。通过分析漫画中的关键元素，我给这幅漫画拟定的题目是《饭碗要牢牢端在自己手中》或《端稳自己的饭碗》。

2. 描述漫画。漫画描述的是一双手捧着一个饭碗，饭碗上写着"粮"字。饭碗里边有粮仓、有农民、有农村、有田地，揭示了我们要确保粮食安全，把饭碗牢牢端在自己手中。

3. 阐述意义。粮食安全问题之所以如此重要，一是粮食安全关乎人民群众最基本的生存问题。民以食为天，手中有粮，心中不慌。二是粮食安全关乎国家的长治久安。粮食在国际发展中是一种应对制约的有力战略武器，比如，非洲等一些国家就因为粮食短缺受制于别国，被"卡脖子"。三是农业是国家的基础产业，粮食安全问题是重大战略问题，粮食是各种农副产品、工业用品的原材料。只有确保农业良好发展才能助推二、三产业发展。

4. 提出对策。如何把粮食安全牢牢抓在自己手中？措施一，藏粮于"地"。实行最严格的耕地保护制度，保证18亿亩红线不能突破，坚决防止盲目建设，占用耕地。措施二，藏粮于"种"。要把种子攥在自己手中，加强对种子的研发，培育优质种源。措施三，藏粮于"技"。推动我国农业生产规模化、机械化、产业化发展，创新粮食增产技术，提高粮食的产量和质量，让科技成为保障我国粮食安全的关键要素。措施四，藏粮于"民"。完善强农惠农富农政策，强化农民收益保障，稳步提高稻谷小麦的收购价格，完善稻谷、玉米、大豆生产者补贴等政策，调动农民种粮积极性。措施五，藏粮于"节"。全社会要发扬勤俭节约的优良传统，大力营造"厉行节约、反对浪费"的社会风尚。

5.个人践行。 在今后的工作生活中，我要积极响应国家关于粮食安全政策的号召，向农民群众宣传和普及，推广先进农业技术，促进农业农村的发展，让农民增收获利。

例5

根据漫画，展开联想，拟定标题，谈谈你的看法。

【答题思路】

剖析漫画中的关键要素：拥有高技术、高学历、企业家等身份的各类人才兴高采烈地来到农村，可以联想到他们投身乡村振兴工作。综合这些关键要素，一是拟定标题：《乡村振兴，大有可为》；二是描述漫画；三是分析这一现象的积极意义；四是从舆论宣传、政府支持、教育引导和青年人改变就业观念等四个层面提出落实措施；五是谈个人践行。

【参考答案】

1.拟定题目。 我给这幅漫画拟定的题目是：《乡村振兴，大有可为》。

2.描述漫画。 漫画中，拥有高技术、高学历、企业家等身份的各类人才，响应国家号召，走在写有"乡村振兴，大有可为"的牌子旁，踌躇满志地来到农村准备施展抱负。这反映了优秀人才来到农村支援乡村振兴的情况。

3.积极意义。 各类人才投身农村工作，是国家乡村振兴工作的战略需要，是农村实现跨越发展的需要，是他们施展才华、历练本领的需要。

4.落实措施。 为了助推各类人才参与乡村振兴工作，可以采取以下措施：措施一，舆论宣传部门要加大宣传力度，引导更多人才参与乡村振兴工作；措施二，政府要加大支持力度，提高人才待遇，增强乡村振兴工作的吸引力；措施三，教育部门要引导青年人改善就业观念，助力青年人投身乡村振兴工作；措施四，青年人要改变就业观念，把个人理想追求融入国家事业大局中。

5.个人践行。 作为一名青年，我将积极响应国家号召，积极投身于农村工作，踔厉奋发，扎实工作，为乡村振兴贡献自己的一份力量。

例6

请仔细观察漫画内容，并结合实际，谈谈你的理解。

【答题思路】

该题目为讽刺类漫画，采取如下步骤解答：一是拟定标题：《不能一罚了之》。二是根据不法商贩"元气未伤，咱照样卖"和执法人员携带"罚款"等关键图文字要素描述漫画，思考图片背后所要反映的现实问题，即执法不严，治理不彻底。三是分析其危害。四是结合实际分析其产生的原因。五是针对问题，结合危害和原因提出相应对策。

【参考答案】

1. 拟定题目。 我给漫画拟定的题目是《不能一罚了之》。

2. 描述漫画。 这幅漫画中有一个身着制服的执法人员，仅对违法行为罚款后洋洋得意地走了，不法商贩心想"元气未伤，咱照样卖"。这幅漫画形象的讽刺了当前部分执法人执法不严、形式主义的社会现象，告诫广大执法人员必须依规依纪依法对违法行为严肃问责。

3. 主要危害。这一不良现象会带来诸多危害。危害一，影响执法风气，破坏执法形象。一罚了之，浮于表面是治标不治本，影响执法队伍的执法能力以及公正执法的责任心，丧失执法队伍公信力。危害二，影响市场经营秩序。执法不严导致制假售假屡禁不止，产品质量无法保证。危害三，损害法律的尊严和权威。使执法人员以及社会民众缺乏对法律的敬畏之心，导致执法走过场，与我国全面依法治国的执政理念相违背。

4. 分析原因。这一不良现象的产生是多种因素共同作用的结果。原因一，执法风气不正。存在权力寻租，重视人情关系，信奉长官意志；急功近利，为发展经济对部分产业执法睁只眼闭只眼。原因二，执法队伍素养水平低。不注重工作能力提升，执法理念守旧落后，执法手段老化。原因三，执法管理乏力。前期缺乏对于执法人员执法理念、执法手段的培训，中期缺乏对执法人员执法手段的监督，后期缺乏对于执法工作效果的考核和责任追究。

5. 解决措施。当前，解决此类问题具有现实性和紧迫性。为此，我们必须立足当前，着眼长远，统筹规划，稳步推进。措施一，加强执法教育。教育引导广大执法人员牢固树立社会主义法治理念，严格依法履行职责。措施二，加强执法队伍建设。推进法治专题培训，使执法人员熟练掌握执法依据、执法流程，提升执法素养和执法水平。措施三，追责问责。强化内外监督的广度和深度，推行执法公开，接受社会监督，及时发现和纠正执法工作中存在的实际问题，对相关责任人进行追责问责，确保严格公正执法。措施四，加强法制宣传。普及法律知识，弘扬法治精神，引导人民群众特别是工商业户自觉学法、守法、用法。

材　料　题

　　材料题是给定一段或几段材料，要求考生通过阅读、理解、分析、归纳，精准地获取有效信息，解答试题中所提出的各种问题。材料题主要考查考生的立场观点、阅读理解、归纳概括、组织协调、综合分析、言语表达、人际沟通、应急应变等多种能力。材料题以"材料＋问题"的形式出现，问法一般有：谈谈你对这件事的理解；你如何看待这种现象；假如是你，请你现场模拟；假如是你，你怎么办；你有什么对策；等等。主要答题思路和技巧是：先浏览材料后面的问题，然后带着问题阅读材料，弄清材料的主旨内容是什么？为什么？有何意义或危害？存在哪些问题与困难？产生问题的原因？对策是什么？应该怎么办？最后，确定问题类型，按照各自的答题规律、主要步骤和科学方法，妥善解答。

例 1

【材料】

　　2022 年 11 月 15 日，二十国集团领导人第十七次峰会在印度尼西亚巴厘岛举行，国家主席习近平出席并发表题为《共迎时代挑战，共建美好未来》的重要讲话。

　　习近平强调，粮食、能源安全是全球发展领域最紧迫的挑战。当前危机根源不是生产和需求问题，而是供应链出了问题，国际合作受到干扰。解决之道在于加强市场监管合作，构建大宗商品合作伙伴关系，建设开放、稳定、可持续的大宗商品市场，共同畅通供应链，稳定市场价格。要坚决反对将粮食、能源问题政治化、工具化、武器化，撤销单边制裁措施，取消对相关科技合作限制。二十国集团应该在生产、收储、资金、技术等方面为发展中国家提供必要支持。中方在二十国集团提出国际粮食安全合作倡议，期待同各方深化合作。

请根据上述材料，结合实际，回答下面的问题：

1. 谈谈你对粮食、能源问题的看法。

2. 谈谈解决粮食、能源问题的对策。

【答题思路】

先审题干，抓关键词句逐一剖析："国家主席习近平出席并发表题为《共迎时代挑战，共建美好未来》的重要讲话"是问题背景，讲话深刻剖析了粮食和能源存在安全问题的原因，并为今后解决粮食和能源安全问题提供了方法论；"习近平强调，粮食、能源安全是全球发展领域最紧迫的挑战"，说明粮食和能源安全至关重要且形势严峻；"当前危机根源不是生产和需求问题，而是供应链出了问题，国际合作受到干扰"，指出了粮食和能源问题产生的直接原因；"解决之道在于加强市场监管合作，构建大宗商品合作伙伴关系，建设开放、稳定、可持续的大宗商品市场，共同畅通供应链，稳定市场价格"，为我们提供了应对对策；"要坚决反对将粮食、能源问题政治化、工具化、武器化，撤销单边制裁措施，取消对相关科技合作限制"，从反面说明了粮食、能源问题产生挑战的原因，其中政治化是粮食、能源问题产生的根本原因；"二十国集团应该在生产、收储、资金、技术等方面为发展中国家提供必要支持", 从多方面提供了对策; "谈谈你对粮食、能源问题的看法", "看法"的核心在"原因", 要着重分析粮食、能源问题产生的原因, 并阐明危害; "谈谈解决粮食、能源问题的对策", 依照习近平总书记的讲话, 由原因提出对策。

问题1

【参考答案】

1.亮明观点。 习近平总书记深刻剖析了粮食和能源存在安全问题的原因, 并为今后解决粮食和能源安全问题提供了方法论。

2.阐明危害。 粮食和能源安全是全球发展领域最紧迫的挑战, 是各个国家的命脉, 其安全性下降将造成的危害是多方面的: 危害一, 威胁世界各国政治安全; 危害二, 威胁国际和平与发展, 影响国际交流与合作; 危害三, 威胁全球人民的生命健康。

3.分析原因。 产生粮食和能源安全问题的原因有: 原因一, 供应链韧性低、风险性高, 国际粮食和能源供需不平衡是根本原因。原因二, 粮食和能源问题政治化。某些超级大国奉行单边主义和保护主义, 以此来控制别国, 谋求霸权地位, 是其直接原因。原因三, 粮食和能源问题工具化。某些国家将其作为制裁和掠夺别国的工具, 缺乏人道主义精神。原因四, 粮食和能源问题的武器化。如操控种子、大豆等农产品的"卡脖子"现象, 部分国家以此为制裁他国的武器。原因五, 科学技术的限制。某些国家主观上为了遏制别国发展, 限制与他国的科技合作, 不提供粮食和能源安全方面的科技支持。

问题2

【参考答案】

为了解决粮食和能源问题, 习总书记提出了6方面的对策。

1.要加强市场监管与合作，建设开放、稳定、可持续的大宗商品市场，共同畅通供应链，稳定市场价格，推动实现国际粮食和能源的互利共赢。

2.要坚决抵制粮食和能源问题的政治化，反对霸权主义、单边主义、保护主义，维护世界格局多极化。

3.避免粮食和能源问题的工具化，要发扬人道主义精神，把粮食和能源作为人道援助而不是制裁掠夺工具。

4.要警惕粮食和能源问题的武器化，增强我国的粮食和能源实力，避免其成为被他国攻击的武器。

5.要取消和破除某些国家对相关科技合作的限制，争取发达国家的科技支持，同时要加强对发展中国家生产、收储、资金、技术等方面的必要支持和国际援助。

6.中国将在解决粮食和能源安全方面多措并举，作出表率，发挥积极作用。

例 2

【材料】

2023 年 5 月 3 日，中共中央总书记、国家主席、中央军委主席习近平给中国农业大学科技小院的同学们回信，提出殷切期望，并在五四青年节到来之际，向全国广大青年致以节日的祝贺。习近平在回信中说，得知大家通过学校设立的科技小院，深入田间地头和村屯农家，在服务乡村振兴中解民生、治学问，我很欣慰。习近平强调，你们在信中说，走进乡土中国深处，才深刻理解什么是实事求是、怎么去联系群众，青年人就要"自找苦吃"，说得很好。新时代中国青年就应该有这股精气神。党的二十大对建设农业强国作出部署，希望同学们志存高远、脚踏实地，把课堂学习和乡村实践紧密结合起来，厚植爱农情怀，练就兴农本领，在乡村振兴的大舞台上建功立业，为加快推进农业农村现代化、全面建设社会主义现代化国家贡献青春力量。

2009 年，中国农业大学在河北省曲周县探索成立科技小院，把农业专业学位研究生派驻到农业生产一线，在完成知识、理论学习的基础上，研究解决农业农村发展中的实际问题，培养农业高层次人才，服务农业农村现代化建设。目前，该校已在全国 24 个省区市的 91 个县市区旗建立了 139 个科技小院。近日，中国农业大学科技小院的学生代表给习近平总书记写信，汇报他们的收获和体会，表达了为农业强国建设作贡献的坚定决心。

请根据上述材料，结合实际，回答下面的问题：

1. 农业大学为什么要在农村建设科技小院？

2. 请谈谈"习近平给中国农业大学科技小院的同学们回信"的深远意义。

3. 请你结合这段话，谈谈对"自找苦吃"的理解。

问题 1

【答题思路】

浏览材料后面的问题"农业大学为什么要在农村建设科技小院？"，需要我们在材料中寻找原因。"通过学校设立的科技小院，深入田间地头和村屯农家，在服务乡村振兴中解民生、治学问"，说明农村底蕴深厚，需要深入研究；"走进乡土中国深处，才深刻理解什么是实事求是、怎么去联系群众，青年人就要自找苦吃"，说明青年人需要进入农村实践锻炼；"农业专业学位研究生派驻到农业生产一线，在完成知识、理论学习的基础上，研究解决农业农村发展中的实际问题，培养农业高层次人才，服务农业农村现代化建设。"说明农村在实际发展中存在实际问题，比如处于传统农业阶段，人才匮乏等。综合以上分析整理答案要点。

【参考答案】

科技小院是在农村生产一线的，集科技创新、社会服务、人才培养于一体的创新平台。在农村建设科技小院根本目的是服务乡村振兴，推动农业农村现代化建设。

原因1，乡村振兴力量在农村。谋划乡村振兴，最了解实际情况的是农村群众，推动农村发展，最大的依靠力量，也是农村群众，只有走进乡土中国深处，才深刻理解什么是实事求是、怎么去联系群众，才能更加了解实际情况，并提出切实可行的发展计划。

原因2，农村文化底蕴深厚。农村有千百年来祖先们智慧的结晶，有深厚的农耕文明底蕴，有中华民族优秀的、几千年流传下来的传统文化，是乡村可持续发展的源泉，值得深入学习研究，值得培育、传承和发扬。

原因3，农村农业科学发展落后。传统农业规模狭小、商品率低，经验知识与现代化发展脱节，有些地区还处于人工种植，机械化水平低，生产效率低，收获率低；人才匮乏，数量不足、流失严重，缺乏科学有效指导。

原因4，大学生实践需要。大学生有理想、有本领、有担当，科学知识丰富，但是缺乏实践经验，在农村建设科技小院是响应习近平总书记"把论文写在祖国的大地上"的号召，让学生深入田间地头，在完成知识、理论学习的基础上，研究解决农业农村发展中的实际问题，有助于培养农业高层次人才，服务农业农村现代化建设。

问题2

【答题思路】

先浏览问题，"习近平给中国农业大学科技小院的同学们回信的深远意义"，然后带着问题阅读材料并思考。习近平总书记给同学们的回信内容是什么？目的意义何在？根据回信查摆当下青年存在的问题与困难有哪些？应对对策是什么？最后谈谈自身践行。

【参考答案】

1. 亮明观点。习近平总书记在五四青年节到来之际给中国农业大学科技小院的同学们回信，对我们青年的发展寄予了殷切期望，告诉我们在青年时期就要"自找苦吃"，充分树立担当意识，深入田间地头，在服务乡村振兴中解民生、治学问，实现自身价值。

2. 青年的重要性。这是由青年的重要价值地位所决定的。其一，从青年人使命角度谈。党的二十大对建设农业强国作出部署，青年一代是我们社会发展的新鲜血液，是乡村振兴、农业强国的主力队伍，肩负着国家未来的命运和民族振兴的希望。其二，从青年人发展角度谈。我们只有在青年时期系好第一粒扣子，多去锻炼，多去吃苦，培养吃苦耐劳的精神品质，不断在挫折和困难中磨炼自己，才能更好地实现个人价值。其三，从青年人的能力角度谈。新时代青年人大多文化水平高、眼界开阔、思维活跃、接受新事物快，有强烈的爱国情怀和报国热情，基层天地广阔，青年下沉基层锻炼，必将大有可为、大有作为。

3. 查摆问题。这封回信的深远意义还在于帮助青年人查摆自身存在的问题。问题一：青年人正处在成长期，社会经验相对不足，部分青年人很容易受到现在的拜金主义、享乐主义的影响，缺少担当意识，不思进取，躺平颓废，不愿吃苦奋斗，不利于健康发展。问题二：青年人缺乏基层和艰苦复杂环境的历练，缺少把所学知识转化为实际的能力，在驾驭复杂局面、处理复杂矛盾问题上缺乏实践经验，尤其是在做群众工作方面存在一定短板。

4. 实践落实。青年人要认真对待习近平总书记的这封回信，从中汲取前进的智慧和力量，具体可以从以下几方面来落实。措施一，做有理想抱负的好青年。坚定理想信念，要心怀国之大者，坚持用科学理论武装头脑、指导实践，树立为祖国为人民永久奋斗、赤诚奉献的坚定理想。措施二，做能担当吃苦的好青年。青年人要"自找苦吃"，面对基层地区的艰苦环境，要扑下身子、沉到一线，近的远的都要去，好的差的都要看，干部群众的表扬批评都要听，不避难、不畏难，把吃苦当作一种磨炼，苦干实干，在广阔的基层天地中磨炼自己。措施三，做热爱学习的好青年。增强学习的紧迫感，努力掌握科学文化知识和专业技能，努力提高人文素养，使自己的思想观念、思维方法、认识水平跟上时代发展步伐。措施四，做注重实践的好青年。向农业大学科技小院学习，把论文写在祖国大地上。既多读有字之书，又多读无字之书，注重学习实践经验和社会知识。深入基层、深入农村，在完成知识、理论学习的基础上，研究解决农业农村发展中的实际问题，帮助农村培养农业高层次人才，服务农业农村现代化建设。

5. 自身践行。在今后的工作中，我将"自找苦吃"，深入基层，深入群众，在实践中掌握真才实学、增益其所不能，努力成为可堪大用、能担重任的栋梁之材。

问题3

【答题思路】

先审题干，抓关键词句逐一剖析："习近平给中国农业大学科技小院的同学们回信，提出殷切期望，并在五四青年节到来之际，向全国广大青年致以节日的祝贺"交代背景信息；"走进乡土中国深处，才深刻理解什么是实事求是、怎么去联系群众，青年人就要'自找苦吃'"说明自找苦吃是走进乡土中国深处，深入基层的思想前提。"才深刻理解什么是实事求是"是第一个分论点，青年对实事求是理解不深，自找苦吃才能明白实事求是的真谛，解决真问题；"怎么去联系群众"是第二个分论点，说明青年深入基层吃苦能够密切联系群众，与群众深入沟通交流。"请你结合这段话，谈谈对'自找苦吃'的理解。"首先，亮明观点，习近平总书记在信中的话为青年指明了工作的方向，启示我们深入一线、自找苦吃，才能历练才干；其次，运用讲道理、举例子、正反论证等方式分别论证两个分论点；最后，谈个人践行。

【参考答案】

1. 亮明观点。 习近平总书记在信中的话非常有道理，为青年指明了工作方向，这启示我们要做新时代中国青年，就必须培养不怕吃苦、乐于吃苦的精神和品格，深入一线、深入基层，历练才干，才能做出一番事业。

2. 自找苦吃，才能深刻理解"什么是实事求是"。 当今青年学生长期在学校学习"有字之书"，缺少对社会这本"无字之书"的了解，致使青年看问题、想办法的角度比较理想化，缺乏切实可行的做法。坐而论道，不如起而行之。青年人在实现抱负、施展才华的过程中，只有"自找苦吃"，从实践中来，到实践中去，以基层为课堂，以实践为导师，才能把握万事万物的规律，才能解决真问题。

3. 自找苦吃，才能深刻理解"怎么去联系群众"。 青年深入基层，能够与群众面对面、心谈心，将群众观点、群众路线具体落实到行动上，着力解决群众最关心最现实的利益问题。习近平总书记在插队梁家河时期什么活都干过，什么苦都吃过，也正是这种自找苦吃、为百姓做事的精神，成就了习近平总书记作为人民领袖的施政智慧和为民情怀。

4. 个人践行。 艰难困苦，玉汝于成。才从苦中来，功在苦中建。作为青年要积极响应习总书记的号召，不仅要心入基层，更要身入基层，摒弃骄娇二气，不怕苦、肯吃苦，提升工作能力，做好本职工作，把对事业的信念落实到长久的坚持中。

反　驳　题

　　反驳题是先给考生提供若干观点和相关论据，要求考生对这些观点进行反驳的考题。反驳题的核心话题一般是社会现象和政策理解等时政热点，重点考查考生的综合分析、逻辑思维、应急应变等多种能力。答题思路是：先亮明观点；然后采用讲道理、摆事实、举例子、作比较等论证方式，逐一反驳题目提出的论点；最后总结概括正确的观点。

　　对于完全错误、明显违背社会伦理道德、反面消极的观点，必须全盘否定，给予反驳；对于利弊混杂的新兴产物或者社会现象产生的观点，要有正确取向，要化弊为利正确看，合理规划向前看，特别是对于新生事物要肯定积极面，避免消极面。

　　需要注意的是：反驳不一定证明对方全错，有时只证明对方有错即可；不能简单将题目观点否定就当作反驳，比如题干观点是"不利于"，我们简单反驳说"有利于"，说服力不强，必须加强论证；可以从逻辑角度反驳，如不存在因果关系，论据不成立，过于绝对等；对于新生名词可以通过自己给予与题目不同的新的定义，从而对题目进行反驳。

例1

人工智能会造成很多人失业，请你分别对以下论据进行反驳：

论据一：生产线上操作性、重复性强的岗位更适合人工智能；

论据二：人工智能学习能力强，可以代替人类；

论据三：人工智能会不断升级，在自动驾驶、医疗等方面表现更优。

【答题思路】

审题干，抓关键词句逐一剖析：首先亮明观点，对总论点"人工智能会造成很多人失业"进行反驳；其次，要对三个观点逐一反驳：论据一中生产线上操作性、重复性强的岗位更适合人工智能，但是一定会带来大量失业吗？论据二中人工智能的学习能力来源于哪里呢，是否可以真正代替人类进行思考呢？论据三中人工智能会不断升级，在自动驾驶、医疗等方面表现更优，都是体现在某些高精尖行业，本来就不需要大量人工，一定能让很多人失业吗？通过解答以上疑问，就能对题干的论据进行反驳。答题思路如下：先亮明观点，反驳总论点；然后采用讲道理、摆事实、举例子、作比较等论证方式，逐一反驳分论点；最后总结概括正确的观点。

【参考答案】

1.亮明观点。 我认为人工智能并不会带来大量失业。人工智能是时代进步和人类智慧的体现，发展迅速，但是存在缺点：没有感情，智能化程度普遍较低，依靠人输入程序算法，成本高，难以取代人类工作。

2.驳斥论据一。 社会中并非都是操作性和重复性强的职业和岗位，比如服务行业，教育行业、医疗行业、艺术行业等，并且现如今人工智能机械化生产已经大规模使用，但是人力劳动并未消失，反而会催生更多新职业，人工智能同样需要人去维护和配合，从而增加更多新的就业岗位。

3. 驳斥论据二。 人的智慧和思维是无法被取代的，人工智能主要取决于人类的编程算法、输入的数据，按照人既定的程序工作，是人类思维的部分体现，始终脱离不了人的控制；工作质量并不见得优于人工，比如人工智能批改作业、人工智能书写文章、智能客服，总是显得呆板生硬，体验较差。

4. 驳斥论据三。 人工智能的确在某些方面显现出了潜力，但是主要发挥在一些高精尖领域，能够承受起高额成本费用，而大多数传统产业是难以承受的，依旧需要大量人力劳动。

5. 解决问题。 为了能够更加客观辩证地看待和应用人工智能，可以从以下几方面用力：其一，要加强宣传科普，正确认识人工智能，是科技发展的产物，不必过于担忧，不能因噎废食。其二，要加强科技研发，提高人工智能性能，拓宽其应用领域，依靠人工智能提供更多新兴职业和就业岗位。其三，要加强监管，人工智能不能任其野蛮生长，必须对其伦理道德进行一定约束。

6. 个人践行。 与其杞人忧天，担心自己被人工智能所取代，不如加快学习步伐，与时俱进，提高自身本领，使自己始终保持竞争力。

例 2

现在互联网直播经济火热，很多地区出现文旅局局长，直播介绍当地旅游特色，带动当地旅游业发展。但也出现了很多不同的观点：

观点一：工作时间直播，耽误本职工作，有作秀嫌疑。

观点二：短视频一时兴起，难以长远发展，不能持续带来经济效益。

观点三：文旅干部代表政府，如因专业知识不足，说错话，会带来负面影响。

请考生一一反驳三种观点。

【答题思路】

审题干，抓关键词句逐一剖析：题干开头对文旅干部直播介绍采取的是积极的态度，而我们需要反驳的三个观点是消极的方面，综合来看我们需要亮明的观点应该是支持鼓励并改正不足。其次要对三个观点逐一反驳：观点1中要明确文旅干部的本职工作是什么，直播的目的是什么，是否是为了作秀？观点2中要考虑短视频的发展前景，思考持续性的经济效益能否单单依靠短视频？观点3中的负面影响能否通过前置措施完全避免？通过解答以上疑问，就能对观点进行反驳。思路如下：先亮明观点，表示支持和鼓励；然后采用讲道理、摆事实、举例子、作比较等论证方式，逐一反驳分论点；最后总结概括正确的观点。

【参考答案】

1. 亮明观点。我认为这是一件值得支持和鼓励的做法。干部走进网络直播间，为本地旅游特色代言，是一场创建服务型政府的创新变革，充分发挥互联网在宣传本地文化、带动经济发展、推动乡村振兴中的作用，值得支持和鼓励，或许存在不足，要采取措施消除弊端、发展优势，让其走向正轨。

2. 驳斥观点一。干部直播并不是作秀。文旅干部主动与时俱进、跨界直播代言，是工作意识的一次转变和突破，是对本职工作方式方法的一次大胆创新尝试。通过直播介绍当地旅游环境、资源、特色吸引游客，把网络流量转化为发展红利，让发展旅游经济不再停留于纸面材料，这种放下身段的融入，展现了敢于尝试的担当和胆量，是干部工作能力、业务水平的体现，更加考验领导干部对本职工作的统筹协调能力。

3. 驳斥观点二。 短视频平台发展前景广阔。作为信息发布的载体之一，发布时效快，群众基础好，运用良好能持续带来经济效益。比如淄博文旅局长在线展示淄博烧烤"灵魂"三件套吃法，吸引了大量游客前来游玩品尝。同时也要注意到，持续性的经济效益并不能仅仅依靠短视频，好的口碑需要日积月累，创意宣介、服务品质一样都不能少，需要各部门联动形成合力，持续做好服务保障，让游客愿意来、愿意再来。

4. 驳斥观点三。 负面影响能通过前置措施完全避免。短视频平台在扩大宣传的力度、广度和速度上是传统宣传方式难以替代的，其影响好坏取决于文旅干部的如何使用，因专业知识不足说错话从而带来负面影响完全是可以规避的。我们应该相信文旅干部的责任心和工作学习能力，相信他们一定能利用好短视频平台辅助工作，带动旅游业发展。

5. 解决问题。 如何更好地开展好这项工作呢？措施一，加强骨干培训。对领导干部进行知识和业务培训，发挥个人特长，宣传风土人情、地方特色，同时做好直播与其他本职工作的统筹协调。措施二，强调宣传创新。突出视频创意性，思考和探索更多元、更丰富的宣传、引流方式，打破"藏在深山人未识"的困境。措施三，加强服务保障。政府各部门联动，常态化监管相关行业，畅通监督举报渠道，动员本地百姓参与共建旅游城市，强化荣誉感和归属感。

6. 个人践行。 与时俱进，主动拥抱互联网，学习新知识，结合自身工作，创新工作方式方法，统筹安排好各项工作，提高工作能力和工作质效。

例 3

最近，社会上对于推动共同富裕有很多讨论。有人说，共同富裕就是发展的成果人人有份；有人说，共同富裕是"劫富济贫"；也有人说，促进共同富裕就是"吃大锅饭"搞平均主义、养"懒汉"。对此，你怎么看？

【答题思路】

快速审阅题干，抓关键词句逐一剖析："最近，社会上对于推动共同富裕有很多讨论"，交代了问题背景，抓住关键词"共同富裕"进行思考；"有人说，共同富裕就是发展的成果人人有份"，此观点对共同富裕的本质认知有偏颇；"有人说，共同富裕是'劫富济贫'，说明对先富带动后富认知存在偏差"；"也有人说，促进共同富裕就是'吃大锅饭'搞平均主义、养'懒汉'"，对国家在推动共同富裕实施上存在认知错误；"对此，你怎么看？"首先，亮明观点；其次，分别驳斥错误的观点；再次，提出解决措施；最后谈个人践行。

【参考答案】

1.亮明观点。共同富裕是社会主义的本质要求，是全体人民的富裕，是人民群众的共同期盼，是物质生活和精神生活都富裕。题干中的说法显然没有正确理解何为共同富裕，这种说法是偏颇的。

2.驳斥观点一。共同富裕就是发展的成果人人有份。这句话歪曲了共同富裕的本质要求，共同富裕的发展成果应该是人人共享。共同富裕是我党的一项长期任务，也是一项现实任务，是一个不断探索与实践的整体性、系统性的过程。在此过程中，人民群众会感受到很多看得见、摸得着的发展成果。由此可见，"人人共享"不等于"人人有份"。

3. 驳斥观点二。共同富裕就是"劫富济贫"。邓小平曾经提出"一部分有条件的地区先发展起来，先发展起来的地区带动后发展的地区，最终达到共同富裕。"由此可见，共同富裕是一个渐进性的过程。国家在推进共同富裕时也提出了构建中间大、两头小的橄榄型分配结构，取缔非法收入，调节过高收入，增加低收入的收入。因此，说共同富裕是劫富济贫是错误的。

4. 驳斥观点三。共同富裕就是"吃大锅饭"搞平均主义、养"懒汉"。共同富裕具有鲜明的中国特色，共同富裕的实现只有共同奋斗，共同参与，共同努力，才能共同享有。"共同"不等于"平均"，每个人都不一样，我们国家在推进共同富裕时不仅"授人以鱼"，更"授人以渔"。对弱势群体、困难群众、失业者给予基础的生活保障，同时也鼓励劳动者通过自己的辛勤劳动、合法经营来生活。共同富裕不是等、靠、要，而是在党的带领下，全体人民共同努力，共同推进，互帮互助逐渐实现。

5. 解决措施。为加快我国共同富裕进程，我们应做好以下几点：措施一，"先富"带动"后富"。国家应当鼓励先富裕起来的人群和地区帮助后富的人群和地区，为其提供机会，传授经验，形成勤劳致富、艰苦奋斗、公平正义的社会风气。措施二，推进精神生活和物质生活共同富裕。社会主义国家不仅要发展经济，更要形成和谐、稳定的社会风气，滋养人民精神生活，提高人民精神境界。措施三，各地立足实际，因地制宜，循序渐进。比如浙江建设了共同富裕示范区，其他地方也应探索适合本地发展的有效路径，总结经验，逐步推开。措施四，正确处理效率和公平的关系。构建初次分配、再分配、三次分配协调配套的基础性制度安排。

6.个人践行。 作为个人来说，我们应该深刻理解共同富裕的内涵，在工作中做到脚踏实地，勤勤恳恳，努力奋斗，为扎实推进共同富裕贡献一份力量。

综 合 题

为实现"一题多考"的综合考查效果，面试命题在内容上往往是多角度、多层次、多样化、综合性的，在形式上一道题目一般兼有哲理思辨、立场观点、人际关系处理、应急应变、组织活动、统筹安排、社会现象等多类问题的性质特点。所以，考生要多元、发散思维，充分挖掘题目蕴含的多个考查要素，抓住关键，综合分析，系统研判，灵活运用，全面展现素质水平。为此，列举一些综合性强的案例，供考生学思践悟。

例1

观察漫画，发表一篇3分钟的现场发言。

【答题思路】

这是一道兼具漫画题、公众发言类问题的综合题。

先审题干，抓关键要素逐一剖析："观察漫画"，需要结合漫画关键要素，领会命题人的考查意图；"回乡投资创业"是各类人才的意愿；"政策扶持"和"创造条件"，是"我方"吸引人才创业兴业和解决生活顾虑的举措。综合以上题意，需要"我方"招才引智，招商引资，发表讲话吸引各类人才回乡投资创业兴业。"发表一篇3分钟的现场发言。"首先，讲好开场白；其次，讲好主体，讲述家乡基本情况，介绍相关优惠政策，对这些人才表扬称赞；最后，讲好结束语，展望未来。

【参考答案】

（开场白）各位老乡好！我是咱们县政府干部XXX，代表政府对大家的到来表示热烈的欢迎，同时期盼大家回老家创业兴业。

（讲好主体）大家在外多年了，可能对咱们县的发展状况不太了解。首先给大家汇报一下咱们县里的基本情况。咱们县环境优美，房价适中，适宜居住；目前人口接近百万，经济发展稳健，农业基础较好，工业门类比较齐全，年均生产总值达到40个亿，是全国百强县之一；咱们县近年来先后荣获全国文明城市、中国最具幸福感城市、最具发展潜力县等荣誉称号。目前，咱们的经济发展需要更多的资金和人才，为了招才引智、招商引资，咱们县里拓展了就业创业平台，出台了很多优惠政策，包括更加优越的工资待遇、设施齐备的各类厂房以及孩子上学和住房政策优惠等。大家多年漂泊在外，都是各路精英，在自己的岗位上做出了卓越的业绩，咱们家乡亟需你们这些优秀人才投资支持。

（结束语）家乡的发展离不开人才，真诚地希望各位回乡投资创业兴业，施展聪明才智，实现个人和社会价值，携手为家乡事业的发展做出积极贡献！

例2

在某些机关单位，会干的不如会说的，会说的不如会演的。请谈谈你的见解。

【答题思路】

这道题兼有社会现象类、立场观点类、哲理思辨类等多种题型的特点，需要综合分析，系统研判，灵活作答。

先审题干，抓关键词句逐一剖析："在某些机关单位"，交代问题发生的主体。"会干的不如会说的，会说的不如会演的。""会干的"是指干实事的"真作为"；"会说的"是指只说不干、弄虚作假的"假作为"；"会演的"是指善于作秀、做表面文章的"秀作为"。"请谈谈你的见解。"一是亮明立场观点，这是一种不良的现象，应反对并加以纠正；二是解释这三种现象，揭示寓意；三是从个人积极性、团队的干事效率、单位风气等方面论证危害；四是从个人、评价机制、领导者导向分析出现这种不良现象的原因；五是针对原因采取措施进行改进；六是联系个人，谈如何践行。

【参考答案】

1.亮明立场观点。这是一种不良现象，我们应加以纠正。

2.揭示寓意。"会干的不如会说的，会说的不如会演的"这句话中，"会干的"实际上是真作为的实干家，脚踏实地，诚恳工作；"会说的"是弄虚作假的形式者，蒙骗上级，糊弄群众；"会演的"是只做表面文章不干实事的表演者，善于作秀，装腔作势。这反映了机关单位内的三类人和行为。

3. 阐明危害。实干家吃亏，能说会演者沾光，这是一种错误的工作态度。如果任由这种风气态度愈演愈烈，将会产生严重的危害。危害一，挫伤实干家干事创业的积极性；危害二，影响整个团队干事创业的效率；危害三，带坏单位的工作风气。

4. 分析原因。产生这一现象的原因有：原因一，单位个人的世界观、人生观、价值观和事业观出现偏差甚至错误；原因二，考核评价机制有误，不能客观公正地考核评价人；原因三，单位领导者用人导向不正，识人不清，看人不准，用人不当。

5. 提出对策。为了纠正这种不良现象，需多方用力。措施一，个人要树立正确的世界观、人生观、价值观和事业观，脚踏实地，诚恳工作。措施二，要健全考核评价机制，通过德、能、勤、绩、廉综合考核评价干部，不能只凭"说"和"演"；措施三，领导者特别是"一把手"要善于识人用人，倡树正确的用人导向，引领良好的社会风气。

6. 个人践行。走上工作岗位后，我要争做实干家，培树真作为、勇担当、敢斗争的优秀品质，坚决摒弃假作为和秀作为，永葆浩然正气，为单位和社会多出真实绩、多做真贡献。

例 3

建党节前夕，单位拟准备一场庆祝建党活动的歌咏比赛，但有些同志不支持。有的说，工作忙，没时间；有的说，会唱歌的不多，没看头；有的说，走形式，没实效。如果领导把这次活动交给你，你如何组织？

【答题思路】

这道题目兼有组织活动类、人际关系处理类的特点，既考查考生组织活动的能力，又考查其处理人际关系的能力。

先审题干，抓关键词句逐一剖析："单位拟准备一场庆祝建党活动的歌咏比赛"，说明筹备建党活动的歌咏比赛是本次工作的主要任务。"领导把这次活动交给你"，要接受工作任务，担负起工作责任。"有些同志不支持。有的说，工作忙，没时间；有的说，会唱歌的不多，没看头；有的说，走形式，没实效"，需要广泛听取，充分考虑同志们的意见建议，分别做通思想工作，然后拟定方案。"你如何组织？"一是表明态度。要接受任务，做通思想工作，争取把这项工作完成好。二是明确目的。三是凝聚共识。四是拟定方案。要充分考虑和调研同志们的需求，解决同志们各种问题，调动积极性。五是充分准备。六是组织比赛。七是总结提升。

【参考答案】

1. 表明态度。我会认真负责，统筹规划，争取做通同志们的思想工作，妥善开展好这次活动。

2. 明确目的。此次工作的目的是庆祝建党活动，弘扬红色精神，提高同志们的思想觉悟。

3. 凝聚共识。针对同志们的不同意见，深入调研，广泛倾听同志们的建议，竭力达成共识。针对"有的说，工作忙，没时间"的情况，可商量缩减比赛时长；针对"有的说，会唱歌的不多，没看头"，可商量请几位水平高的"外援"；针对"有的说，走形式，没实效"，要注意选用实效性强的节目。

4. 拟定方案。在调查研究的基础上，拟定初步方案，然后进一步征求大家的意见，看是否可行，赞成率如何，修改好后汇报领导审批。

5. 充分准备。前期做好宣传动员工作，邀请党校里的文艺工作者对同志们进行歌唱指导，邀请领导、文艺工作者等相关人员组成评委团，采购好比赛的奖品、纪念品，安排好摄像人员，做好疫情防控等后勤保障工作。

6. 组织比赛。 比赛前做好时间地点等的通知，布置场地并检查相关设施是否可用；比赛时首先邀请单位领导做开场发言鼓动，然后开始比赛，请评委做好评分和点评，过程中穿插其他节目和趣味活动；比赛结束时发放奖品和纪念品，全程做好拍摄和录制工作，结束后将照片、视频等在单位张贴和宣传。

7. 总结提升。 将此次活动的基本情况、举办成效及改进建议形成报告汇报给领导，总结经验，汲取教训，为下次做好类似活动奠定基础。

例 4

2022 年 10 月 16 日，习近平总书记在党的二十大报告中强调，从现在起，中国共产党的中心任务就是团结带领全国各族人民全面建成社会主义现代化强国、实现第二个百年奋斗目标，以中国式现代化全面推进中华民族伟大复兴。请你谈谈对"中国式现代化"的理解。

【答题思路】

这道题兼容了政策解读类问题、立场观点类问题的特点。

先审题干，抓关键词句剖析：中国式现代化是党的中心任务和战略安排，可按"表明立场—是什么—为什么—怎么办"的思路回答。一是表明立场，习近平总书记的讲话为未来的发展指明了方向，我们要积极响应和落实；二是解释"中国式现代化"的内涵及意义；三是阐述"中国式现代化"的特征；四是谈本质要求；五是谈实现路径；六是联系个人实际谈践行。

【参考答案】

1. 表明态度。 习近平总书记在党的二十大报告中的讲话，为我们全面建成社会主义现代化强国、推进中华民族伟大复兴指明了发展方向，我们要积极拥护、响应和践行。

2. 中国式现代化的内涵及意义。 中国式现代化是中国共产党领导的社会主义现代化。既有各国现代化的共同特征，更有基于自己国情的中国特色。中国式现代化是实现中华民族伟大复兴的根本之路，是中华民族的复兴路、富强路，是中国人民走向共同富裕的致富路，也是促进世界和平与发展的康庄大道。

3. 中国式现代化的主要特征

中国式现代化是中国共产党领导的现代化。 坚持共产党的领导，就要坚持和加强党中央集中统一领导，坚持不懈运用新时代中国特色社会主义思想凝心铸魂，完善党的自我革命制度和规范体系。

中国式现代化是人口规模巨大的现代化。 我们国家有 14 亿多人口，要整体迈入现代化，必然要付出更大的努力，克服更多的困难，也必然会产生更广泛的世界性影响，对人类进步事业作出更大的贡献。

中国式现代化是全体人民共同富裕的现代化。 共同富裕是全体人民共同富裕，不是少数人的富裕，也不是整齐划一地搞平均主义，其目的是在进一步"做大蛋糕"的同时，更合理地"分好蛋糕"。我们要扎实推进共同富裕，坚决防止两极分化，使全体人民共享现代化成果。

中国式现代化是物质文明和精神文明相协调的现代化。 中国式现代化不仅要重视经济上的稳中求进，而且要重视精神方面的富足、幸福感、获得感和安全感。我们要坚持弘扬中华优秀传统文化，用好红色文化，发展社会主义先进文化，努力在现代化进程中协调实现物的全面丰富和人的全面发展。

中国式现代化是人与自然和谐共生的现代化。人与自然和谐共生是经济和生态建设相协调的发展，我们要走节约资源、保护环境、绿色低碳的新型发展道路，积极应对全球气候变化，力争2030年前实现碳达峰，努力争取2060年前实现碳中和，为全人类作出积极贡献。

中国式现代化是走和平发展道路的现代化。和平共处、互利共赢是我们处理国际关系的基本准则，我们要坚持多边主义，反对霸权主义、单边主义，积极推动构建人类命运共同体。

4. 本质要求。中国式现代化的本质要求是"坚持中国共产党领导，坚持中国特色社会主义，实现高质量发展，发展全过程人民民主，丰富人民精神世界，实现全体人民共同富裕，促进人与自然和谐共生，推动构建人类命运共同体，创造人类文明新形态。"

5. 实现路径。要坚持和加强党的全面领导，坚持中国特色社会主义道路，坚持以人民为中心的发展思想，坚持深化改革开放，坚持发扬斗争精神。

6. 个人践行。中国式现代化体现了中国共产党"为中国人民谋幸福、为中华民族谋复兴"的初心使命，中国式现代化是亿万人民自己的事业，要靠亿万人民去大胆探索。在今后的工作生活中，我要学好相关精神，践行初心使命，勇担重任，为实现中国式现代化贡献力量。

例 5

20 世纪 60 年代，河南林县人民为改变干旱缺水的困境，在太行山腰修建了全长 1500 公里的"人工天河"，孕育出了"自力更生、艰苦创业、团结协作、无私奉献"的红旗渠精神。2022 年 10 月 28 日上午，习近平总书记来到红旗渠考察。他强调："红旗渠精神同延安精神是一脉相承的，是中华民族不可磨灭的历史记忆，永远震撼人心。年轻一代要继承和发扬吃苦耐劳、自力更生、艰苦奋斗的精神，摒弃骄娇二气，像我们的父辈一样把青春热血镌刻在历史的丰碑上。"

请立足乡村振兴工作，结合红旗渠精神，谈谈你的想法。

【答题思路】

这是一道内容综合性较强的考题，既要谈过去，又要谈现在和将来。

先审题干，抓关键词句逐一剖析："改变干旱缺水的困境"说明了"红旗渠精神"产生的艰苦背景；"自力更生、艰苦创业、团结协作、无私奉献"说明了红旗渠精神的内涵；"要继承和发扬，摒弃骄娇二气，把青春热血镌刻在历史的丰碑上"，总书记指引我们既要继承红旗渠精神，又要将红旗渠精神发扬、落实于乡村振兴工作；"请立足乡村振兴工作，结合红旗渠精神，谈谈你的想法"是"红旗渠精神"的落脚点，这份精神要落实在乡村振兴工作上，并要联系自身实际谈践行。首先，亮明观点，习总书记对红旗渠精神的考察，是一种导向，指引我们既要继续传承发扬红旗渠精神，又要落实于乡村振兴工作；其次，简述红旗渠精神；再次，发扬落实红旗渠精神；最后，个人践行红旗渠精神。

【参考答案】

1. 亮明观点。习近平总书记对红旗渠精神的考察，是一种精神导向，指引我们既要继续传承发扬红旗渠精神，又要将这一精神继续落实于乡村振兴工作中去。

2. 简述红旗渠精神。林县人民为改善恶劣的生活条件，摆脱水资源匮乏的状态，修建了"人工天河"，从而孕育出"自力更生、艰苦奋斗、团结协作、无私奉献"的红旗渠精神。

3. 发扬落实红旗渠精神。进入新时代中国特色社会主义的今天，我们的条件大大改善，有了国家政策、资金等的扶持，要继续发扬红旗渠精神，助力新农村建设和乡村振兴，不能光靠外援，要靠乡村主体，干部和群众要上下同心，凭借着勤劳的双手干事创业，兢兢业业、埋头苦干，无私奉献，助力我们在新农村建设和乡村振兴事业上取得新成就。

4. 个人践行。在今后的学习和工作中，我将践行红旗渠精神，自力更生，艰苦奋斗，无私奉献，为社会主义事业添砖增瓦。

例6

你是某单位办公室主任，有甲乙丙三名副主任。甲，情商高，善交际；乙，写作能力强，熟练单位业务；丙，熟悉计算机、网络信息工作。某天，单位领导安排了如下任务，要求你当天完成，你如何做？

1. 上午8点至10点，单位退休老同志参加体检。

2. 上午8点至10点，上级网络办检查你单位网络信息安全工作。

3. 下午5点，领导出席新闻发表会，需要一份发言稿。

4. 明天上级业务部门来单位指导，需要按照拟定的接待方案，做好会务、食宿、车辆等筹备工作。

【答题思路】

本题兼有组织活动类、统筹安排类和人际关系处理类问题，综合性强。思考时要注意轻重缓急，用人所长，相互协作，综合考量，合力共为。

先审题干，抓关键词句逐一剖析："你是某单位办公室主任，有甲乙丙三名副主任"是角色定位，"我"有安排和分配工作的权限，要充分调动下属共同完成各项任务："甲，情商高，善交际"，可安排与退休老同志体检工作；"乙，写作能力强，熟练单位业务"，可安排写作相关的任务，拟定发言稿，完成初稿后，需要4个人共同参与修改完成，"我"负责把关，同时给领导预留出审阅的时间；"丙，熟悉计算机、网络信息工作"，可安排计算机网络相关的任务；"你如何做?"要本着"轻重缓急，用人所长，相互协作"的原则分8点之前、8点至10点、10点至上午下班、下午上班至下班四个时间段统筹完成。

【参考答案】

我会本着"轻重缓急、统筹安排，用人所长，相互协作"的原则，妥善处理好这4件事。

第一时间段（8点之前）：召开晨会，部署安排今天的工作。

第二时间段（8点至10点）：安排善交际的甲带领退休干部去体检；安排擅长写作的乙撰写领导出席新闻发表会的发言稿；安排熟悉网络计算机的丙负责迎接上级的网络信息安全工作检查；我负责办公室日常事务，并随时解决各项任务进展中遇到的问题。

第三时间段（10点–12点）：10点之后，我和甲乙丙四人共同讨论、修改领导讲话初稿，完成后11点钟交给领导审阅。11

点钟之后，以甲为主，共同处理明天迎接检查的各项筹备工作。

第四时间段（下午时间）：上班后，甲、丙继续处理明天迎接检查的筹备工作。我和乙根据领导意见，负责修改讲话稿，然后报给领导，领导满意后，我和乙参与到迎接检查的筹备工作中去。下班前，完成各项工作。

例 7

你们科室没有如期完成工作任务，领导要求你们周末加班。甲同事抱怨说，休息时间不能加班。乙同事说，工作太累，应减少工作任务。丙同事说，平时效率不高，才导致加班。你是科室负责人，如何劝说三名同事完成工作任务，请现场模拟。

【答题思路】

本题综合性较强，兼顾人际关系处理类（对领导服从，对下属服众）和哲理思辨类（研究工作方法，提高工作效率，避免再发生类似情况），要综合研判，灵活作答。

先审题干，抓关键词句逐一剖析："你们科室没有如期完成工作任务，领导要求你们周末加班"要端正态度，应该服从领导安排。"甲同事抱怨说，休息时间不能加班"，可以解释是因为平时工作效率不高，导致领导安排的工作没完成，所以领导让我们挤占休息时间将本该完成的任务完成是正常的；"乙同事说，工作太累，应减少工作任务"，劝说对于领导分配的工作没法讨价还价；"丙同事说，平时效率不高，才导致加班"，可表示赞同他的观点，并提议共同商量如何提高工作效率；"你是科室负责人"是角色定位，作为负责人要带头服从领导安排，勇于承担责任，分析问题原因，改进工作措施，提高工作效率。"请现场模拟"

需要将以上思路转化为亲和的语言，动之以情，晓之以理，耐心劝说，解除同事的思想疙瘩，推进工作顺利完成。首先，开场白表达歉意、揽过；其次，主体部分针对同事甲乙丙的观点分别给予回应；最后，结尾呼吁同事们以饱满的精神状态投入到工作中去。

【参考答案】

（开场白）大家都累了吧，咱们休息一会儿，聊一聊。先给大家道个歉，此次周末大家加班，是我没有统筹安排好，导致咱效率不高，责任在我。

（讲好主体）（回应）甲，站在领导的角度想，领导让咱们加班是应该的，实际上也是对我们的批评，我们应该意识到我们自身存在的问题。（回应）乙，对于领导给分配的工作量，咱们也做不了主，只能是接受任务，服从领导的安排。（回应）丙，咱们平时效率不高，才导致加班，这话真是说到了点子上了。下一步，咱们得好好商量商量、分析分析问题原因，改进工作措施，把工作效率提上去，争取在工作日就能高质高效地完成任务。这样，既避免周末加班，还会得到领导表扬呢！

（结束语）好了，咱们抓紧时间研究研究，看看还有哪些任务没完成，互相协作配合，争取提高效率，尽早完成任务，多腾出一些时间来，就能多休息。咱们携起手来，加油干吧！

例8

众所周知，岳飞是我国历史上"精忠报国"的英雄形象，其德行品格和军事才能被世人所认可。可是近年来，却有不少人对岳飞的政治情商大为抨击，觉得岳飞为人太正直，只知道打仗收复河山，不懂得权术。请谈谈你的看法。

【答题思路】

这是一道兼具立场观点和反驳类问题的综合题。

先审题干，抓关键词句逐一剖析："众所周知，岳飞是我国历史上'精忠报国'的英雄形象"，说明岳飞精忠报国赢得了世人爱戴，我们应坚决捍卫岳飞的英雄形象地位。"其德行品格和军事才能被世人所认可"，说明岳飞德才兼备，是英雄形象的具体表现。"可是近年来，却有不少人对岳飞的政治情商大为抨击"，"欲亡其国，先灭其史。"受西方文化侵略和历史虚无主义的影响，一些别有用心的人故意诋毁英雄形象，我们应坚决抵制，对其错误言论进行逐一揭露批驳：如果岳飞情商低的话，那么他不可能会率领千军万马抗击金兵且从无败绩，而且赢得了百姓爱戴；"觉得岳飞为人太正直"，而正直恰恰是疾恶如仇的美好品质，值得赞扬；"只知道打仗收复河山"，收复河山是拯救百姓于水深火热之中，是为了民族大义，是岳飞的丰功伟绩；"不懂得权术"，玩弄权术，则误国害民。"请谈谈你的看法。"首先亮明观点；其次分别驳斥错误言论；再次提出解决措施；最后谈谈个人践行。

注意：针对岳飞、刘胡兰、邱少云等英雄类社会热点问题，要坚决站稳人民立场，分清大是大非，捍卫英雄形象，坚决抵制别有用心诋毁英雄的错误言论。

【参考答案】

1.亮明观点。岳飞的英雄形象不容置疑。有些别有用心的人对于岳飞的抨击是错误的，是受西方文化和历史虚无主义的侵蚀，我们应坚决揭露并痛斥。

2.驳斥"情商抨击"。岳飞治军，赏罚分明，纪律严正，体恤部属，以身作则，才使众多将士一路追随岳飞，可见岳飞的情商之高。如果岳飞情商不高，又怎会带领军队获得一次又一次的胜利呢！而且从无败绩，这在中国乃至世界军事史上是罕见的。

3. 驳斥"太正直"。为人正直是中华民族的优良精神品质。正直的人追求社会公平正义，行事光明磊落，为人民着想，勇于承担社会责任，是值得我们学习和弘扬的宝贵品质。因此，批评"岳飞过于正直"的论调是错误的。

4. 驳斥"只知道打仗收复河山"。岳飞不顾个人及家人安危，率领岳家军抗击杀害无数汉人同胞的金人，拯救百姓于水深火热之中，收复失地，保家卫国，是当之无愧的千秋功臣。因此，"岳飞只知道打仗收复河山"是错误论调。

5. 驳斥"不懂权术"。权术是指依仗权势而使用的计谋和手段，懂权术是从个人利益和个人意志出发，满足自己的欲望，是自私自利、害国害民的表现。作为公职人员，如果一心玩弄权术，就会丧失人民立场，沦为权力的奴隶。认为英雄岳飞应该懂得权术的论调，显然是站在自私自利的立场阐发的，是极其错误的。

6. 解决问题。为了避免我们的民族英雄被别有用心者诋毁，我们祖国的未来被错误思想荼毒，我们的历史被虚无主义颠覆，我们的文化自信被这类"和平演变"瓦解，我们需要拿出强有力的措施来纠正：舆论宣传层面，要大力宣传英雄事迹，构建敬仰英雄、学习英雄、崇尚英雄、争做英雄的浓厚氛围；文化监管和司法部门要不断完善法律法规，加大监管力度，惩治故意诋毁英雄的丑恶行为；教育层面，要让英雄进教材、进课堂，使学生入心入脑，培养其英雄气概。

7. 个人践行。对个人来说，要站稳人民立场，抵制西方文化入侵，坚决捍卫护佑中华民族发展的历史英雄和现代英雄形象，宣传他们的事迹，弘扬他们的精神，将其化作我们不断前进的精神动力。

例9

某市公安局在矛盾纠纷排查中发现，建筑工地拖欠工程款问题比较严重，存在很多治安隐患。现在有两种工作思路：第一种，公安局牵头，协调相关部门成立联合多部门，联合治理；第二种是谁主管谁负责，将情况通报主管部门处置。你认为哪种最有效？请选择一种并说明理由。

【答题思路】

这是一道权衡利弊，协调多个部门共同解决问题的综合分析题。

先审题干，抓关键词句逐一分析："建筑工地拖欠工程款问题比较严重，存在很多治安隐患。"拖欠工程款、治安等问题具有复杂性，可能会带来偷工减料，引发工程风险以及劳动纠纷等社会问题，要积极进行解决。"公安局牵头，协调相关部门成立联合多部门，联合治理"，联合治理优势在于可避免部门之间推诿责任，提高政府综合管理水平，有利于快速解决问题；弊端是不利于各部门发挥积极性、主动性。"谁主管谁负责，将情况通报主管部门处置"，谁主管谁负责好处是各个分管部门责任明确，专业性强；弊端是整体配合不到位，问题不能快速、彻底解决。"你认为哪种最有效，请选择一种并说明理由。"一是表明态度，以第一种思路为主导，第二种思路为补充；二是分别分析这两种思路的利弊；三是综合利弊，提出措施。

【参考答案】

1. 表明态度。工程款拖欠有可能会带来偷工减料，引发工风险以及劳动纠纷等社会问题，不利于社会稳定，所以积极解决意义重大。对于题干所述的问题，我会选择第一种，但是我认为实际的落实肯定还是要第一种为主导，第二种为补充。

2. 分析第一种思路。第一种思路侧重重点统筹，优点有以下几点：一是拖欠工程款、治安等问题具有复杂性，多样性，涉及到多个部门职责问题，多部门联合执法能够快速反应，快速沟通，快速解决，尽快落实相关政策和解决群众诉求。二是多部门联合治理有利于各个其他相关部门更好的配合，避免部门之间推诿责任，注重防治结合。三是多部门联合执法可以将资源整合并且信息共享，不断提升政府的公共服务能力，提高政府综合管理水平，促进政府职能转变和管理方式创新。但是其弊端是会使其他部门积极性、主动性、创新性调动不强，但是其优势要明显大于劣势。

3. 分析第二种思路。第二个思路侧重于属地管理，好处是各个分管部门责任明确，专业性强。但是问题是只让主管部门负责，单个部门管理可能关注和解决的也只有其管辖的问题，对于其他部门的问题无权干涉，整体配合可能不是特别到位，只是就事论事，而不是长远根本治理，容易导致问题的反复或者解决了老问题又出新问题。

4. 提出措施。基于以上的分析，我比较倾向于公安局牵头，多部门联合治理的工作方法。当然，在此基础上，我认为真正治理好拖欠工资的乱象，还需要多措并举，久久为功。一是明确责任分工，压实主体责任，提升治理效能。公安部门牵头，要做好协调，将各个部门形成责任分工明确的小组，落实到人。二是多维度增强部门干事的热情。通过各种培训会、动员会和学习会，做好思想教育，激发各个部门的参与主动性、积极性，形成联动效应，避免被动应对。三是建立机制，形成长效。在"整合资源、联合共建、推进服务"的原则下，建立相互配合的常态化机制，用机制制度约束完善，共同提升政府效能。

例 10

目前，ChatGPT 发展迅速。有人说，ChatGPT 将代替人成为公务员。你怎么看？

【答题思路】

这是一道兼有社会现象类与反驳类的综合题。

先审题干，抓关键词句逐一分析："ChatGPT 终将代替人类，成为人民公仆公务员"显然该说法过于绝对，未能客观全面看待这一新的技术工具，而且把人民公仆这一角色和职责简单化了。作为一种新生事物，ChatGPT 有其意义优势，但在实际应用中也有其局限性，因此要客观理性看待，用其利，绝其弊，根据实际状况采取措施完善。同时，公务员作为人民公仆，职责是代表党和政府解决国家和群众的实际问题，从而赢得群众的信任和支持，夯实党的执政根基，因此需要各方面综合素质和更多人性化的能力，绝非单一的工具所能代替。"你怎么看？"既要分析论证原因，又要提出对应措施。按照亮明观点、主要优势、存在问题、提出对策、总结观点的思路作答。

【参考答案】

1. 亮明观点。我认为该说法过于绝对，未能客观全面看待这一新的技术工具，而且把人民公仆这一角色和职责简单化，对此我不赞成这个观点。

2. 主要优势。ChatGPT 的确很全能，具有很大的优势。优势一，信息处理能力强。ChatGPT 可以提供更好的服务，通过自然语言处理和机器学习技术提高企业效率，替代或补充客服人员提高用户的满意度，减少客户的流失，降低运营成本。优势二，智能化服务能力强。ChatGPT 具有学习工作智能化的特点，能够理解和处理自然语言，自动回答用户问题，提供相关建议。优势三，工作效率高。ChatGPT 能够提高生产效率和生产力，高效处理大量信息和任务，有利于节省时间和成本。

3. 存在问题。ChatGPT 为什么不能完全代替公务员呢？问题一，缺乏情感性。政务服务的本质是以人为本，ChatGPT 就是再发达也没有办法解决群众心中的痛点与难点等类似情绪、情感问题，依然需要工作人员用人的情感链接来获得群众的认可，也需要用真心、耐心、细心来做好服务。问题二，存在工作隐患。ChatGPT 可以生成大量的文本，如果文本输出被滥用可能会带来不良社会影响。问题三，有可能泄露隐私。ChatGPT 可以处理大量用户数据，如果处理的方式不当，可能会侵犯用户的隐私。问题四，存在局限性。ChatGPT 智能水平还存在一定局限性，无法代替人类的智慧与思考。

4. 提出对策。如何让新事物新技术为我所用，让 ChatGPT 成为我们工作的好帮手呢？措施一，完善相关法律法规。要自觉遵守道德法律，不得用于虚假宣传、诈骗等非法或有害目的。措施二，加大监管力度。建立更加严格的法规和标准来规范人工智能技术的应用，加强数据隐私保护。措施三，深化技术升级。探索人工智能与实际能力相结合，研究开发更加有效的人机合作模式，推广新技术。

5. 总结观点。公务员作为人民公仆，代表党和政府为国家和群众解决实际问题，其能力是全面、综合、人性化的，绝非单一冰冷的技术工具所能代替，我们要客观理性看待新技术新工具，用其利，绝其弊，为了更好地满足人民需要而使用。

例 11

有人说，网店逼死了实体店，请你谈谈看法。

【答题思路】

这道题兼有社会现象类问题、哲理思辨类问题、立场观点类问题的综合特征。

先审题干，抓关键词逐一剖析:"网店""逼死了""实体店"。近年来，网店蓬勃发展，实体店呈现出衰败态势。实体店和网店都是市场经济重要组成部分，两者共存才能利于繁荣市场经济，充分满足人们的消费需求。所以，不能将网店对实体店的影响归结为"逼死"，而应该辩证看待。既要看到网店和实体店各自的优势，也要看到各自的劣势。网店具有价格便宜、方便快捷、销售渠道广等利好消费者的优势；劣势如质量难以保证、虚假刷单等不良现象时有发生。实体店优势，如满足现实购物需求、质量和售后有保障等，劣势如成本较高、经营方式单一等。"谈谈看法。"首先，亮明观点，要辩证看待；其次，解释说明；再次，分析利弊；最后，化弊为利，提出应对措施。

【参考答案】

1. 亮明观点。实体店和网店都是市场经济重要组成部分，两者共存才能利于市场经济繁荣发展，充分满足人们的消费需求。所以，我认为上述这个观点过于绝对，应该辩证看待。

2. 解释观点。网店的蓬勃发展，确实在一定程度冲击了实体店，使得实体店出现发展瓶颈，呈现低迷态势，但同时也倒逼实体店改善服务质量，改进经营方式。所以，不能将对实体店的影响片面地归结为"逼死"。

3. 分析利弊。网店具有方便快捷、省时省力、价格公开透明、相对实体店便宜、销售渠道广、带动相关行业就业等诸多利好，但也存在着一些不足，如产品质量难以保障、虚假刷单问题、电商杀熟问题时有发生。相较于网店，实体店一方面给了消费者更多的体验感和真实感，满足了现实购物需求；另一方面有着网店无法比拟的售后服务，可为消费者私人订制，提供个性化服务。但实体店的房租、人力等成本较高，致使出售的商品价格较贵，商品种类和库存量较少，难以满足消费者的个性化需求，同时实体店还存在经营模式滞后、经营方式单一、经营时间有限等不足。

4. 提出对策。实体店和网店应互相学习，互相促进，融合发展，满足人们的不同消费需求。措施一，线上线下有机结合，实现优势互补。网店保证产品质量，提升用户体验。实体店革新经营理念，创新营销模式，提供个性化定制服务。措施二，政府相关部门把好产品质量关，统一管理，打造商业圈，不断优化营商环境，促进经济高质量发展。措施三，消费者要理性消费，做好监督，对于违背诚信经营等违规违法行为，要勇于拿起法律武器维护自身权益。

第四章　学思践悟

导　语

　　诸多考生研读了《大道之行》《让面试出彩》等系列著作，又经我点拨之后，考上了心仪的工作岗位，踏上了美好的人生旅程。他们学有所思，思有所践，践有所悟，悟有所为，更加通晓了如何学好习、做好人、处好世、干实事，更加懂得了在现实工作生活中如何正确地化解矛盾纠纷、解决实际问题。成功上岸后，一些考生心怀感激，发自肺腑，写下了鲜活实用的学习心得。在此，列举我个人以及利用业余时间指导的几位考生的感悟，以飨读者，愿广大读者能从中获得些许智慧和力量。

人生需要规划，成功需要良师

除非你特别优秀，否则，一般家庭出身的大学生很难出头。因为在人生重要的十字路口，没有高人指点迷津，很多机遇你发现不了，即便是发现了又往往抓不住。一切靠自己摸索，懵懵懂懂，跌跌撞撞，到了三四十岁，才发现自己错失了很多良机，走了很多错路、弯路，花了很多冤枉钱，甚至碰得头破血流。等你遭到社会"毒打"而恍然大悟时，人家早已在高速路上奔驰；等你上了高速，人家已经换乘了飞机。所以，要想改善人生命运，拥抱美好未来，须有良师为你未雨绸缪，规划人生，给你智慧，照亮你的前程。

老家一位表姐，特别重视教育，每逢关键时期，总是请我为外甥女筹谋划策。外甥女灵透懂事，虚心好学，善于听取长辈的意见建议。上重点高中时，她的文化课成绩不占优势。表姐问计于我。我说，与众多学子比，孩子体育成绩突出；与体育生比，孩子学习成绩突出。那就田忌赛马，曲径通幽，以弱胜强，报考体育特长生吧。2014年，孩子如愿以偿，考上了天津师范大学体育学院。我对她说，虽然大学不错，但是特长生很难就业，要继续努力考研，同时当好学生干部，提升服务意识，历练组织本领，争取早日加入中国共产党。四年本科生涯，外甥女很争气，入了党，保了研，获得了诸多荣誉。读研之后，孩子向我请教就业规划。我说，中小学不重视体育课，体育老师发展前景一般，况且艺体生招考岗位少，竞争很激烈，建议用好"研究生＋党员"的优势身份，备考大学生辅导员。2020年7月份，外甥女有幸进入山东某所知名大学的面试范围，但笔试成绩不高，而且面试准备时间只有3天，必须逆袭才能成功。我鼓励她："孩子，只要入围，我辅导面试，上岸稳拿！"真是十万火急，外甥女即刻从天津乘高铁赶回。周六、周日连续两天，我指导她理清思路，预测考题，实战演练。周一在济南参加面试，她以91.6的最高分成功逆袭。毕业即就业，无缝衔接，最大限度地节约了时间成本、资金成本，走上了令人羡慕的工作岗位，一切尽在精心规划之中稳步前行。"谋定而后动，笃行而致远。"我进一步为孩子做了职业规划，并提出4条具体措施："尊重领导，团结同事，干好工作，树好形象。"嘱咐她只要扎扎实实地抓好落实，就能赢得美好的未来。孩子不负厚望，任职3个月后，受到院领导的赏识，给她介绍了一位博士后。出身农村贫寒之家，能够鲤鱼跳龙门，跃入高校立业成家，这既是孩子不懈奋斗的结果，也得益于精准高效的升学规划、公考规划、职业规划乃至生活规划。"君子藏器于身，待时而动。"我坚信，我培养的孩子们，只要坚守大道，明德律己，踔厉奋发，笃行不怠，一定能够成为党和国家的栋梁之材，一定能为社会为人民做出积极贡献。

　　"凡事预则立，不预则废。"一个地区，一个国家，要想获得良好发展、持续发展，必须科学制订年度计划、五年十年规划甚至百年大计。人生也是如此，要有方向、有目标、有措施，然后坚持不懈地奋斗下去，才能结出硕果。特别是大学生，处于面临就业的人生关键期，无论是普通本科生还是硕士研究生，如果打算考公的话，至少要在毕业前一两年，拜请良师，做好公考规划，充分筹备，精准报考。运筹于帷幄之中，方能决胜于千里之外。只要精心谋划，方法对头，即便是三流大学生，也能实现换道超车，开启美好人生。如此发展下去，当大多数应届生还未醒悟时，你已脱颖而出，成功上岸；当他们醒悟后，你已在工作岗位上开始了人生跨越；当他们还在为生存而奔波时，你已经获得了物质财富和精神财富自由，大则兼济天下，小可享受幸福生活。

"万物皆有时，时来不可失。"人生能有几回春？很多时候，一旦丧失时机，就像汽车驶入泥潭，有可能越陷越深，甚至遗憾终生。说到底，机遇总是青睐有准备的人，在人生事业发展的道路上，谁掌握了先机，谁就能赢得主动权。

"世间爹妈情最真，泪血溶入儿女身。殚竭心力终为子，可怜天下父母心！"父母辛辛苦苦地培养孩子，从幼儿园到大学，用二十年时间，耗费几十万元成本，最现实的目标就是让孩子获得一个心仪的工作岗位。遗憾的是，不少大学生及家长却在战略战术上犯糊涂，认不清形势，认不清自己，没有高人指点，没有人生规划，没有奋斗目标，没有切实可行的具体措施。有的盲目报考，笔试成绩虽好，却次次无缘进面；有的闭门造车，盲目笔试，盲目面试，屡战屡败；有的信息闭塞，虽然拥有硕士、党员、优秀学生干部等多个优势身份，却不知高效运用；有的四面出击，分散精力，丢失了宝贵的应届生身份，陷入与众多往届生的激烈竞争之中；还有的在企业工作多年之后，才开始准备公考……诸如此类，备考无方、盲目行动、乱枪打鸟的失败案例不胜枚举。

"假舆马者，非利足也，而致千里；假舟楫者，非能水也，而绝江河。君子生非异也，善假于物也。"当年刘邦当皇帝后，问百官他与项羽的区别，百官纷纷夸赞他大仁大义。刘邦却说，运筹帷幄我不如张良，安抚百姓我不如萧何，率军打仗我不如韩信，但我能合理地使用他们三位俊杰，所以得天下。而项羽恃才傲物，看不起刘邦，看不起手下将士，导致人才尽失。刘邦礼贤下士，知人善任，天下英才尽归其帐下，借助众多高参的智慧和力量，战胜了曾经不可一世的西楚霸王，最终建立了大汉王朝。古今中外，无论是从事哪个行业，大凡成就大业的卓越领导者，其幕后都有高参辅佐，为他出谋划策。

"单丝不成线，独木不成林。"一个人的眼界再宽也有局限性，本领再强也是有限的。良师指点，才能规划好人生；高参辅佐，才能成就功业。相反，自以为是，单打独斗，不仅难以成事，还会败事。

读万卷书不如行万里路，行万里路不如阅人无数，阅人无数不如良师指路，良师指路还需自己开悟。经师易得，人师难求！你的良师在哪里？你的高参在哪里？你的人生事业在哪里？你的幸福生活在哪里？你开悟了吗？

面试全场第一，感谢《大道之行》

在山东省公务员录用考试中，我的面试成绩全场第一，成功逆袭。有人问我，公职人员面试有什么诀窍呢？我说，我要感谢《大道之行》这本书。

《大道之行》是将 5000 年的中华经典文化、党的百年智慧与人民群众的现实需求紧密结合、融会贯通，创新形成的一套中国化、时代化、故事化、艺术化、大众化的智慧教育理论实践体系。《大道之行》集思想性、政治性、理论性、实践性、文学性、趣味性于一体，内容广博，体裁多样，行文奔放，涉及政治、经济、文化、教育、军事、外交、哲学、医学等诸多科目，立足学问制高点，密切联系实际，为广大读者明道、修身、乐业、建功提供务实管用的精神食粮。

"纸上得来终觉浅，绝知此事要躬行。"公务员面试考试，考察最多的不是专业知识，而是如何做人做事，如何发现问题、分析问题、解决问题。要想获得让考官满意甚至为之喝彩的答案，需要长期且深厚的实践经验积累。而曾经的我，刚出校门，之前学过的多是书本知识，缺少社会实践。而《大道之行》则是一部将理论与实践紧密结合的书，细细品味，不觉得是在读书，而是背起行囊，只身一人，走上了漫漫人生路，在一步一个脚印中去体会，去感悟。读完《大道之行》，也像是行完了万里大道，收获颇丰。

公务员招考，面试考察的内容，恰恰与《大道之行》这部书相吻合。目前文化市场上几乎没有一部书像《大道之行》一样，将社会热点的分析、人际关系的处理、新锐观点的评价、组织活动的构建、言语方式的表达，与党的执政理念融合地那么深入透彻。它不会一字一句、吞吞吐吐、再三斟酌地空谈，而是教你把控"道"，即把控规律，把控最本质、最核心的东西，然后一招制敌。举个书中的例子，比如"九一九工作法"，即九分调研、一分决策、九分落实，套用这种工作方法，世上哪里还有解决不好的问题呢？

更令人称奇的是，2021 年全国高考语文共 8 套试卷，其中竟然有 7 套作文命题蕴藏于《大道之行》，由此足以看到这部书的思想文化魅力。

人生有幸，得遇良师

写下这篇感悟时，我还沉浸在面试通过后的喜悦中。回望我的面试学习之旅，感慨良多，这一路走来也遇到了不少挫折和烦恼，但更多的是收获与感动。

笔试我并没有报培训机构，自己的分数与第二、三名分差很小。然而，面试的考察内容相对笔试而言更加系统全面，要求更高，更容易拉开差距。因此即便笔试第一，若面试放松懈怠，被逆袭也是很有可能的。幸好，我遇到了有着丰富工作经验与教学能力的良师，在良师的带领下开始了面试的学习。

"授人以渔"是良师的"秘方"。刚开始接受辅导时，我就像一张白纸一样，既不懂得什么政策理论也不懂得面试的各类事项，幸有良师指导，使我不仅掌握了丰富的知识，更锻炼了思维能力、明白了为人处世之道。良师指导并不是让学生去机械记忆模版素材，而是教我们什么才是真正的面试思维。比如人际关系、应急应变这类处理题型，关键是明白事情的主要矛盾，按照逻辑顺序去解决问题；面试作答不能想当然，而是要逐字逐句分析题干，从题干中找答案，要做到树干不能歪、枝条不能乱、枝叶再丰满，从主题、要点、内容三个角度关注。良师的教学方法是"授人以渔"，不仅教给了我如何思考，也很大程度拓展了我的思维空间。良师不只是指导面试，更让我明白面试的意义，要把自己真正放到公职身份中来，不管多少年，依然要牢记初心使命，坚守为民服务的本真。

"因材施教"是良师的"良方"。良师每日都会为我们制定学习计划，并密切关注每人的学习进度。在每位同学答题过后，良师都会一一点评指导，不是浮于表面的点评，而是根据每人自身特点以及不足之处来帮你扬长补短。不仅如此，良师还让我们站在考官角度"审视"自己和其他同学的表现。俗话说"当局者迷，旁观者清"，通过现场模拟和视频回放，让我发现并改正了许多习以为常难以发觉的问题毛病，真正做到了"有则改之，无则加勉"。

《大道之行》是良师的"妙方"。不仅面试理论，良师还教给了我们做人做事的智慧。通过研读良师的《大道之行》，让我的视野更加开阔，不是仅仅局限于面试，更多的是放眼于整个人生之路，该如何谋篇布局。《大道之行》内容涵盖范围之广：人的身体健康、思维方式、如何学习、处理人际关系、组织工作活动……深入浅出、发人深省。通过学习，渐渐的我也有了发散思维，乐于与同学们交流，从开始的不敢开口到后面的侃侃而谈，短短的时间就让我有了如此大的改变，同时感到如果我能先学这样的面试课，我的笔试作文分数应该会提高很多。

再次感谢良师，一方面，感谢良师的精心指导。当时由于我与同期同学所报单位地域不同，考试时间更晚，良师对我单独指导，这也使我在那段时间没有彷徨失措，而是继续积蓄力量迎接面试。另一方面，感谢良师对我的关心。由于是从外地前来学习，良师十分关心我的饮食以及住宿问题，在课堂中也叮嘱大家不要吃生冷食物、保持良好的作息时间、勤于锻炼、路途中注意安全……良师将我们看作自己的孩子，关注我们的日常起居，全方位地为我们面试出彩做足了准备。

我之所以能够获得面试全场第一，超越第二名5分，除了恩师的悉心教导，也离不开同学们的帮助，感谢同学们给我提出的问题和针对性意见，团队的力量真的很重要，艰苦的学习路上有人陪伴会更加温暖。这样的学习环境让我仿佛回到了高中的时候，大家都在朝着各自的目标前进，这样热烈又美好的青春，每每想起都无比留恋，认识了那么多优秀又上进的同学，每个人身上都有独特的闪光点值得我学习，这更让我觉得能够跟随良师学习是无比正确的决定。

莫问前程几许，只顾风雨兼程。未来的人生还很长，我在这里开启了下一段旅程，但也不会忘记在这里学习的美好时光。面对成绩，我也不会就此止步，满足于现状。

人生有幸，得遇良师。我将谨记良师的教诲，再接再厉，踏实走好今后的每一步路。在这里衷心祝愿恩师身体康健，事业顺遂，桃李满天下，也祝愿各位人生路上的追梦人都能收获美好的未来。

跟随良师学面试

第一次入围面试，我没有仔细了解面试情况就随便选择了一个教育机构，心里想着讲解的内容都是差不多的，"随大流"即可。然而，现实情况却给了我"当头一棒"：这家面试培训机构采用"填鸭式"突击集训的方式，两天就传授完了面试的全部内容，也不管是否弄通弄懂，能否运用，就草草了之，集训结束后，我还是一个似懂非懂的"门外汉"，所以第一次面试失利的原因就可想而知了。

后来，机缘巧合下，得知了老师的面试指导效果很好，我抱着试试看的态度从德州市赶到肥城市，结识的第一天，老师就像对待自己的孩子一样关心我的饮食、住宿问题，让我在异乡也感受到了家的温暖。没有想到的是，这次选择让我获益丰厚。

良师的指导，就让我们见识了他的魅力。从我们的穿衣打扮、言谈举止等外在细节入手，给我们每一个同学都提出了个性化的改善方案；让我们刚进入考场就吸引住考官的目光，从而取得满意的分数。在良师的指导帮助下，让我们明白了努力学习的方向和面试的基本规律；同学们围坐在一起，每位同学都能正面看到周围同学的优缺点，从而反省自己，做到有则改之，无则加勉，让我们快速提升。良师的指导，没有生搬硬套的"万能模板"，取而代之的是一语道破的面试答题逻辑；没有脱离现实的"空中楼阁"，取而代之的是覆盖社会生活方方面面的务实管用的实战案例。

"花有千姿百态，人有不同风采。"有的同学作答声音不够洪亮，但感染力强；有的同学作答有冲击力，但缺乏亲和力……在不失大体的前提下，良师总是因材施教，循循善诱，指导每位同学突出各自的优势，而不是千篇一律地让同学们向一个"模板"看齐。从每天的作息时间到穿衣打扮、言谈举止，针对每个可能会影响到面试的细节良师都进行了精心指导。

良师选取他著述的《大道之行》《让面试出彩》的精华篇目让我们精读，更大程度地提升了我们对于做人做事的认识高度，促进了我们身心健康发展，把握住了面试之"道"。读《大道之行》《让面试出彩》从近处看是为了应对面试，从长远看则对我们今后的人生事业奠定基础。大道是相通的，面试之道也就是为人处世之道，也就是如何从容有底地面向考官展现自己，与考官"对话交流"，所以要把眼光放大，把思路拓宽，我所为之准备的并不是一个单纯的面试，而是一场向考官展现我自己的舞台。

"心若在，梦就在，天地之间还有真爱，看成败，人生豪迈，只不过是从头再来。"成功之路，从来不是一帆风顺的。第一次面试失利后，内心也曾经产生过对自己能力的怀疑，但是良师适时的出现，帮我分析失利的原因，帮我规划接下来的考试方向……重整旗鼓继续出发的我，在良师的鼓励指导下，面对考试更加从容，最终取得了 93 分的面试成绩，超越第二名近 9.6 分，这几乎是当地面试史上的一个奇迹。良师的指导帮助不是短暂一时的，而是长久与你相伴。尤其是在你失利、迷茫的时候，他会及时伸出援手把你拽回正轨，用行动诠释了"传道""授业""解惑"的为师之道。

　　良师既像航标，为我们指引远大的航向，又像一位经验丰富、见惯风浪的船长，根据"海上"和我们自身的情况为我们设置行动方案和针对性指导，带领我们攻坚克难，乘风破浪。我们所要做的，就是全心全意信赖船长，踏踏实实完成任务，直面风浪。

　　在今后的学习、工作和生活中，我们都会有或多或少的艰难时光，我们非常需要像良师这样指引我们前行的领路人，在前进道路上像航标一样带领我们攻坚克难，勇往直前。同时，我也祝愿每一位同行在人生道路上的追梦人，不惧怕、不彷徨、不焦虑，所得皆所愿，取得优异的面试成绩。

未雨绸缪，有备无患

面试学习绝不能盲目乱窜，必须开好头、夯实基，考前未雨绸缪，考时才能有备无患。充分的准备，是开山斧，是铺路石，是指南针，是定盘星，是面试考场上自信从容、对答如流的力量源泉。走好面试每一步，至关重要。

选择良师，迈好面试的第一大步。人生的每一个节点都在选择，错误的选择往往会使曾经的努力付诸东流，正确的选择才能收获美好的结果。面试学习相对于笔试而言有很多不同，优异的笔试成绩在很大程度上是靠花费大量时间和不断刷题取得的，而进入面试环节之后，备考时间通常很紧张。回首面试历程，第一次进入面试备战时的不知所措仍历历在目，市场上各类的辅导机构让人眼花缭乱。一筹莫展之际，了解到老师的指导效果很好，于是果断地选择了跟随老师的步伐准备面试。正是这个选择让我少走了很多弯路，为面试打下了坚实的基础。

夯实基础，扣好面试的第一粒扣子。习惯一旦养成便难以改变，因此，夯实基础至关重要。老师的教学模式并非简单的模板化和套路，而是因材施教，对症下药，让我们认识到好的面试表现并非千篇一律。有些同学讲话节奏慢但气场足，有些同学讲话节奏快但表达流畅，针对每个人不同的特点进行不同的指导方式，从而引导每位学生发挥出自己的最大优势，扬长避短，用最短时间达到最优效果。水滴亦能石穿，对面试有了初步的把握，确定了正确的方向，接下来要做的便是不断提高自己，夯实理论基础。精读《大道之行》《让面试出彩》，充实头脑，优化思维认知，然后做题巩固提高，通过大量的练习熟练掌握每种类型的答题规律，掌握答题的方式方法，积累答题经验，不断反思总结，调整思路，做到通权达变，触类旁通。

自信不疑，走好面试的每一个环节。"己不自信，何以信于人？"倘若问我，在我看来面试最重要的是什么，我会毫不犹豫地回答，是"自信"！面试准备中必须满怀信心，不能怯懦退缩；面试考场上必须大胆发言，不能胆小沉默。第一次的笔试成绩并不理想，当我得知与第一名的分差时，曾经想过要放弃，是老师的鼓励和支持让我拥有了放手一搏的勇气和决心。在面试这条赛道上，一切皆有可能。不小看对手，但也不高看对手，秉持着希望和信念，坚定不移地做最好的自己，做到事后无悔，便是胜利。特别是临近考试时，要不焦躁，不气馁，紧跟老师步伐，从自身表现出发，不断优化自己，虚心学习他人的长处，弥补自己的不足，在最短的时间内达到最大的突破。金无足赤，人无完人。不可能每个人都做到一百分，虽然在准备过程中要以一百分的标准严格要求自己，但最终也可以允许自己有五分的瑕疵，以自信、高昂的状态进入考场。

先声夺人，把握面试的每一个细节。在面试过程中，一个好的开头可以产生先声夺人的效果，可以在气势上、心理上、战略上在考官心目中产生不可小视的影响。经过许多轮的面试，有时考官会很疲惫，好的开头可以帮助我们吸引考官的注意力。从进场开始，把控细节，注重姿态、仪态，进场入场保持礼仪，落落大方，每一个环节，每一个细节都要做到极致。答题时，开头手法千姿百态，要学会用深邃的思想，精彩的语言表达，铿锵有力的声音去感染和打动考官，比如漫画题拟一个简洁生动的标题，开头论述引用一句习语金句或者名言警句等，做到以理服人、以情感人、气势夺人、美言悦人、形象动人。

平心静气，稳住面试的每一刻心神。在备考过程中要充满自信，在考场上更要保持自信。拿到试题，要忘记世界，沉着冷静，审题干、抓关键、理要点、填丰满。出题形式多种多样，面试题目千变万化，但万变不离其宗，找到突破口就能妥善解决。就算在面对不熟悉或者之前没有接触过的题目时，也要保持自信，稳住心神，按照答题步骤一步步进行，反复扣题，抓关键词、关键句，从题目中挖掘观点，做到合法、合情、合理，在此基础上再谋篇布局、旁征博引、组织素材、优化内容，做到思路清晰、要点全面、详略得当、重点突出。最后，放平心态，从容应答。

"潮平岸阔催人进，风正扬帆正当时。"人生没有重来一次的机会，但永远有再来一次的勇气，越是想放弃的时候，越要咬紧牙关，迎难而上，终会守得云开见月明。踏入工作岗位，是新的开始，更是新的挑战，在未来的道路上，我将牢记良师教导，鞭策自己不断前行。

从悟到通，学好面试

　　非洲大草原上的尖茅草在最初之时并不起眼，到了雨季却能以一发不可收拾之势疯长。回望面试备考之路，在良师的指引下，我们如同久旱逢甘霖，像尖茅草一样，先是沿着正确的方向深深扎根，一段时日之后便向上猛长。"蓄势"的秘诀，就在于不断领悟，不断通透，不断优化，厚积薄发。

　　思维之悟。何为面试？面试究竟在考察什么？在未经良师点拨前，我固守考生思维，一直作答着自认为优秀的答案。随后的学习却颠覆了我的认知。面试是人与人的交流，是综合能力的体现，唯有以考官思维塑造自己，时时刻刻考虑考官的感受，做到以理服人、以情感人、气势夺人、美言悦人、形象动人，才能征服考官，一鸣惊人。悟透面试的底层逻辑，打破旧思维的束缚，面试学习便有了方向，才能"柳暗花明又一村"。

　　方法之变。悟则变，变则通。区别于多数教师满堂灌、学生死记硬背的"填鸭式"教学以及培训机构里眼花缭乱的各种答题"套路"，我们学到了一种从根本抓起的最有效的学习方式：良师引导学生独立做题，然后点拨提升，逐渐把握答题的根本规律，一切问题迎刃而解；研读《大道之行》《让面试出彩》为自己赋能，这些著作宛如一座宝藏，其中既包含着党和国家的方针政策，又融入哲理丰富的名言典例，更能为我们为人处世、解决问题给予指引教导；通过练习各类面试试题，了解其考察方式和特点，透过现象看本质，总结出答题的规律；通过挖掘题干中的关键字、词、句，抓住题眼和主旨，运用联系思维，就题答题，让每道题都各有侧重亮点；通过同学之间的交流碰撞，互学互鉴，使我们对面试规律和方法的认知更深刻、更清晰。这套行之有效的方法论，是破题解题的万能钥匙。

能力通达。"少成若天性，习惯成自然。"从刚接触面试学习的"小学生"成长为临场不惧的"高材生"，离不开积累和实战演练。多看多练，经多见广，最终熟能生巧。每天充实大脑，包括反复回读《大道之行》《让面试出彩》，不断通过练习良师精选的题目提升自己；复盘答题录像，听取良师点评，把控好语速、仪态等细节，逐渐优化自己的答案，与考官同频共振；日常总结反思感悟，既是复盘又是提高；做百分卷，仔细梳理各种题型的答题要领，为自己答题树立标杆；按时作息，坚持锻炼，调整好身心状态，提振精气神。打好学思践悟这套组合拳，内外兼修，优上加优，练就真功夫。

从悟到通。学，学习各类题目的答题规律、主要步骤和科学方法；思，对于老师的点拨及时更正和反思；践，不断通过实战演练提升自己的本领；悟，深入思考，举一反三，融会贯通。面试学习给予我的不仅是优秀的面试成绩，更革新了我的思想观念，焕发了我的精神面貌，令我受益匪浅，终生受用。与良师益友的相处让我逐渐自信开朗；答题思维的培养也使我变得理性；良师对我们日常生活习惯的高要求也使我养成锻炼的爱好，健康生活；面试的经历更教会我要放平心态，从容应对。《大道之行》《让面试出彩》中饱含哲理深意，既是丰富头脑的精神食粮，更是启迪智慧的人生指南，为我今后思想、工作、生活、身心等各方面提供指引，让我摆脱了曾经"走一步看一步"的短浅想法，对自己未来的工作生活有了更长远的追求。

学习路上无止境，精益求精再出发。未来的道路上，我也会继续学思践悟，反复研学《大道之行》《让面试出彩》，领悟其中深意，将其智慧内化于心，外化于行，来应对人生中的一次次"大考"，在岗位上发光发热，经营好美好人生。

择良师，开思维，悟本质，增智慧

面试是一项实践性非常强的考试，对于我来说也是一场人生的历练。回望面试学习之路，在良师的指引之下，我逐渐找准方向，开启智慧，把握规律，掌握方法，持之以恒的坚持，最终在面试中取得优异成绩。

选择良师，找准方向。我们每个人从出生起到人生终点，总会面临着各种各样的选择。做出正确的选择，能够让我们付出的努力收获最优的成果。面试学习也是如此，选择良师跟随学习，得到悉心教导，便能带来想要的结果，未来的路也会越走越宽。还记得第一次入围面试，我不了解面试情况，就"随大流"选择市面上"口碑良好"的某培训机构，花费大量时间精力去背模板、记套路，学着不成体系的杂乱知识，培训结束后依旧云里雾里，真正到了面试现场，拿到题目后脑子一团浆糊，最终以失败告终。正是因为有了如此惨痛的教训，我才意识到遇见一位良师是如此的重要。幸而第二次进入面试之后我得到了良师的指导，使我豁然开朗：原来面试还能这么学！良师对每一位同学的作答从衣着、举止、仪表、声音、语速、逻辑、要点等细节上都给出评价以及改善方法，完全打破了我对面试学习的认知。在良师教导下，我从最初学习时"雾里看花，水中望月"，到后来的"看山是山，看水是水"。良师为我指明了学习的方向，让我循序渐进步入状态，从了解向深入不断提高。

开拓思维，学有所悟。 在没有跟良师学习之前，我一直把面试学习与笔试学习画等号，简单认为笔试学习就是死记硬背，面试学习就是"照葫芦画瓢"。殊不知，面试是对考生在人际关系处理、应急应变能力、综合分析问题能力等多方面要素的考察。只是机械呆板的记忆背诵在激烈的竞争中怎么会胜出？在学习中，良师每日都会根据我们的学习情况合理安排教学任务。通过研读《大道之行》《让面试出彩》中的相关文章使我开拓了思维，逐渐认清自己，学会做人，学会为人处事，掌握工作方法，感悟人生哲理。于面试学习而言，积累了大量的素材，还学会了从多方位、多角度思考问题，解决问题。于今后的人生道路而言，也将为我学习、工作、生活提供了丰厚的精神食粮。

领悟本质，触类旁通。 "万物不同，道理相通。"万事万物不论多么复杂，不论如何变化，只要把握背后的规律，掌握恰当的方法，透过现象看本质。并将其内化于心，外化于行，许多问题都能够迎刃而解，在面试学习、考试中，同样如此。在良师的指导下，我认识到从外在形象，到审题，再到内容的作答都有内在的规律性。学深、弄通、悟透、灵活运用规律，掌握方法便能够高人一筹，从而让考官眼前一亮，耳目一新，为之一振。我认真总结、琢磨研究题目，作答整理百分卷，再经过良师的指导、整改，这使我对题目的理解更加深刻。我也逐渐领悟到，之前良师所说"把例题变成万能题"，是要求我们了解题目本质的基础上，学会总结归纳，举一反三，触类旁通，做到一通百通，一悟千悟，如此下来再难的问题都可破解。

增长智慧，开拓新局。 跟随良师学习面试是我人生中最宝贵的一段时光，我正确认识了面试，掌握了面试的内在规律，在考试中取得了优异成绩。面试学习的结束并不意味着学习的停滞不前，回想良师的谆谆教导、循循善诱，使我懂得只有迈向高智慧台阶，我们才能把握好自己的人生方向，成就一番事业。学会用智慧解决一切问题，使我受教一生，这为我今后的学习、生活、工作提供了很大的帮助，在学习上，不仅学会，更要弄懂、学通、会用；生活中，会做人、会处事与处世；工作上，更应牢记良师教诲，坚定理想信念，从政干好事、干实事。今后我还会认真研读《大道之行》，深刻领悟书中的智慧，将其化作前进的力量，不断学习，不断积累，做一个灵透懂事的优秀人才。

能遇良师指导实乃我幸，这比我过去20多年时间里所学到的知识都重要、都珍贵。这段时间的学习，对于我来说是人生的一个重要转折点，良师的教导给予我众多前所未有的智慧，把一个认知狭隘、思维桎梏的我，一次次地打碎，又一次次地脱胎换骨地建立新的自我。

蓦然回首，轻舟已过万重山；展望未来，前程漫漫亦灿灿！

领悟面试之道，把握面试精髓

面试是一场人生历练。要想取得成功，需悟透良师传授的面试之"道"，调整心态，把握规律，然后持之以恒地训练，最终厚积薄发，一举夺魁。

鞭辟入里，悟其本质。 要想成功通过面试，先要正确认识面试。何为面试？面，即为"相面"，面试，本质上是"相面"考试，通过考察考生的言谈举止和仪表形象，全面了解其德商、智商、情商等综合素质。大部分考生在准备面试时仍保持笔试思维，死记硬背，生搬硬套，脱离实际，导致分数不尽人意。正确认识面试，考生要摒弃以往的笔试思维，悟透面试本质，灵活运用所学所知，做到以理服人，以情感人，气势夺人，美言悦人，形象动人。

心若沉浮，浅笑安然。 良好的心态，是开启成功之门的钥匙。能够进入面试的考生，其知识储备、学习能力大致相同，关键是心态上的较量。有的考生因为笔试稳坐第一，沾沾自喜，最终被"追兵"逆袭；有的考生因为存在分差，焦虑不安，最终发挥失常，错失机会。心平才能宁静，宁静才能成事。在面试的过程中，要始终保持良好的心态，既要"志在必得"，又不要"志在必得"，看淡得失，从容淡定，尽心尽力，问心无愧，只求做最好的自己。

抽丝剥茧，把握规律。 掌握面试的内在规律，是赢得面试的根本。万事万物都有其内在规律，要解决问题，必须抽丝剥茧，系统分析，寻找到事物的内部规律。面试学习，亦是如此。大多数类型的题目，不管长短或是难易，都是万变不离其宗，需要运用联系的观点认识问题，按照"是什么——为什么——怎么做"的逻辑顺序回答，熟练把握运用每种题型答题规律；遇到实际考题，要灵活运用，触类旁通，审清题干，明确要求，挖掘题干中的关键字词，具体问题具体分析，科学合理地解决问题。

九层之台，起于累土。积累是成功的基石。面试学习是一个积累知识的过程，是一个循序渐进的过程，是一个持之以恒的过程。"不积跬步，无以至千里。不积小流，无以成江海。"只有不断积累，才能厚积薄发。积累不是盲目地背诵佶屈聱牙的教材答案，也不是眉毛胡子一把抓、杂乱无章地堆砌名言警句，而是针对性地积累，巧妙地记忆。《大道之行》《让面试出彩》便是充实的素材库，熟记当中的名言俗语和正反面典型人物，参透每篇文章背后所阐释的哲学道理，并学以致用，融会贯通，为面试打下坚实的根基；积累领会党和国家的大政方针，了解社会热点、焦点、难点，全面辩证地分析问题，使自己的答题内容有血有肉，丰满盈实。

同声相应，同气相求。共鸣，是指人与人之间进行沟通时，在思想感情、理想愿望等方面形成的强烈的心灵感应。面试看似是一个人的独角戏，实则是考生与考官之间心灵的沟通，思想的交流，灵魂的碰撞。在我看来，产生共鸣需要两个要素：一是内容，研读《大道之行》《让面试出彩》积累面试素材、把握面试规律，结合自身经历体悟哲理，为自己赋能；二是情感，答题时吐字清晰，抑扬顿挫，不紧不慢，尽显大将风范，全程面带微笑，感染考官，从而达到与考官沟通交流的效果。在面试中传递情感和温度，传递与考官之间的共鸣。

知行合一，内外兼修。学海无边，书囊无底，面试不是终点，是学习的起点。《大道之行》《让面试出彩》不仅是积累知识的宝库，更是启迪人生的指南，为我今后学习、工作、生活指明了方向，赋予我前进的力量。未来我也会继续研读学习，将书中的良知和智慧内化于心，外化于行，树立理想信念，提高工作本领，发扬吃苦、吃亏、吃气的精神，从容地面对一次次人生大考，将良师教授的"道"应用在实际工作当中，努力在公职队伍中发光发热，为人民服好务！

"星光不负赶考人，新征程上再扬鞭。"未来道阻且长，但行则将至。我将以昂扬向上的姿态，进一步领悟面试乃至自然、社会、人生之道，迎接新的挑战，争取新的胜利。

人生修行的一小步

　　跨过笔试这道坎，迎来面试这座山。笔试和面试考察的内容和形式大相径庭。笔试只需要应试者将答案书写在纸面上，而面试则是在较短时间内让应试者展现其知识储备积累、逻辑思维能力、语言表达能力、文化修养等综合素质，是对一个考生的全面评价。我能感受到内心发生了"质"的变化，这离不开良师的教导、科学的学习方法以及有的放矢的精准训练。

　　"师者，传道授业解惑也。"在学习面试的过程中，良师的指导让我们不仅掌握了丰富的知识，翻越了眼前的面试大山，更为可贵的是锻炼了我的思维能力，让我慢慢掌握了事物的本质规律，学会了为人处世之道，从而从容面对今后的各种困难，受益一生。良师的指导，将被动学习的痛苦，变成了享受课堂、享受获得真知的快乐。同时，在我们心态不稳、遇到困难时，良师又会给予我们鼓励，让我们摒弃杂念、稳定心态、超越自我。因此，不管是面试学习，还是其他形式的学习，良师的教导对我们跨越面试难关，乃至一生都有着深远而重要的影响。

　　"工欲善其事，必先利其器。"要想在面试中取得优秀成绩，必须做好准备工作，打好基础，稳扎稳打，在面试实战中才能从容不迫，出口成章。在面试学习中，我们紧跟良师的步伐，熟练掌握每种类型的题目大体框架，从模拟训练中总结方法，同时具体问题具体分析，抓住每道题目的关键，在保证逻辑思路正确后，尽力将答案过程做完美。这就要求我们要有深厚的思想、方法和知识储备。《大道之行》《让面试出彩》中既有富含哲理的优美语言，又有古今中外的人物事例，内容广博，可以为我们的面试答案有血肉打下坚实的根基。品读《大道之行》《让面试出彩》，思想文化修养也会得到极大的提高，在面试学习中不可或缺。面试学习结束后，我们也应继续研读这些大作，体悟其中的道理，不断觉悟升华自己。

"人生万事须自为，跬步江山即寥廓。"在面试学习中，最为重要的是做最好的自己。我们要保持一个良好的心态，不管笔试成绩是好是坏，都已成定局，只能以积极昂扬的心态，心无旁骛地迎接好面试挑战。保持自律的生活作息，规划好学习与休息的时间，改善我们的精气神。将每一次练习都看作是考试，正式着装，大方得体，面带微笑，同考官心神交流。将练习录制成视频，自己揣摩观看反思，总结优点与不足，力求下一次的进步。每一次的现场模拟都要同自己以往的表现作比较，认真听取老师的点拨，坚持练习，到真正考试时就能保持平常心，面对考官时镇定自若。要时刻记得面试不是你一个人的独角戏，不是自认为表现好就可以，那样的话就很容易给自己戴上枷锁，一言一行生怕出错，反而就不真实不动人了。而应该是在心态上打开：为了让考官听得清晰，所以要声音洪亮，吐字清晰；为了让考官明白我的观点，所以选用恰当的多方论证和条理清晰的表达方式；为了打动和说服考官，所以真诚投入地与考官进行心神交流。带着一种人本主义的思想去做这件事，将对面的考官当成你的师长朋友，而不是一个不近人情的评判者。努力才会有回报，爱拼会拼才会赢。我坚信，在坚持不懈的努力下，我们都会取得理想的成绩。

　　名师指路的力量，是个体层面的"开天辟地"，是个人成长进阶的重大转折。大多数人的一生连读万卷书、行万里路、阅人无数都尚不可得，只是靠着生活的惯性推着走，平推麻木且不以为意。作为芸芸众生能够遇到一位良师指点，跳出井底得以窥见大观，撕开蒙昧得以开启智慧，实乃三生有幸，所以真的要倍加珍惜。跟随老师学习的时光虽然是短暂的，但影响确是深远无穷并受益终生的，获得的提升岂止是个人综合素质的方方面面！我想到了《天道》中肖亚文描述丁元英的片段："认识这个人就是开了一扇窗户，就能看到不一样的东西，听到不一样的声音，能让你思考、觉悟，这已经够了。其他还有很多，比如机会、帮助，我不确定。这个人在一般人看来可能不重要，但我知道这个人很重要。"

　　学海无涯，面试考试的结束，并不意味着学习结束。人生漫漫，本次考试不过人生修行的一小步，只不过是我们人生旅程中驻足的一处风景，今后我将继续遵循良师的教导，踔厉奋发，勇毅前行，在新的工作岗位上争创佳绩。

学思践悟开新局

"面试"一词说起来简单，但实际包罗万象，千变万化，需要引起高度重视。如果考生好高骛远、盲目乐观、轻视懈怠，就会自食苦果；拜请良师，总结规律，掌握方法，勤学苦练，必将技高一筹。

公考面试，就内容而言，主要考察考生分析思考问题的深度、广度和逻辑性等综合分析能力。但是，我们大学期间学的是专业相关的"死知识"，如同空中楼阁，缺少社会实践、脱离群众，所以大部分考生在面试面前仍是"小学生"。唯有通过良师传道、授业、解惑，才能在学思践悟中打破思维桎梏，跨越鸿沟，成为面试上的"高材生"。

"问渠那得清如许？为有源头活水来。"一个池塘常有活水注入，才能像明镜一样，清澈见底，映照天光云影。面试学习，亦是如此。广泛学习积累素材是面试作答的源头活水，夯实大脑储备至关重要！我在学习《大道之行》《让面试出彩》之后，每次阅读都会有新的理解和体会，文章言有尽而意无穷。其内容丰富，不但包含大量经典名言俗语和正反面典型人物，还能全方位、多角度帮助我们了解社会热点，领会方针政策，明确人生规划，解决实际问题。想要大脑通透、思维敏捷、心灵澄明，就需认真研读《大道之行》，补充新知识，得到新感悟，达到新境界。

"弄潮儿向涛头立，手把红旗旗不湿。"作为考生，如何在考官面前做到像弄潮儿一样淡定自若，展现自己的风采？其一，要有强健体魄。每天六点准时起床，晚上不要熬夜，适当进行体育锻炼，提升面试的精气神。其二，要掌握面试规律方法。善于用联系的观点发现问题、分析问题、解决问题，在良师的指导下总结每一种题型的解答规律，做出百分卷，从而触类旁通，精准施策。面对综合多变的面试考题，要进行发散思维。如，看似情景模拟类问题的一道题目，可能兼有综合分析、人际关系协调、应急处理、言语表达等多个考察特质；再如，每种题型的"个人践行"部分，也都暗含着人岗匹配。所以在面试实战和实际工作生活中不能机械按照一个类型的"套路"行事，需要将各类题型融会贯通，举一反三，对于具体问题进行综合研判，全面考虑。其三，内外兼修，优上加优。通过老师带领实战演练、现场点评、视频复盘等方式，克服面试紧张情绪，纠正不良习惯，从而以良好的形象、严谨的思维、充实的内容和考官同频共振。最后，通过不断总结提升，完善自我，达到自信自强的境界，在考官面前定能大放光彩。

"更喜岷山千里雪，三军过后尽开颜。"面试辅导的目的是帮助我们发现问题、纠正毛病、提升本领，不必纠结于平常的表现是好是坏，相信经过一段时间的学习历练后，一定能获得满意的面试成绩！要有条不紊，科学应对面试。在候考室中要放平心态，缓解紧张情绪，不要被外界干扰，梳理每个题型的答题思路；在思考室中全身心投入，抓住题干关键词句，深挖问题根本，把握主旨，理清思路，书写提纲；作答时做到面带微笑、阳光自信、内容丰满。在考场上做最好的自己，你就是最棒的！

"正入万山圈子里，一山放过一山拦。"面试不是终点，是我们入职的新起点，未来还会有更复杂更艰巨的工作任务交给我们去完成。所以我们要将眼光放长远，既着眼于当下面试，又要为未来的职业生涯打好基础。研读《大道之行》《让面试出彩》，学习做人、处事、思维、用人、育才、家庭、团队等方面的思想理论，内化于心，外化于行，就一定能在平凡的工作岗位上做出不平凡的业绩。

　　"风雨多经志弥坚，关山初度路尤长。"人生之路还需脚踏实地、奋力向前，《大道之行》《让面试出彩》给予我前进的智慧和力量。我将再接再厉，学思践悟，勇开新局，以昂扬的精神面貌、务实的工作作风步入工作岗位，为国家、为社会、为人民奉献自我，实现个人价值！

研读《大道之行》，夯实公考根基

对于高校毕业生提升综合素质和实战能力，应对公务员、事业单位、选调生、人才引进、三支一扶、央企国企以及党政机关、企事业单位干部遴选等公考来说，研读什么，见效快，受益大呢？

研读《大道之行》系列著作，将为您考公笔试、面试乃至经营美好人生奠定坚实的基础。

2014 年始，作者以党的先进思想为统领，以"人的全面、健康、科学、长远发展"为课题，创办"大道之行"微信公众号，弘扬中外经典文化，突出问题导向，探索研究智慧教育工程。通过微信推送、媒体发表、课堂教学和教材出版等多种形式，为广大党员干部以及各类公考笔试面试考生明道、修身、乐业、建功提供了务实管用的精神食粮。思想好，工作好，生活好，身心好，人生才真正好。《大道之行》行大道，明明德，通韬略，务实功，旨在启迪人们科学工作，快乐生活，经营美好人生。《大道之行》7 个鲜明特色让您眼前一亮，耳目一新，为之一振。

1. 理论首创，填补空白。古今中外，上下 5000 年，"人的全面、健康、科学、长远发展"这个重要课题，至今鲜有人作全面、系统、深入的研究。作者立足于和平发展的新时代，以"为人类的幸福事业而奋斗"为人生追求，全面、系统、深入地阐述"人的科学发展观"。

2. 紧跟时代，培根铸魂。《大道之行》是将党的先进思想、中外经典文化与党员干部群众的现实需求紧密结合、融会贯通，创新形成的一套中国化、时代化、故事化、艺术化、大众化的理论实践体系。《大道之行》从明道这个根本开始，环环相扣，讲最美故事，论修身、乐业、建功之道，弘扬时代主旋律，激发正能量，惠及党员干部群众。

3. 系统全面，综合性强。作者长期研读党的先进思想和古今中外经典论著，所创作的《大道之行》理论实践体系集思想性、政治性、理论性、实践性、文学性、趣味性于一体，内容广博，体裁多样，行文奔放，涉及政治、经济、文化、教育、军事、外交、哲学、医学等诸多科目，立足学问制高点，密切联系实际，为广大读者登高望远、成就人生事业提供科学的世界观和方法论。整体架构为万物之宗、人性密码、学习之趣、做人之本、思维之光、为政之魂、用人之策、育才之方、考公秘籍、成事之要、前车之鉴、处世达观、辩证人生、中庸之道、和美之家、团队之力、生生之学、防患未然、时代之歌、生活之美、草民望政、世界之窥等。

4. 立足实战，务实管用。作者长期从事党的教育、组织、巡察等基层领导岗位，以"学思践悟讲科学，各负其责能担当，一以贯之抓落实，当好工匠出精品"为工作原则，以"做研究型、复合型、民主型、实战型干部"为自我要求，以"客观、精准、服众"为处事准则，坚持做最好的自己，带最好的队伍；坚持"围绕中心，服务大局，求真务实，质量至上"的创作目标；坚持"实事求是，拜群众为师"的创作方法；坚持"思想美、时代美、经典美、故事美、情节美、细节美、人物美、简约美、语言美"的创作追求；坚持"一切为我所用，所用皆为人民"的服务思想，形成的系列研究成果，对解决实际问题具有现实指导价值。

5. 规划长远，一以贯之。《大道之行》是作者殚精竭虑为之奋斗的长期事业，计划经过几十年的不懈奋斗，逐步将其铸就成全国资政育人特色品牌。第一个阶段（2014 年－2022 年），形成200 课时授课内容、300 篇文章、60 万字教材的理论实践体系；第二阶段（2023 年－2035 年），将《大道之行》完善成300 课时授课内容、500 篇文章、100 万字教材的理论实践体系；第三阶段（2036 年－2050 年），将《大道之行》完善成400 课时授课内容、700 篇文章、150 万字教材的理论实践体系。经过近10 年的不懈奋斗，授课内容已完成200 课时；撰写文章400 余篇；《大道之行》第一部、第二部由中共中央党校出版社出版，合计56.56 万字。计划2024 年12 月前后，出版《大道之行》第三部，约28 万字。

6. 精益求精，追求卓越。《大道之行》封面由作者根据本书内涵设计，追求"大道无形、飘逸洒脱"的风格。内文排版字体适中，阅读舒适。从书稿内容到装帧设计，广泛听取了诸多领导、行家和同志们的意见建议，进行了若干次修改、完善，最后由中共中央党校出版社把关审定。

7. 推广应用，成效明显。《大道之行》系列著作广泛应用于高考作文、公务员、干部遴选考试面试，以及党员干部群众日常的学习工作生活中。其中，2021 年全国8 个高考作文考题，7 个考题在《大道之行》中都能找到答案，而且北京和浙江卷题文几乎完全一样。《大道之行》列入2020 年中共中央党校出版社重点书目，面向全国推广。2020 年1 月9 日，《大道之行》在中国国际展览中心展出，见2020 中共中央党校出版社重点书目第38 页。2020 年11 月，《大道之行》第一部获泰安市社会科学成果二等奖。2022年12月，《大道之行》第二部获泰安市社会科学成果二等奖。2022年11月，《大道之行》第一部、第二部被山东省社会科学界联合会评为2022年山东省社会科学普及"十佳"读物，面向全省社科普及。

研读《大道之行》，可取群书之精华，览文明之神采；明万物之常理，阔人生之境界；观天下之大势，悟人事之兴衰；拓格局之广博，通成事之韬略；谋经世之良策，长立世之本领；防病患于未萌，享生活之雅趣；扬时代之风采，展未来之画卷……从而不断打破阻碍您跨越发展的人生"天花板"，让您达到从未有过的长度、宽度、高度和靓度！

后　　记

　　《让面试出彩》紧扣党和国家的路线方针政策及选人用人导向，以高校毕业生和在职党员干部为对象，以党政机关、企事业单位公考招录和干部遴选为契机，突出问题导向，守正创新，培根铸魂，旨在为党和国家培养"德、智、体、美、劳"全面发展的智慧型、实战型人才。

　　在多年的实践和创作过程中，得到了诸多领导的大力支持，在此深表谢意！在出版发行中，山东人民出版社三编室魏德鹏主任精心审阅修改，付出了大量心血，在此表示衷心感谢！在本书的成书过程中，彭东梅老师绘制了漫画插图，张阴凯等多位好友提出了诸多修改意见，在此深表谢意！亲朋好友以及读者们的信任和支持，是我不断推进这项事业的精神动力，借此向您表达敬意！

　　让参加各类公考的高校毕业生和在职党员干部终生受益，是《让面试出彩》的努力方向和工作目标。我深知我的著述并不完美，但如果能为您提供一些有益的精神食粮，为您推进事业成功和美好人生助一臂之力，我将感到无上的荣光！

刘奎东

2024 年 1 月